教师教育系列教材

现代教育技术应用
(第2版)

陈云红　主　编

邓明华　田文汇　柯文燕　副主编

清华大学出版社

北京

内 容 简 介

本书共 8 章，主要内容包括教育数字化转型与教师发展、文本处理技术、图像处理技术、音视频处理技术、动画制作技术、课件的设计与制作、微课的设计与制作、技术促进教育变革。

本书在地方院校师范生信息素养培养研究的基础上，结合多年现代教育技术课程教学实践的感悟，以培养高等师范院校教师教育专业学生的教育技术基础和应用技能为主要目标，介绍了数字化转型和常用的信息技术知识，强调信息技术的教学应用，用浅显的道理说明了相关概念和信息技术的使用，便于各师范专业学生学习。

本书配有教学视频、PPT教学课件、教学大纲、案例素材等教学资源，以方便教师和学生采用不同的教与学活动形式，从而达到优化教学的目的。

本书是高等师范院校本、专科生"现代教育技术"公共课教学必修教材，也可以作为教育学科硕士研究生公共必修课的参考用书，还可以供大、中、小学教师和教育技术工作人员培训和阅读参考。

本书封面贴有清华大学出版社防伪标签，无标签者不得销售。

版权所有，侵权必究。举报：010-62782989，beiqinquan@tup.tsinghua.edu.cn。

图书在版编目(CIP)数据

现代教育技术应用/陈云红主编. —2 版. —北京：清华大学出版社，2024.4 (2025.8 重印)

教师教育系列教材

ISBN 978-7-302-65839-9

Ⅰ. ①现… Ⅱ. ①陈… Ⅲ. ①教育技术学—师资培训—教材 Ⅳ. ①G40-057

中国国家版本馆 CIP 数据核字(2024)第 060196 号

责任编辑：陈冬梅
封面设计：刘孝琼
责任校对：么丽娟
责任印制：刘 菲

出版发行：清华大学出版社

网　　址：https://www.tup.com.cn, https://www.wqxuetang.com

地　　址：北京清华大学学研大厦 A 座　　邮　　编：100084

社 总 机：010-83470000　　邮　　购：010-62786544

投稿与读者服务：010-62776969, c-service@tup.tsinghua.edu.cn

质量反馈：010-62772015, zhiliang@tup.tsinghua.edu.cn

课件下载：https://www.tup.com.cn, 010-62791865

印 装 者：小森印刷（天津）有限公司

经　　销：全国新华书店

开　　本：185mm×260mm　　印　　张：16.5　　字　　数：398 千字

版　　次：2021 年 1 月第 1 版　　2024 年 4 月第 2 版　　印　　次：2025 年 8 月第 6 次印刷

定　　价：49.80 元

产品编号：104333-01

本书编委会

主　　编：陈云红

副主编：邓明华　田文汇　柯文燕

编　　委：(按姓氏笔画排序)

　　　　田文汇　邓明华　李书明

　　　　陈云红　柯文燕　徐海霞

　　　　程文山

前　言

2022 年，教育部启动了"国家教育数字化战略"行动，以前所未有的力度全面推进教育数字化转型。党的二十大报告明确指出，"推进教育数字化，建设全民终身学习的学习型社会、学习型大国"。高等教育作为数字化人才培养的主阵地，要努力满足数字时代的新要求，重塑、再造和系统性变革教育支撑体系，以实现全面转型升级。

本书从教授高等学校师范类专业学生教育技术基础知识和应用技能出发，在地方院校师范生信息素养培养研究的基础上，结合多年从事"现代教育技术"课程教学实践的感悟，总结编写而成，书中介绍了数字化转型和常用的信息技术知识，强调信息技术的教学应用，用浅显的道理说明了相关概念和信息技术的使用，便于各师范专业学生学习，从而促进教育数字化的转型。

本书共 8 章。第 1 章讲述了教育数字化转型与教师发展，介绍了教育信息化与教育数字化转型、常见信息化教学环境及教师队伍发展；第 2 章讲述了文本处理技术，介绍了文本常用格式、获取方法及文本的可视化表达方式；第 3 章讲述了图像处理技术，介绍了图像的获取方法、Photoshop 软件的基本操作和图像处理技术；第 4 章讲述了音视频处理技术，介绍了音频、视频的基本知识、音频的录制及音频处理技术；第 5 章讲述了动画制作技术，介绍了动画制作软件、万彩动画大师软件的基本操作和动画制作技术；第 6 章讲述了课件的设计与制作，介绍了课件的基本知识，重点介绍了 PPT 课件的制作和输出；第 7 章讲述了微课的设计与制作，介绍了微课开发的基本流程，重点介绍了微课的编辑和输出；第 8 章讲述了技术促进教育变革，介绍了信息技术与课程融合、未来信息技术支撑的教学新模式及信息技术支持的课程与技术平台的特点。每个章节均配有学习目标、学习测评和学习资源，大部分章节还有实践训练和微视频，内容全面、系统性强，图文并茂、层次清晰，案例结合实际教育应用。

本书在李书明及田俊主编的《多媒体技术及教育应用》一书的基础上，根据技术的发展和时代需要进行了大幅修订。本书由陈云红主持编写和负责全书的修改定稿，并重新编写了一些主要章节，现结合使用中的一些经验和建议，重新组织教师力量在《现代教育技术应用》第 1 版的基础上编写了第 2 版，其中更新了案例，增加了教学视频、PPT 教学课件、教学大纲、案例素材等线上配套资源。邓明华、田文汇、柯文燕、徐海霞、程义山、李书明等编写了主要章节，杨杏本、刘兴红、潘敏、梁赫西、刘闪、陈琦、向丹丹、李丹丹、江国州等为本书的编写提出了宝贵的意见和建议，李朝乾、郑雪薇、邓贵斌、李冰楠参与了本书的编写工作，罗紫娟、刘雨希、汪静雯、董冰玉、望梦琦、张勉、杨怡洁、曹义志、张巍、陈瑾、袁子晴、张小红、吴芊、陈楚峰、曾文浩、熊海成、刘佳琪、温斯尧、杨靖怡、金泽天为本书提供了微课案例，湖北师范大学计算机与信息工程学院的领导对本书的编写给予了大力支持，在此一并表示衷心的感谢。

由于编者水平有限，本书难免存在不足与疏漏之处，欢迎广大读者批评、指正。

编　者

目　　录

党的二十大报告指出，"推进教育数字化，建设全民终身学习的学习型社会、学习型大国"，这预示着我国将进一步搭建面向全社会的智慧教育平台，以数字化为杠杆撬动学校和社会的整体变革。教育数字化作为建设数字中国的重要战略任务，已经在建设教学资源、服务师生发展等方面取得成效，未来纵深推进教育数字化转型不仅需要在信息技术层面明确治理标准，更要系统地应对教育数字化转型在优化教育生态、升级教育方式、改善师生关系等实践层面的新问题，坚持将教育数字化转型作为推进教育现代化、建设教育强国的行动方略。

第1章　教育数字化转型与教师发展

本章学习目标

➢ 了解国家教育信息化和教育数字化转型的政策。
➢ 了解信息化教学环境的含义和特点。
➢ 结合自己学校的实际情况，了解并熟悉多媒体教学环境、网络教学环境和虚拟教学环境。
➢ 理解教师队伍发展，掌握《教师数字素养》标准的主要内容。

1.1　教育信息化与教育数字化转型

教育信息化和教育数字化转型是相互关联、相互促进的概念，它们都指向教育领域中信息技术的应用和变革。教育信息化强调在教育中广泛应用信息技术，主要有计算机、互联网、多媒体等，以提升教学效果、管理效率和资源利用率，涵盖教育信息化基础设施的建设、信息化教学资源的开发和应用、信息化管理系统的建立等方面，注重将信息技术与教育实践有机结合，为教育改革和创新提供技术支持。教育数字化转型是整个教育过程的数字化变革，从课程设置、教学设计到评估和管理，全方位地运用数字技术进行教育改革。它所关注的不仅是管理和流程，更侧重业务质量和效果，包括在线学习、移动学习、个性化学习、数据驱动的决策等，其目标是通过数字技术创造更加灵活、开放、个性化的学习环境，提高学习效果和学生发展质量。

教育信息化是教育数字化转型的基础和前提。教育信息化为教育数字化转型提供了必要的技术工具和平台，为实现数字化教育提供了基础设施和资源支持。与此同时，教育数字化转型进一步推动了教育信息化的进程，加速了教育信息技术在教学、管理等各环节中的应用，并引领教育教学模式的变革。从教育信息化的发展历程来看，教育数字化转型是教育信息化向智慧教育发展的过渡，是实现教育智能升级、智慧创新的必经之路。总之，教育信息化和教育数字化是相辅相成、相互促进的，它们共同推动着教育体系向现代化、智能化的方向发展。

1.1.1 教育信息化的核心内涵

《教育信息化 2.0 行动计划》是顺应新时代智能环境下教育发展的必然选择，是推进"互联网+教育"的具体实施计划，是信息技术革命产生影响的关键举措，是实现教育现代化的有效途径。

当今社会，"互联网+医疗""互联网+金融""互联网+农业"等概念和创新应用层出不穷，效果频现。因此，教师应思考如何加强"互联网+教育"。"互联网+教育"主要指通过互联网的技术和手段，对现有教育进行增强与优化，提高教育的公平、质量和效率，创造教育新业态。

1. 重构教育的要素

在推进"互联网+教育"的过程中，要全面转变人才培养理念，摆脱应试教育的思维和标准化培养模式的束缚及弊端，坚持以学生的全面发展为中心，理论与实践结合、过程与结果并重、继承与创新兼顾、育人与成才并举，形成高水平的人才培养体系，提高教育对国民素质的提升和国家经济增长的贡献率。

1) 构建人才培养新模式

人才培养模式的转变，亟须课程教学内容体系的重构和教育教学模式的变革，加强创新思维和协作能力培养的内容，使跨学科内容整合成为趋势。信息技术的发展能形成更加智能化、个性化的教与学环境，为学生提供更加个性化、定制化的学习方案，使长期困扰教育教学的规模化与个性化的矛盾得以有效解决，使因材施教、个性化学习的新型教学方式成为常态。

2) 创新教育评价方式

融合了智能技术的教育系统将对教与学全过程实现跟踪监测和无感式、伴随性的数据采集，实现基于大数据的多维度综合性智能化评价。通过对学生情感、态度、思维和行为等方面的综合分析，教学评价变得更加全面、立体和多元；通过建立教学质量监测系统，开发智能化评价工具，老师、家长、同学等更多主体可以介入评价过程，有利于保障评价结果的科学性和有效性。

3) 提升教育治理水平

如国家智慧教育平台般的"云—网—端"模式的教育公共服务平台，可以使信息识别更精准、管理服务更聪慧、学校组织体系更灵活。与此同时，以管理信息化和智能化为支撑，可以有效促进教育的管、办、评分离，提升教育公共服务水平，从而促进教育治理体系和治理能力的现代化。依托大数据、云计算、人工智能等信息技术，可以实现对各类教育教学系统全体系、全流程、全天候、全方位的动态监测，从而促进教育服务供给精准化、资源配置最优化、管理精细化和教育信息化的环境安全、有序。

4) 提升教师信息素养

信息技术在教育教学中的融合应用，使教师角色的转型步伐加快，大批教师逐步从繁重的重复性脑力劳动和体力劳动中解放出来。未来的教学中，技术将承担起更多知识传授的工作，教师的工作重心将更多转向学生的能力培养、核心素养培育、心理干预和人格塑造等重要方面，教师的能力标准将被重新定义和完善，教师的职业要求将全面更新，教师信息素养将被提升到前所未有的重要地位。

2. 构建教育新生态

教育变革需要从构建全社会参与的良好生态出发，建立学校与外部社会的协同机制，形成校内校外相互打通、资源高度共享、流程无缝衔接的教育新生态，这样才能利用信息技术为教师、学生、学校、课堂等全面赋能，才能促进教育治理体系整体变革。

1) 推进教育信息化的融合与创新

联合国教科文组织将教育信息化分为起步、应用、融合、创新四个阶段。"教育+互联网"是起步与应用阶段，此时信息化逐步在教育教学中得到普及和应用。"互联网+教育"则是融合应用与创新发展阶段，此时信息化对教育产生深刻变革，且是一个长期的过程。推进"互联网+教育"就是推动融合与创新，进行体系变革。为此，教育信息化的发展将摆脱以技术应用为本位的发展思路，转而将促进教育创新作为出发点和落脚点。这种创新，不仅是基于技术的原始创新和集成创新，更是教育理念、教学模式、学习方式、评价机制、管理体制的创新。

2) 推动教育变革的持续发展

"互联网+教育"不是简单利用技术辅助教学，不是在教育系统的某个或某几个环节修修补补，而是利用"互联网+"的思维、模式和技术，对教育进行系统性重构。虽然经过多年的探索，信息技术对教育的革命性影响已初步显现，但总体发展水平依然不高。实际上，信息技术对教育的改变不是局部的，而是全方位、多层次、成体系的，信息技术在与教育的融合中不断展现教育变革的力量。

3. 促进优质资源均衡化

2020 年 3 月，教育部发布的《关于加强"三个课堂"应用的指导意见》强调，积极推进"互联网+教育"发展，比如利用专递课堂，解决农村薄弱学校和教学点缺少师资、开不出开不足国家规定课程的问题；采用网上专门开课或同步上课、利用互联网按照教学进度推送适当的优质教育资源等形式，帮助学校开齐开足国家规定课程，促进教育公平和均衡发展等；利用名师课堂解决教师教学能力不足、专业发展水平不高的问题；通过组建网络研修共同体，探索网络环境下教研活动的新形态，推动优秀教师带动普通教师专业发展，使名师资源得到更大范围的共享，提升广大教师特别是薄弱学校教师的教研能力与教学素养；利用名校网络课堂缩小区域、城乡、校际之间教育质量差距；以优质学校为主体，通过网络学校、网络课程等形式，系统性、全方位地推动优质教育资源在区域或全国范围内共享，满足学生对个性化发展和高质量教育的需求等，促进教育教学资源在区域乃至全国均衡发展。

4. 促进教育现代化

教育信息化作为重要的引擎和驱动力，已经成为影响教育现代化的关键环节和核心要素。教育现代化的本质是实现人的现代化，核心是教育思想和教育理念的现代化。教育现代化的进程，是用现代信息技术持续变革教育的过程。《中国教育现代化2035》将"加快信息化时代教育变革"作为十大战略任务。总体来看，信息化逐步成为变革教育体系、提升教育品质的内生变量。全面推动信息技术与教育教学深度融合，促进结构重组、流程再造、文化重构，构建人本、开放、平等、可持续的教育新生态，构建数字化、网络化、智能化、个性化、终身化教育体系，以教育信息化促进教育现代化，是新时代我国教育改革发展的战略选择。

教育现代化是国家现代化的重要内容，国家推进的教育现代化是信息时代的教育现代化，不是工业时代的教育现代化，更不是农耕时代的教育现代化，目标是构建信息社会的现代化教育体系。加快推进教育信息化发展既是事关教育全局的战略性选择，是信息时代教育改革发展的必由之路；也是破解教育热点、难点问题的紧迫任务，是促进教育公平、提高教育质量、推动教育改革的有力抓手和有效手段。因此，可以说，没有教育信息化就没有教育现代化，并且要以教育信息化促进教育现代化。

1.1.2　教育数字化转型概述

教育数字化转型是国家数字化战略的重要组成部分，既是数字时代赋能教育高质量发展的必由之路，也是中国式现代化本质要求的"实现高质量发展"的重要构成。从2021年教育部批准上海作为我国首个教育数字化转型试点，到2022年年初教育部提出"实施教育数字化战略行动"，再到2022年10月党的二十大强调"推进教育数字化"，教育数字化转型已成为教育发展的必然趋势。

教育数字化转型是教育信息化在数字时代发展的一个特殊阶段，其战略意义与数字中国、数字经济、智慧社会一脉相承，是教育主动适应新一轮信息科技革命与现实发展的必然选择。

1. 转型

所谓转型(transformation)，是指事物的结构形态、运转模型和人们观念的根本性转变过程。转型的目标、思维、过程和结果是指向"创造未来"的系统性变革。其本质是借助数字技术和支持能力创造一个与众不同的模式；其结果是概念或范式转换，即"概念网络的变更"。换言之，转型是一种主动谋求变革(精准识变、有效应变及主动求变)的持续性创新。转型和进化、创新，既有联系又有区别，进化是一种自然的过程，创新是人为的进化，转型则是二者的结合，其战略、策略和创新创造力需不断变化以适应未来发展。因此，转型具有范式转换、主动变革、长期变迁等特点。

2. 数字化转型

目前，关于数字化转型(Digital Transformation，DT/DX)的理解主要有三种视角：①技术视角，认为数字化转型是使用技术提高组织绩效或影响力；②变革视角，认为数字化转型不是简单地采用技术，而是一系列技术、文化、组织、社会、创意和管理方面的变革；

③过程视角，认为数字化转型是一个演进过程，通过数字技术和数字能力改变商业模式、客户体验和运营流程来创造价值。

有学者在比较、综合已有数字化转型定义的基础上进行语义分析，构建了数字化转型概念模型，如图 1-1 所示。数字化转型的定义可以从这一概念模型中找到切入点。

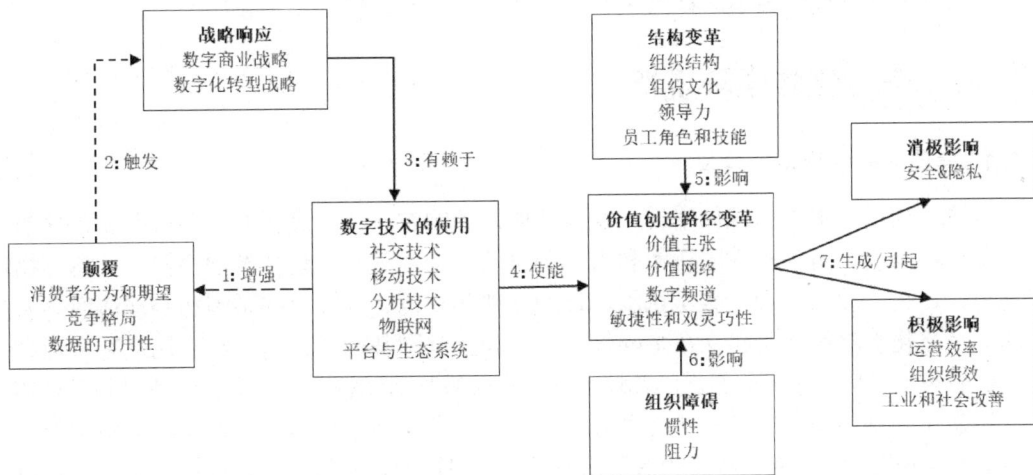

图 1-1　数字化转型概念模型

3. 教育数字化转型

根据转型和数字化转型的内涵可知，教育数字化转型(Digital Transformation of Education, DTE)是在价值需求导向和战略愿景的引领下，利用数字技术驱动和新型能力赋能，创建适应数字文化的理想教育模式的过程。通过重构教育价值网络重塑教育价值效益，重建教育范式，最终形成良好的教育生态。教育数字化转型的本质是数字技术赋能教育高质量发展的系统性进化或变革，核心要义是教育范式的转变，根本任务是教育生态体系的重构，核心路径是新型能力建设、评价体系重构、价值体系优化，运行关键是数字文化的建立，根本保障是彰显数字主体性，基本方略是协同创新的工作体系。

教育数字化转型不是一个独立发展的阶段，从连续系统思维的角度来看，数字化、网络化、智能化、智慧化是连续统一的更替阶段；教育数字化转型是一种指向"理想未来"的质变，是"化蛹成蝶或破茧成蝶"，而不是变成"更快的毛毛虫"，这种变化不是一蹴而就的，而是一种渐进式、螺旋式的演进过程，具有设计性、系统性、革命性、协同性和阶段性等特点。

1.2　信息化教学环境

党的二十大报告指出，要加快建设教育强国、科技强国、人才强国。信息化教学环境是新时代教育体系建设的重点，它能为信息化人才的培养提供物质保障。在更加注重以德为先，更加注重全面发展，更加注重面向人人，更加注重终身学习的现代化教育理念下，信息化教学将更加注重学生的个性化需求，通过大数据等技术手段为学生提供更加精准的学习服务；通过人工智能等技术手段为学生提供更加智能的学习支持。此外，未来信息化教学环境还将更加注重场景化、协同化等方面的发展，为学生提供更加丰富的学习体验。现代化教育理念下的教学环境与传统的教学环境有着显著的区别，其更强调信息硬件的配置和能够服务于教学的软件。因此，信息化教学环境是新时代教育体系建设的重点，能为信息化人才的培养提供基本的物质保障。

1.2.1 信息化教学环境概述

1. 信息化教学环境的含义

对教学过程的主体和客体来说，教学环境是影响教学活动进行的各种情况和条件的总和，是一种场所，是各种教学资源和人际关系的组合，其除了包括教学仪器、设备等物理设施外，还包括教育理念、教学氛围、行为习惯和规范、人际交往氛围和心理适应等人文环境。信息化教学环境是建立在多媒体计算机和互联网基础之上的，结合现代教育理念并且能够服务于现代化教育的新教学环境，是信息化教学活动赖以持续进行的情况和条件的总和。信息化教学环境有广义和狭义之分，广义的信息化教学环境是指信息社会中与教育教学有关的各种要素的总和，狭义的信息化教学环境则特指开展信息化教学的软件、硬件环境。

2. 信息化教学环境的特点

信息化教学环境不仅为教师提供了现代化的教学手段，也改变了学生的学习方式。从教师的"教"和学生的"学"两种角度出发，信息化教学环境主要具有以下几个特点。

1) 教学信息多媒体化

在信息化教学环境下，教学资源种类丰富，除文本信息外，还包括大量的非文本信息，如图形、图像、声音、视频和动画等。

2) 教学资源共享化

信息化教学环境下的教学资源可以通过网络实现快速、便捷、高效的共享。目前，很多中小学都已建立教学资源库、教师集体备课的网络共享空间和课程的网络教学平台，这些教学硬件和软件有效地推动了信息化教学资源的共建共享，提高了资源利用率。

3) 学习活动合作化

信息化教学环境为学生的学习活动提供了便利，同时也为学生和教师之间的互动交流提供了多种渠道和多种方式，学生在学习活动中可以随时进行师生、生生的沟通和交流。

4) 自主学习个性化

在信息化教学环境下，各种新的技术和平台不断涌现，大数据、人工智能、物联网、虚拟现实技术等为个性化学习提供了条件，并为各种新型的学习方式提供了支撑。

5) 教育时空立体化

在信息化教学环境下，教学活动不再局限于课堂和学校，网络化教学空间可以让师生随时随地进行教学与互动。国家也大力推进网络学习空间的建设，让每位学生都享有个性化、多元化、资源丰富的网络学习空间，以推动学生转变学习方式。

6) 教育管理自动化

在信息化教学环境下，通过各种过程感知和数据采集技术，实时获取信息，支持教育管理者和教师对教育教学进行自动化监控、自动化管理和智能化服务，以提高教育教学效率。

1.2.2　信息化教学环境的类型

信息化教学环境的发展趋势是多样化、个性化、智能化、开放化、协同化。信息化教学环境集成了数字化教学内容与资源、媒体播放设备、学习终端、集成控制技术、网络通信技术、虚拟仿真技术、虚拟现实技术等要素，支持教师的教和学生的学。常见的信息化教学环境有多媒体教室、计算机教室、网络教室、录播教室、智慧教室和虚拟现实教室等。

1. 多媒体教室

1) 认识多媒体教室

多媒体教室是将多种教学媒体集成在传统教室，实现教学资源的播放、控制与管理，是进行多媒体组合教学活动的教学场所，主要起到辅助教师教学的作用。图 1-2 所示为典型的传统多媒体教室，是一般学校开展教学活动的主要场所。

图 1-2　传统多媒体教室

2) 多媒体教室的组成

传统多媒体教室由电子讲台、音响设备和投影设备组成。电子讲台取代了教室传统的讲台，是多媒体教室的核心，包括多媒体计算机(PC，俗称教师机)、中央智能控制系统和音响调控设备等，如图 1-3 所示。为减少技术操作失误和方便管理，一般会将相关设备放在电子讲台的内部，桌面设置一个便于教师操作的控制面板，教师通过控制面板可以控制整个多媒体教室的设施和资源。一般的控制面板进行简单的一键操作，例如，当按下"上课"按钮时，PC 启动，投影仪自动打开，投影幕布自动落下；当按下"下课"按钮时，计算机、投影仪自动关闭，投影幕布自动上升。

传统多媒体教室的主要组成部分介绍如下。

(1) 中央智能控制系统。中央智能控制系统将多媒体教室中的多种设备控制集成在一个平台上，操作者通过控制面板可以方便地实现设备的控制及信号的切换。

(2) 多媒体计算机。多媒体计算机是多媒体教室演示系统的核心部分，通过有线网或无线网连接网络，教学中用到的教学软件及播放多媒体课件的软件都要由它运行。多媒体计算机的性能很大程度上影响演示效果的质量。

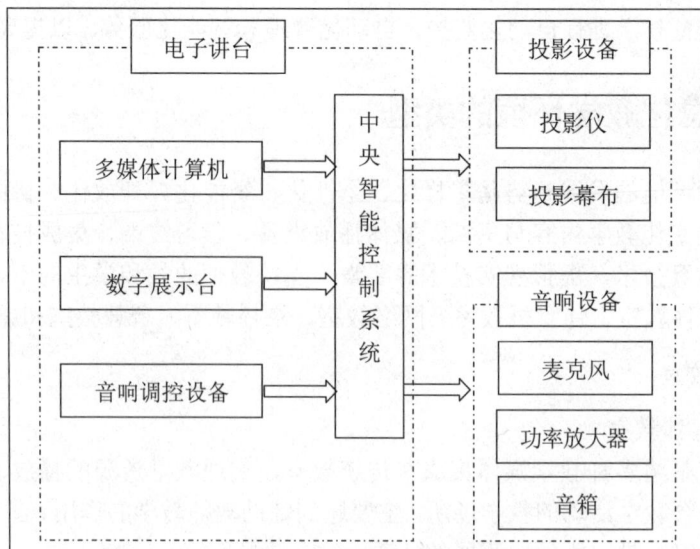

图 1-3　传统多媒体教室的组成

(3) 数字展示台。数字展示台通过其他设备如高拍仪进行照片、书本等实物资料的投影。展示台本身不具备显示功能，它可以将视频数字信号输出到投影仪，由投影仪投影到投影幕布上。

(4) 投影设备。投影设备由投影仪和投影幕布组成，投影仪与投影幕布配套使用。投影仪连接着多媒体计算机和数字展示台，它的作用是将数字信号输出成像，并在投影幕布上放大显示。

(5) 音响设备。音响设备包括麦克风(有线或无线)、功率放大器和音箱，负责声音的输入、输出、放大和混合。

随着多媒体教学设备的更新换代，传统的多媒体教室的设施也在不断更新升级，图 1-4 所示为在传统多媒体教室的基础上升级的新多媒体教室。

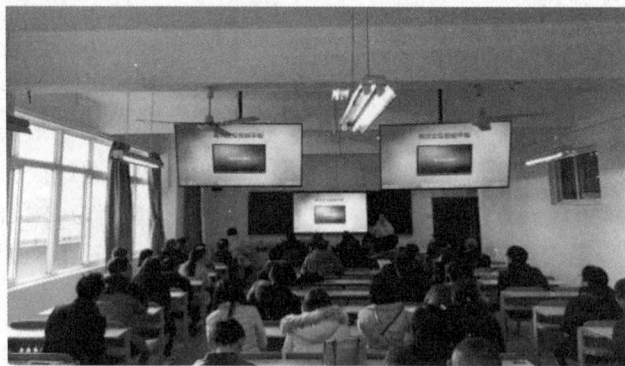

图 1-4　升级的新多媒体教室

新多媒体教室用交互式电子白板或一体化触摸屏代替传统的多媒体教室的幕布、投影设备甚至多媒体计算机。例如，在教室的正前方安装一体机，一体机的两边是两块黑板，这种配置在中小学的多媒体教室较为常见。在面积较大的教室，一体机受自身屏幕尺寸大小的限制，会根据实际需要安装多台一体机，这样可以扩大显示范围，方便学生观看教学内容。

3) 多媒体教室的应用

多媒体教室主要用来进行课堂演示教学。教室中的多媒体设备主要用来辅助教师教学，教师利用多媒体设备将教学内容通过多种方式呈现给学生，授课过程中合理增加丰富的图像、声音、视频等多媒体元素，创设特定的学习情境，将抽象的知识生动、形象化。

2. 计算机教室

1) 认识计算机教室

计算机教室又称计算机机房，如图 1-5 所示，是以教师机为控制端，以学生机为终端，以局域网(有线、无线)为基础组成的网络信息化教学环境。计算机教室的环境必须满足计算机等各种微电子设备对温度、湿度、洁净度、电磁场强度、消防、电源质量、防雷等要求的标准。因此，建设一间计算机教室造价较高，进入计算机教室学习要遵守计算机教室的使用制度。

图 1-5　计算机教室

2) 计算机教室的组成

一般来说，计算机教室由一间主机房和一间辅助机房组成，如图 1-6 所示，主机房主要包括电子讲台、多台学生机(带耳机/话筒)、投影设备、音响设备和摄像头；辅助机房主要包括服务器和监控主机。电子讲台、投影设备和音响设备的功能与多媒体教室的一样，不过，电子讲台里的教师机与多媒体教室里的教师机略有不同。计算机教室的主要组成介绍如下。

(1) 教师机。计算机教室的教师机除了安装教学中用到的教学软件及播放多媒体课件的软件外，还安装教师机作为控制端的广播教学软件。广播教学软件有屏幕广播、班级管理、学生演示、监控转播、远程控制、屏幕录制、文件管理和系统锁定等功能。

(2) 学生机。学生机一般为普通计算机，除了安装上课要用到的软件，还会安装学生端的软件，学生机和教师机端的广播教学软件配套使用，可以与教师机实现交互，如提交作业、提问、举手等。

(3) 服务器。服务器安装教学云平台，教师机和学生机均可通过网络访问该平台，根据教师和学生角色的不同，教师进入教师的虚拟机，学生进入学生的虚拟机。

(4) 监控主机。监控主机设在辅助机房，实时监控主机房的情况，在主机房电源处设置遥控电源开关，可以通过监控主机控制遥控电源开关，若出现异常情况，就可以远程切断电源。

(5) 摄像头。摄像头安装在主机房，其数量和安装位置都是根据计算机教室的布局而定，尽量保证整个教室无死角全覆盖，实时监控主机房的情况，并将主机房场景传送到监控主机。

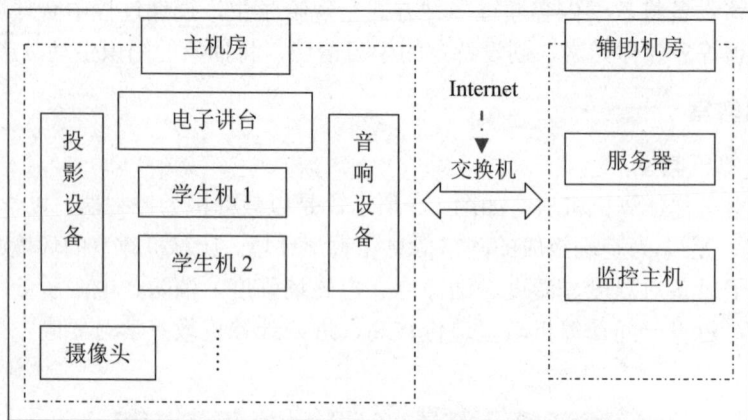

图 1-6　计算机教室的组成

3) 计算机教室的应用

计算机教室的应用主要有以下几个。

(1) 实验教学。计算机教室将充分发挥计算机技术和网络技术的优势，主要应用于需要借助计算机完成的一些具有可操作性学习任务的实验课程，如信息技术课程。

(2) 在线测试与反馈。借助计算机教室的网络，学生可以在线进行测试，教师则可以实时了解学生的测试情况，及时调整教学进度。

3. 网络教室

1) 认识网络教室

网络教室，是指教师借助直播平台将学生组织到一起，并通过网络进行线上教学的平台。网络教室上课画面，如图 1-7 所示。

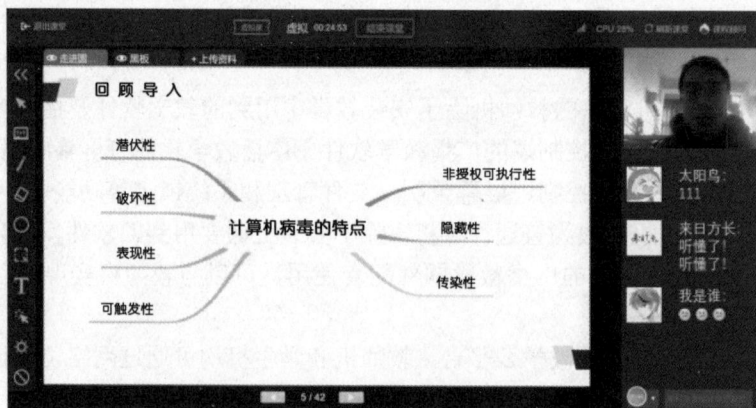

图 1-7　网络教室

2) 网络教室的组成

网络教室由学生端和教师端构成，学生端和教师端通过网络连接，借助直播平台完成教学。网络教室的组成，如图 1-8 所示。

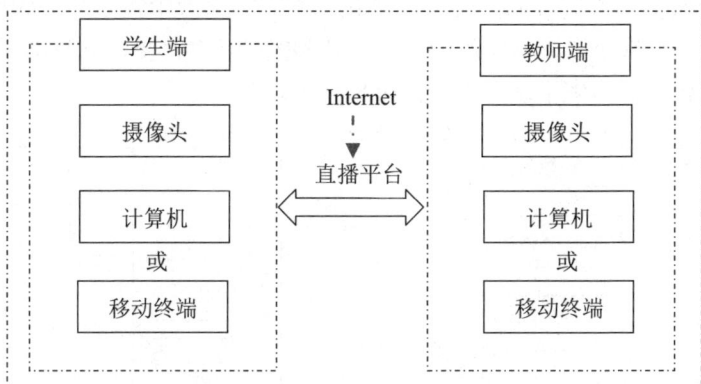

图 1-8 网络教室的组成

(1) 教师端。教师端包括教师上课用的计算机或移动终端、摄像头等。计算机或移动终端上安装用于直播教学的软件，这种软件一般包括教学内容显示窗口、教师人像画面窗口和讨论区等。

(2) 学生端。学生端和教师端的硬件设备一样，不同的是，学生端的计算机或移动终端安装学生端上课用的软件。这种软件一般包括教学内容显示窗口、教师人像画面窗口、学生人像画面窗口和讨论区等。

3) 网络教室的应用

网络教室的应用主要有以下几个。

(1) 随时随地地教学。网络教室使教学活动不再局限于学校和课堂，网络化教学空间可以让师生随时随地参与教学与互动，打破时间和空间的限制，打破教室容量的限制。

(2) 在线协作学习。在线协作学习中，教师的主要任务是引导和协助并组织不同学校、不同地区的学生在网络上协同工作，如分享数据、集体合作、撰写报告等，利用网络教室展示在线协作项目成果。

4. 录播教室

1) 认识录播教室

录播教室有两类。一类是普通的录播教室，在多媒体教室的基础上增加摄录像设备及录播系统，可以将教室的现场情景(包括授课者和学习者在课堂上的行为)录制下来并播放。另一类是微格教室，其是一个缩小的课堂教学教室。微格教室安装摄录像设备，用于训练教师的教学语言、板书、讲解、演示和提问等教师课堂教学内容。

2) 录播教室的组成

(1) 普通的录播教室。普通的录播教室的核心组成部分是录播系统和摄录像设备，其他设备与多媒体教室配备相同。录播系统通过网络进行集控式管理，具有自动化录制、直播、点播、导播、自动跟踪和自动上传及存储等多种功能。

(2) 微格教室。微格教室的主要组成包括多间微型教室、控制室和观摩室，如图 1-9 所示，不同类型的微格教室其组成会有所不同。

微格教室的主要组成介绍如下。

① 微型教室。微型教室是缩小的课堂教学场所，也是开展模拟训练的场所，又被称为模拟教室。微型教室一般设多间，硬件设备包括装有微格教学系统的一体机、音响设备和摄录像设备，主要用来拾取"模拟教师"的声音和教学活动形象。微格教学系统用来记录、重放教学过程录像，供师生下载并进行分析和评价。

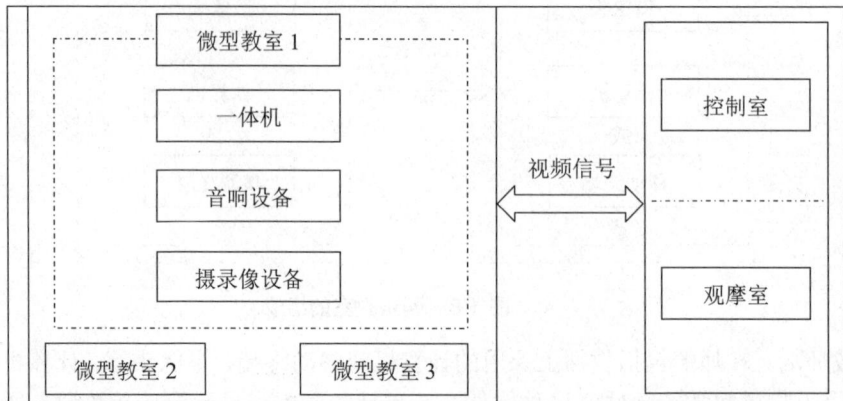

图 1-9　微格教室的组成

② 控制室。控制室配置有电视特技机、录像控制系统、监视系统、调音台、录制系统、信号切换分配系统等。每间微型教室有"模拟教师"和"模拟学生"教学活动两路个频信号，经电视特技机控制，一个送到录像机进行录像，另一个经视频分配器把教学实况信号直接送到观摩室，供同步评述分析。

③ 观摩室。观摩室配备多台显示设备，可以将控制室中的视频信号输送到显示设备上，既可以实时同步播放微型教室"模拟教师"和"模拟学生"的教学实况，供指导教师现场评述，学生观摩分析，也可以作为班级教学实况摄像的场所。

3) 录播教室的应用

(1) 普通的录播教室的应用。普通的录播教室的应用主要有以下几个。

① 教学研讨。通过录播教室可以进行课程实时录制，教师之间可以相互学习，相互评课，相互借鉴，有助于教师之间进行教学研讨。

② 课程录制。录播教室可以实现自动化精准跟踪、切换，不会影响老师的教学进度，正常课堂教学中即可完成高品质课程的录制。录制的视频还可以用于在线课程建设。

③ 课堂反思。在录播教室录制一节课对教师教学能力的提升有很大的促进作用。首先，教师从备课到上课都经过了精心设计和调整。其次，课后反复观看视频，教师可以从整体到细节清楚地看到自己的教学设计、教学行为和教学效果，并获得全面的自我反馈信息，便于教师有针对性地进行改进和总结，快速提升其教学水平。

④ 远程教育。录播系统具有自动化录制、直播、点播等功能。远程教学时可以直播课程，可以共享优质教学资源。

(2) 微格教室的应用。微格教室的应用主要有以下几个。

① 师范生的教学技能训练。微格教室可训练教师课堂教学基本技能，包括导入教学技

能、应变教学技能、讲解教学技能、板书板画教学技能、媒体演示操作教学技能、提问教学技能、反馈强化教学技能、归纳总结教学技能、课堂组织教学技能等。

② 教学观摩。教学观摩是师生进行教学经验与技巧交流的有效方式。师范生在进行模拟教学之前，指导教师会在观摩室进行示范讲解，分析典型课例，组织学生观看优秀课堂的教学录像，给学生提供示范。

③ 反馈评价。在微格教室中，教师借助摄像监控可以实时掌握每一组学生的训练状况，学生在完成模拟教学训练后，通过观看自己的模拟教学视频进行自我纠正和评价。

5. 智慧教室

1) 认识智慧教室

智慧教室，又称未来教室，它是基于新型硬件设备和与之配套的软件程序构建的新型教室，如图 1-10 所示。智慧教室与传统教室有很大区别：课桌一般是由便于开展小组学习或自主探究式学习的可自由组合的、可移动的课桌组成；除讲台外，教室四周也安装了互动设备，如触控投影一体机。除此之外，智慧教室拥有强大的硬件系统和软件系统，能使教学内容智慧地呈现、学习资源泛在获取、课堂交互立体多样、现实学习空间和网络学习空间相互融通、学生主体作用和教师主导作用得以充分发挥。

图 1-10　智慧教室

2) 智慧教室的组成

随着科学技术的发展，智慧教室的功能和实施设备也在不断更新和升级，中小学常见的智慧教室通常由以下基本部分组成：教学系统、LED 显示系统、人员考勤系统、资产管理系统、灯光控制系统、空调控制系统、门窗监控系统、通风换气系统和视频监控系统，如图 1-11 所示。

智慧教室的主要组成介绍如下。

(1) 教学系统。教学系统由内置电子白板的触控投影一体机、功率放大器、音箱、无线麦克风、拾音器、问答器和配套控制软件等构成。使用内置电子白板的触控投影一体机代替传统的黑板和投影幕布，并在每个桌位上配置问答器，实现师生交互式课堂教学。三面墙的一体机可用于学生小组讨论等。

(2) LED 显示系统。LED 显示系统由 LED 面板拼接而成，一般安装在教室触控投影一体机的顶部，用于显示正在上课的课程名称、专业班级、任课教师、到课率，除此之外，还可以显示教室内各传感器采集的环境数据，如室内温湿度、光照度、二氧化碳浓度等。

空调控制系统	教学系统		LED 显示系统
	触控投影一体机	功率放大器	
门窗监控系统	拾音器	音箱	人员考勤系统
通风换气系统	问答器	控制软件	资产管理系统
视频监控系统	无线麦克风		灯光控制系统

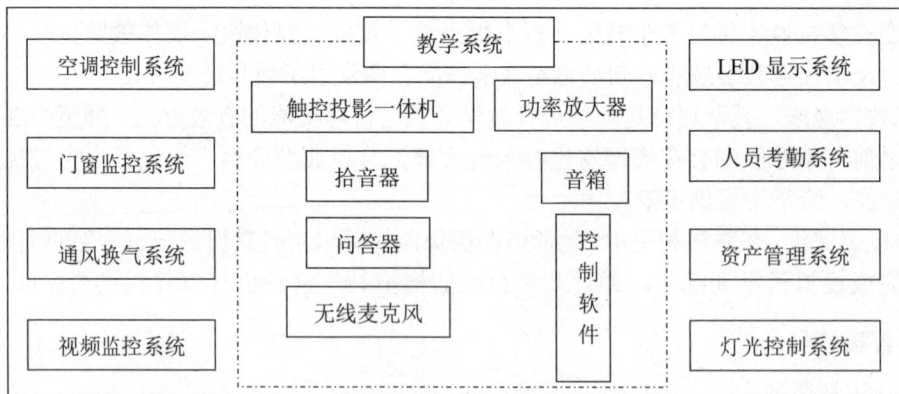

图 1-11　智慧教室的组成

(3) 人员考勤系统。人员考勤系统由射频识别(Radio Frequency Identification，RFID)考勤机、考勤卡和配套控制软件构成。在教室前后门各安装一个 RFID 考勤机，采用 RFID 标签(校园一卡通)对学生进行考勤统计，对进入教室的人员进行身份识别，对合法用户进行考勤统计，对非法用户进行警告。通过控制软件可以对考勤情况进行远程监控、统计，还可以打印存档。

(4) 资产管理系统。资产管理系统由超高频 RFID 读卡器、纸质标签、抗金属标签和配套控制软件构成。在教室前、后门各安装一个超高频 RFID 读卡器，对教室内的实验仪器、设备等资产(贴有 RFID 标签，标签上有设备的详细信息)进行出入教室的监控与管理，如未授权用户把教室内资产带出教室，其会发出报警信息，方便设备管理人员对教室设备进行统一管理。

(5) 灯光控制系统。灯光控制系统由灯光控制器、光照传感器、人体传感器、窗帘控制系统和配套控制软件构成。通过人体传感器判断教室内是否有人，若教室内无人，则灯光控制器控制教室的所有灯关闭，窗帘控制系统控制窗帘闭合。光照传感器自动检测教室内光照强度，根据光照强度，灯光控制系统可以控制灯光的亮度。

(6) 空调控制系统。空调控制系统由中央空调电源控制器、温湿度传感器和配套控制软件构成。通过温湿度传感器监测室内温湿度。通过分析数据，根据软件预设最高门限值和最低门限值，当室内温湿度高于最高门限值时自动开启空调，当室内温湿度低于最低门限值时自动关闭空调，实现室内温湿度的自动控制。

(7) 门窗监控系统。门窗监控系统由窗户门磁模块及配套软件组成。窗户门磁模块用于检测门和窗户的开关状态，并将状态信息及时上传至服务器，可以对窗户和门进行远程自动监视，如遇异常情况及时报警。

(8) 通风换气系统。通风换气系统由抽风机、二氧化碳传感器和配套监控软件构成。通过二氧化碳传感器监测室内的二氧化碳浓度，通过分析数据，根据软件预设二氧化碳浓度门限值，当室内二氧化碳浓度高于预设门限值时自动开启抽风机进行换气，通过吸收室外空气来降低室内的二氧化碳浓度。

(9) 视频监控系统。视频监控系统由无线摄像头和配套监控软件构成。在教室前、后门口各安装一个无线摄像头监控人员出入和资产的出入库情况，在教室内安装一个无线摄像头监控教室内部实时情况，所采集的影像经由远端射频单元传送至终端管理电脑，提供实时的监控数据，可为安防系统、资产出入库、人员出入情况提供查询依据。

3）智慧教室的应用

智慧教室的应用主要有以下几个。

(1) 基于数据的教学。传统课堂主要是教师根据个人教学经验对课堂上学生的学习行为进行判断和制定教学策略。智慧教室可以对学生的学习行为进行采集，通过数据挖掘与分析，教师用直观的数据方便了解学生对知识的掌握情况，支持教师的教和学生的学。同时，智慧教室要求教师有较强的驾驭教学的能力，根据教学中出现的新情况，能够及时调整课前的教学设计，优化和改进课堂教学进程。

(2) 个性化的教学。通过对课前预习测评和课中随堂测验进行分析，准确把握每个学习者掌握知识的情况，对学生实现个性化学习能力的评估，教师对每一位学生的认知度更清晰，进而有针对性地制定教学方案和辅导策略，推送个性化的学习资料，制作针对个人的微课，提供以学生为中心的"一对一"的个性化教学服务。

(3) 合作探究式小组教学。智慧教室扇形或环形可移动课桌的设计，以及教室四周的触控设备都为开展合作探究式小组教学提供了条件。采取小组协商讨论、合作探究的学习方式帮助有相同学习需求和兴趣的学习者自动形成学习共同体，并就某个问题开展深入的互动交流，有利于所学知识的意义建构，更能激发学生的学习兴趣，实现以教师"教"为主的课堂向以学生"学"为主的课堂转变。

(4) 协同式教学。协同式教学是一种强调学生之间合作与互动的教学方法。它可以有效地促进学生之间的合作、交流和共同构建知识能力的提升。智慧教室为协同式教学的开展提供了条件，学生可以通过小组项目、合作探究和团队讨论等活动共同解决问题、分享观点和相互学习。这种教学方式鼓励学生主动参与、批判性思考和协同合作，有利于培养学生的团队合作精神、沟通技巧和解决问题的能力。协同式教学不仅能够促进学生取得学术成就，还有助于培养学生的社交能力、领导才能和创新思维。通过协同式教学，学生能够从彼此的经验和观点中受益，并建立起积极互助的学习环境，为学生的综合发展搭建了更广阔的平台。

6. 虚拟现实教室

1）认识虚拟现实教室

虚拟现实(Virtual Reality，VR)技术，又称灵境技术，是以计算机技术为核心，综合了计算机图形学、仿真技术、多媒体技术、计算机网络技术、传感器技术、光学技术和人工智能技术等现代高科技，生成的一个集听觉、视觉、触觉、嗅觉和味觉等感官于一体模拟的虚拟环境，用户借助多种设备在这个多维空间内与虚拟环境中的对象进行交互，从而得到身临其境的感受和体验。沉浸性、交互性和构想性是虚拟现实技术的三大特性。

虚拟现实教室是虚拟现实技术在教育领域的应用，如图1-12所示。借助设备可以让学习者沉浸到虚拟学习空间，脱离现有的真实环境，获得与真实世界相同或相似的感知，产生身临其境的感受，并通过相关交互式虚拟化学习，提高感性和理性认识，深化概念和萌发新的联想。

2）虚拟现实教室的组成

虚拟现实教室主要包括VR硬件、VR课程资源和VR软件，如图1-13所示。

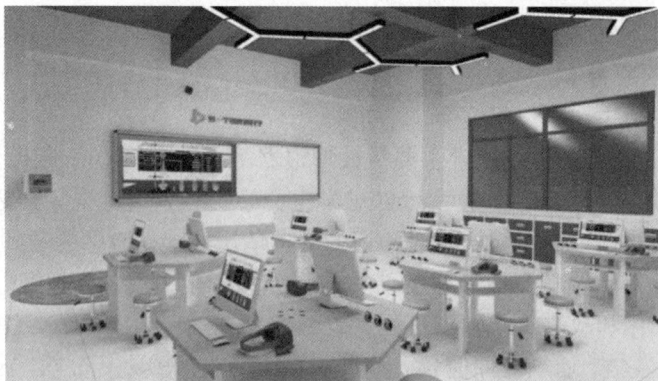

图 1-12　虚拟现实教室

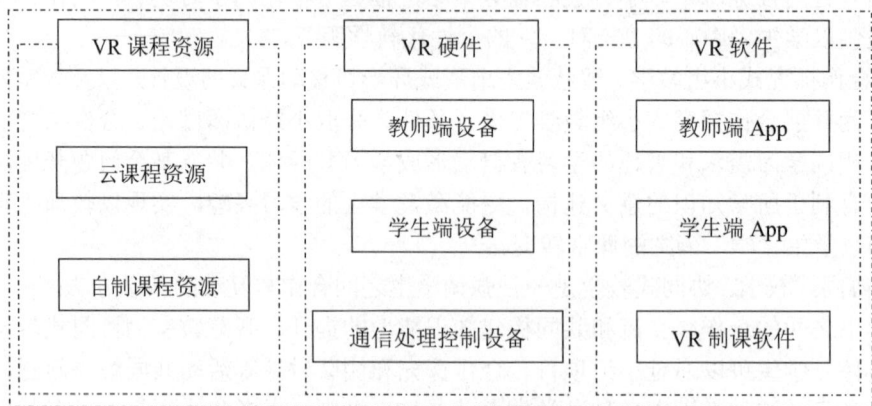

图 1-13　虚拟现实教室的组成

(1) VR 硬件。虚拟现实教室的硬件包括教师端设备、学生端设备及通信处理控制设备。教师端设备主要包含视频采集设备、声音采集设备、立体显示设备、调用教具控制设备等。学生端设备主要包括 VR 头盔显示设备和 VR 手持设备。通信处理控制设备负责整个教室各个设备的协调工作。

(2) VR 课程资源。VR 课程资源包括云课程资源和自制课程资源。部分公司会提供下载典型的和通用的云课程资源，而自制课程资源则是教师根据自己课程需要，使用 VR 制课软件开发的课程资源。

(3) VR 软件。VR 软件包括教师端 App、学生端 App 和 VR 制课软件。教师端 App 是教师的教学工具和管理工具，学生端 App 是学生学习的助手，VR 制课软件是教师开发 VR 课件的工具。

3) 虚拟现实教室的应用

虚拟现实教室的应用主要有以下几个。

(1) 思政教育类。思政教育类虚拟现实教室可供完成参观体验活动和实践育人任务，使用虚拟现实技术再现各种有教育意义的景点或展馆，如将全国著名的红色景点及爱国主义教育基地做成课程资源，展示各个时期的历史瞬间，戴上 VR 眼镜，手持 VR 手柄，珍贵史料、革命圣地一览无余，让学生身临其境，受到感染，培养学生的爱国主义情怀。图 1-14 所示为某高校马克思主义学院的 VR 实践实训室。

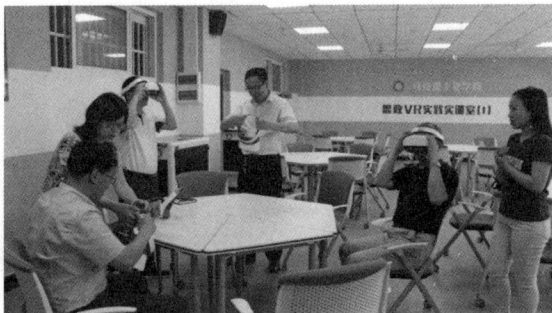

图 1-14 思政教育类虚拟现实教室

(2) 实验实训类。实验实训类虚拟现实教室，如图 1-15 所示，结合 VR 互动、3D 演示及电脑操作辅助传统的实验室教学，教师使用 VR 设备进行交互演示，学生们戴上 3D 眼镜通过 3D 大屏进行实验观察，通过 VR 设备或使用电脑操作实验和学习。目前实验实训类虚拟现实教室主要覆盖小学科学、初中物理、初中化学、初中生物、高中物理、高中化学、高中生物等科目。通过虚拟实验，可以完成一些因客观实验条件受限无法完成的实验，拓宽学生的视野，同时也有助于学生更全面地理解和认识世界，培养学生的思维广度和开放性。

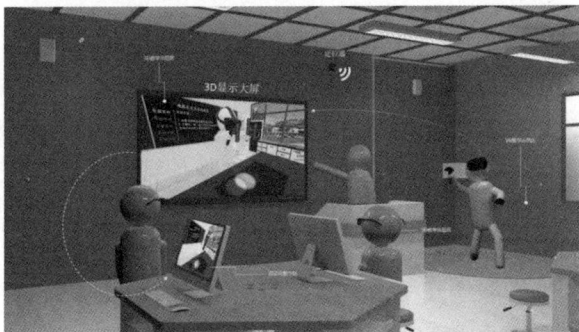

图 1-15 实验实训类虚拟现实教室

(3) 创客教育类。创客教育类虚拟现实教室让学生能在 VR 空间中制作 3D 立体作品，并连接 3D 打印机打印成实物。此外，学生还可以将打印出的作品进行上色等二次创作。学生可以分组共享一台 VR 设备，共同完成项目，培养合作精神，以实现创客教育培养目标。创客教育类虚拟现实教室，如图 1-16 所示。

图 1-16 创客教育类虚拟现实教室

(4) 英语教学类。英语教学类虚拟现实教室，如图 1-17 所示，主要功能有 AI 语音测评、AI 语音纠错等，语音测评数据可以通过 App、微信小程序等读取。在虚拟空间，犹如和真人外教面对面练习口语。

图 1-17　英语教学类虚拟现实教室

1.3　教师队伍发展

教师是教育工作的中坚力量，有高质量的教师，才会有高质量的教育。《新时代基础教育强师计划》明确提出，推进教师队伍建设信息化，挖掘和发挥教师在人工智能与教育融合中的作用。2017 年教育部印发《关于全面推进教师管理信息化的意见》强调，通过信息技术全面推进教师管理信息化，提升教师管理的效率与水平，并作出整体部署。2018 年中共中央、国务院印发《关于全面深化新时代教师队伍建设改革的意见》明确提出，教师要主动适应信息化、人工智能等新技术变革，积极有效开展教育教学。2022 年，教育部颁布《教师数字素养》作为教育行业标准，提升教师利用数字技术优化、创新和变革教育教学活动的意识、能力和责任。为此，在国家教育数字化战略行动中，教育系统需着力探索教师队伍数字化转型工作，支持与促使教师实现数字化发展，推进教师队伍治理数字化转型，以数字化卓越教师队伍支撑与赋能教育高质量发展，为办好人民满意的教育提供有力的人力资源保障。

1.3.1　教师队伍数字化转型的内涵

教师队伍数字化转型是教育数字化转型的重要内容。数字化转型是以数字化和智能化技术工具与系统平台为支撑，对微观层面的个体活动、中观组织层面的业务流程，以及宏观层面的经济产业及人类社会的生态性、体系性变革。教育是社会生态系统的子生态，所以在教育领域开展的数字化转型，也可以从生态系统的视角对教育数字化转型进行理解。

教育生态系统反映了系统内外部相互影响和动态平衡的复杂现象，而教师是数字教育生态的重要主体，特别是我国有 3000 多万名教师。所以要认识教师队伍数字化转型，就需要在理解数字化转型和教育数字化转型的基础上，从治理和生态两种理念融合的角度对其界定分析，需要学校、政府、社会等多元主体充分参与，通过数字化与智能化技术的核心支撑与创新应用，推进教师的教育场景、教学教研、发展培训、评价考核、师资配置等事务的全方位创新与生态性变革，打造高度适应与关键支撑高质量数字教育体系的数字化教师队伍。

教师队伍数字化转型主要有以下四个特征。

1. 以人为本，全员参与

在教师队伍数字化转型的工作中，既要结合各地各校教师发展的实际需求，精细化、人性化、差异化地推进转型工作，也要从教育数字化战略行动全局出发，提高全体教师胜任数字化教育教学工作的胜任能力。

2. 聚焦过程，全局治理

过程性转变和系统性变革是数字化转型的本质。教师队伍数字化转型需要聚焦教师教育、教学教研、研修培训、资源服务、配置管理等教师业务、场景、要素的过程性、协同性、体系性的数字化转变与智能化发展。

3. 迭代推进，构建生态

从系统生态观来看，教师作为教育生态系统的关键主体，要积极适应和正向影响教育数字化转型工作，实现教师队伍持续、迭代、良性地协同发展，形成教师数字化转型与治理生态子系统，支持教育数字化转型与高质量数字教育生态。

4. 技术赋能，制度创新

数字化与信息化的根本差别是数据要素及其产生的创变效应。为此，教师队伍数字化转型工作技术与制度协同配合，通过"数智技术+数据要素+制度机制"的融合创新效应，支撑教师队伍数字化转型工作以刚性及弹性兼容并蓄的方式高效推进。

1.3.2　教师队伍数字化转型的动因

高质量教师队伍是中国教育现代化的根本保障。教师队伍数字化转型不是一项可做可不做的工作，是新时代新形势下打造数字化教师队伍必须做且要做好的重要任务，其动因可从培养高质量的数字化人才、转变数字化教师队伍观念、提升教师队伍胜任数字教育工作的能力三个层面分析。

1. 培养高质量的数字化人才

以大数据、人工智能等为代表的新兴数字技术推动人类社会发展加速迈向数字时代，不断推动基础设施、生产流程、组织模式、产业形态发生全方位的数字化转型；以智能技术为核心的新产品、新工具、新服务、新业态也呈现"井喷式"发展态势，虚实融合的数字化、智能化世界正成为现实。

为了顺应和迎接数字时代的到来，我国高度重视数字经济发展，全面实施"数字中国"战略，提出要"激活数据要素潜能，推进网络强国建设，加快建设数字经济、数字社会、数字政府，以数字化转型整体驱动生产方式、生活方式和治理方式变革"。人才是第一资源，数字人才队伍是数字中国建设的基础保障、核心动力。面对数字时代与数字中国战略，我国亟须深入实施人才强国战略、创新驱动发展战略。为此，教育领域需要推进高质量的数字化教师与人才队伍培养，充分发挥我国人口数量及数字化人才红利，为推动我国数字经济发展提供人才层面的新动能、新优势，为我国数字化转型与智能化升级提供坚实的人才支撑。

2. 转变数字化教师队伍观念

我国教育领域的数字化转型与智能化升级，获得了国家及有关部委的高度关注与支持。我国面向"十四五"发布的相关规划提出，要开展全民数字素养与技能提升行动，探索并开展终身数字教育，还在教育新型基础设施建设、优质数字教育资源、数字化教学变革等方面提出了相关要求。特别是 2022 年全国教育工作会议进一步明确了教育数字化成为新时代教育发展的战略之一。

国家及有关部委出台的规划文件，为推进教育领域的数字化转型和智能化升级指明了方向。然而，在具体落实教育数字化战略、创新数字化教育理念、探索数字教育模式、发挥教育新基建效用、培养高质量数字化人才等各个方面，还需要一支执行能力强、可胜任数字化教育工作的教师队伍。值得注意的是，教师队伍如何贯彻落实国家教育数字化战略行动不只是挑战，更是推进教师队伍建设的重要战略机遇，教师个体、教师教育及相关管理部门更需转变认识与观念，变被动为主动，在数字教育推进工作中实现教师队伍建设的数字化转型。

3. 提升教师队伍胜任数字教育工作的能力

我国教师队伍总体规模庞大、组成结构复杂，以及不同学科、学段、校际和区域间的教师差异巨大，因此，从整体上提高教师队伍质量极具挑战。但我国一直以来高度重视教师队伍建设，特别是在基础教育领域实施了"国培计划"和中小学教师信息技术应用能力提升工程等战略行动，一定程度上提高了基础教育教师的信息化教学能力。中小学教师在新冠疫情期间能灵活、稳定、有序地组织与开展线上、线下或"双线融合"的教学活动就是最佳例证。

但也需注意的是，我国以往的教育信息化建设多偏重于面向广大教师的基础性、普惠性的信息技术应用能力发展，这在整体上有效提高了教师的信息素养与信息化教学能力。但教育数字化转型是追求创新突破的一种创变过程，是构建一种与数字社会及数字经济高度适配的高质量数字教育生态。实际上，从整体上来看，教师具体落实教育数字化转型和常态化开展数字教学工作的数字胜任能力还不足，需要提高其数字素养和数字能力；也需要厘清教师发展及教师教学中的"难点""痛点"，充分发挥数字化转型的"创变"动能，精准、有效地提高广大教师适应与胜任数字化教育教学工作的能力。

1.3.3 现阶段教师队伍数字化转型的主要做法

按照国家教育数字化战略行动总体部署，根据全面深化新时代教师队伍建设改革总体需求，教育部从数字资源建设、有组织的教师研修、教师管理与教师服务四个方面开展了教师队伍数字化建设。

1. 全面融入智慧教育平台"三横三纵"总体布局，打造数字时代教师学习的资源中心

2022 年 3 月，国家智慧教育公共服务平台(Smart Education of China，以下简称智慧教育平台)上线。智慧教育平台源于新冠疫情期间的"国家中小学网络云平台"，其上线是为了保障新冠疫情期间"停课不停学"，云平台上线后服务全国各地的中小学生，深受师生和家长的欢迎，云平台在实践中显示了人民群众对优质资源的渴求。在此基础上，智慧教育平台进一步整合优质资源并拓宽教育服务种类，更好地支持国家教育事业的发展。

智慧教育平台链接了各级各类教育平台入口，将政府、学校和社会的优质资源、服务和应用汇聚在一起，包括基础教育、职业教育和高等教育三大基础板块，全面覆盖德育、智育、体育、美育、劳动教育的"五育"内容，聚焦学生学习、教师教学、学校治理、赋能社会、教育创新等五大核心功能。围绕服务教师终身学习、个性化发展，统筹建设基础教育、职业教育、高等教育的"教师研修"板块，汇聚教师数字化学习资源，围绕思政师德、学科教学、心理健康、劳动教育、安全教育、学校管理、师生评价、作业命题、家校社沟通等方面，优化资源分类和资源供给，供教师自主选择学习。推动教师培训的数字化转型，明确教师培训中形成数字化资源的刚性要求，打通线上线下，实现资源的迭代更新及优质培训资源的普惠共享。

智慧教育平台建立了教师个人学习空间，并形成个人学习档案。教师自主选择资源学习，同时记录教师的学习情况，加强对教师学习行为的分析，提升资源的精准智能推送能力，满足教师个性化发展需求。"教师研修"板块与全国教师管理信息系统数据联通，在"教师研修"板块登录后可以在信息系统核验教师身份及任教学校、学科、职称等信息。教师登录后，在"教师研修"板块学习中记录的学时计入教师 5 年 360 培训学时。与此同时，综合个人真实信息和逐渐丰富的板块学习行为，为教师进行更加准确的个人"画像"，推送更加丰富、更具针对性的资源，更好地服务教师专业发展。

2. 以强化教师数字化学习平台应用为抓手，开展有组织的教师研修活动

智慧教育平台"教师研修"板块将应用作为重中之重，通过各类有组织的教师研修活动，让资源"活"起来，提升教师学习的获得感、实效性，推进教师学习的数字化变革。

一是组织大规模在线专题研修活动。平台提供在线培训的规划、设计、实施、管理、评价功能，为培训管理者、培训团队组织实施在线培训项目提供了全方位技术支持。如2022 年暑期、2023 年寒假，分别组织了全国规模的教师寒暑假期专题研修活动。其中，暑期教师研修按照"通识+学科"设置 8 门课程，提供优质的数字化学习资源 670 多学时，支持教师充分利用暑期自主学习，持续提升教育教学能力，专题点击量超过 13 亿人次，各级各类教师参训超过 1300 万人次，覆盖了全国大部分大中小学校。寒假教师研修中，共有1372.56 万名教师在专题进行学习，约占全国各级各类专任教师的 74.4%，其中，基础教育教师为 1230 万人，职业教育教师为 76.5 万人，高等教育教师为 66.06 万人。

另外，还专门设置了"教师直播教学安全"课程，共有 1336.1 万名教师参与学习。寒假期间，依托平台还开展了心理健康教育教师培训，共有 563.4 万名专、兼职心理健康教育教师、中小学(含中职)班主任和高校(含高职)辅导员等参加专题学习。

二是开发完善深度教研、应用功能。平台提供了教研群、名师工作室等社群管理功能，为网络教研、协同教研、区域教研等线上线下教研活动提供了丰富的工具支持，让教研更高效。在基础教育平台，充分发挥名师名校长和专家的辐射引领作用，于 2022 年 7 月 8 日上线名师名校长工作室(简称"双名工作室")，并相继上线双名工作室积分、贡献值系统，激励双名工作室常态化开展远程备课、线上教研，共享优质教育教学资源。

另外，还上线了虚拟教研室，助力教师云端教研。

3. 以服务教师队伍管理决策为目的，升级全国教师管理信息系统

为推动教师队伍管理数据联通、应用集成，实现"一站式"管理，提供教师管理决策，2022 年，教育部继续拓展全国教师管理信息系统应用功能。在"三区"人才教师专项功能、调动管理、教职员工准入查询 3 个已有功能的基础上，新增了国家乡村振兴重点帮扶县教育人才"组团式"帮扶功能、"特岗计划"功能、乡村教师生活补助信息报送平台、教学成果奖在线申报系统、公费师范生履约管理、"组团式"援疆、教学成果奖评审系统和师德师风舆情监测核处等 8 个功能，并开展基于平台教师数据建设教师数字驾驶舱的研制工作，汇聚多维度、深层次、宽领域的业务信息，实时展现教师队伍的基本情况与变化趋势，为相关数据的监测和预警奠定了基础。

4. 以"数字+服务"为手段，实现保障教师资格管理信息系统"简政便民"

为提升教师资格业务办理服务水平，秉持"应用为王，服务至上"的原则和"连接为先，合作为要"的理念，通过教师资格管理信息系统升级改造和功能完善，多维度推进教师资格数字化服务。为进行"放管服"改革，教师资格管理信息系统在与中小学教师资格考试数据共享的基础上，实现和学信网学历学籍数据库、普通话水平测试管理信息系统对接。通过系统数据的比对核验，对教师资格认定申请人的学历和普通话水平测试等级证书进行核验，凡经电子信息比对核验成功的，无须再提交纸质证明材料原件和复印件，进一步简政便民、优化服务。为促进跨部门数据共享和业务协同，2020 年教师资格管理信息系统启动与地方政务服务平台垂管系统对接试点工作，接入教育部统一身份认证系统，对教师资格业务办理人员开展实名核验。2022 年，进一步将垂管系统对接由单向接口升级为双向接口，推动数据的双向流动，提升政务服务效能。这些举措促进了教师资格数据跨部门、跨地区、跨层级共享使用和深度利用，提高了教师资格数字化政务服务效能，向相关政府推送教师资格证书信息，安全推进教师资格认定信息的开放共享，进一步探索了依托教师资格数据提供公共服务。

学习测评

1. 什么是信息化教学环境？信息化教学环境下教师的"教"和学生的"学"会发生哪些变化？

2. 信息化教学环境的类型有哪些？

3. 未来信息化教学环境会发生怎样的变化？

4. 《教师数字素养》的主要内容是什么？如何理解教育数字化转型的教师发展？

学习资源

1. 中国大学 MOOC. 陕西师范大学. 现代教育技术. https://www.icourse163.org/.

2. 习近平. 高举中国特色社会主义伟大旗帜 为全面建设社会主义现代化国家而团结奋斗——在中国共产党第二十次全国代表大会上的报告[N]. 人民日报，2022-10-26(01).

3. 教育部教师工作司. 深入落实国家教育数字化战略行动全面提升教师队伍信息化素养和现代化治理水平——2022 年教师队伍数字化建设情况报告[J]. 中国电化教育，2023，(4): 1-6.

党的二十大报告指出，"育人的根本在于立德"。文本处理技术可以应用于立德的教育和培养。通过文本处理技术，提取其中的道德和价值观信息，帮助人们更好地理解和学习立德的内容。文本处理技术是教育现代化的重要组成部分，可以用于教学资源的管理、课程设计、学习评估等方面，从而提高教育的效率和质量。通过文本处理技术，教师可以更好地管理和利用教学资源，提高课程设计的质量和更好地评估学生的学习情况。因此，掌握文本处理技术对于教师是非常重要的。

第2章 文本处理技术

本章学习目标

➢ 熟悉文本的常用格式。
➢ 能够使用多种方式获取文本。
➢ 能够理解思维导图的教学应用。
➢ 能够使用一款思维导图软件进行思维导图的绘制和导出。
➢ 能够使用一款词云软件进行词云图的制作和导出。

2.1 文本的常用格式

在各种媒体素材中，文本素材是最基本的素材，其常用的文本文件格式有以下几类。

1. TXT 格式

TXT 是微软在操作系统附带的一种文本格式，也是最常见的文件格式，简单、通用且易于编辑，适用于存储和处理纯文本数据。TXT 格式的文件只包含基本的字符和换行符，没有任何有关文字颜色、字体、大小等格式化信息，且可以使用任何文本编辑器打开和编辑。TXT 文件是跨平台的，任何能读取文字的程序都能读取带有.txt 扩展名的文件。

2. DOCX 格式

DOCX 是 Microsoft Office 软件中 Word 生成的文档格式，支持多种样式和格式选项，适用于创建和编辑各种类型的文档。DOCX 是一种开放的 XML 文件格式，可以存储文本、图像、表格、图表、公式等格式化信息。

可以用不同的程序打开 DOCX 格式文件，例如，Microsoft Word、WPS 和 Open Office

Writer 等，也可以用格式转换器或在线服务将 DOCX 文件转换为其他格式，例如，PDF、DOC、RTF 等。

WPS 办公软件是一款由北京金山办公软件股份有限公司自主研发的办公软件套装，拥有办公软件最常用的文字、表格、演示、PDF 阅读等多种功能。它支持多种文档格式，兼容 Word、Excel、PPT 三大办公组件的不同格式，支持 PDF 文档的编辑与格式转换，集成思维导图、流程图、表单等功能，此外还支持云服务，可以在不同设备上同步文档，实现多人在线协作。

在 WPS 的 Word 软件中，使用"文件"菜单中的"另存为"命令，可以将 DOCX 格式文档转换为其他格式的文档，如图 2-1 所示。

图 2-1　"另存为"的保存类型

3. PDF 格式

PDF(Portable Document Format)是便携文档格式的英文缩写，是由 Adobe 公司开发的跨平台文件格式。PDF 是一种专门用于阅读和打印的文档格式，以独立于操作系统、应用程序和硬件的方式存储文档，无论在什么系统打开 PDF 文档，都可以准确地保留文档的原始格式、布局、字体、图像和图表等元素，所以，PDF 文档一般是不支持编辑和修改的。

PDF 格式支持多种压缩算法，可以将文件最小化而不会影响文档的质量和可读性，还支持丰富的交互性和多媒体元素，如超链接、书签、表单、注释、音频和视频等。这使 PDF 文件可以具有动态内容、导航和交互体验，为人们提供更丰富的读取和浏览体验。

目前，越来越多的电子图书、产品说明、公司文告、网络资料、电子邮件等使用 PDF 格式文件，PDF 格式文件已成为数字化信息市场的一个工业标准。

4. CAJ 格式

CAJ(China Academic Journals)是中国学术期刊全文数据库的英文缩写，由中国知网 (CNKI)开发。CAJ 是专门用于存储和传播学术期刊文章、论文和研究报告等文献的格式，包含文本、图像、图表、参考文献等元素，可以满足学术文献的丰富性和多样性需求。网上许多电子图书文献均使用这种格式，例如，中国学术期刊全文数据库中的文档大部分都是 CAJ 格式，且该类型的文档一般用 CAJ 全文浏览器阅读。CAJ 全文浏览器还支持 NH、KDH 和 PDF 等格式文件阅读，既可以配合网上原文的阅读，也可以阅读下载后的中国期刊网全文，并且它的打印效果与原版的效果一样。

5. RTF 格式

RTF 是一种跨平台的文本格式，可以在不同的操作系统和软件之间共享，适用于共享和传输文本内容和样式，具有广泛的兼容性和可编辑性，用户能够便捷地在不同的文字处理程序和操作系统中使用 RTF 文件。该文件格式支持各种字体、颜色、大小、样式等文本属性，并且可以包含图像和其他媒体。

6. HTML 格式

HTML(Hyper Text Markup Language)是一种用于创建网页的标记语言。HTML 使用标签来描述和组织文档的结构和内容，以及定义文档的外观和行为。它支持各种字体、颜色、大小、样式等文本属性，并且可以包含图像和其他媒体。HTML 是构建 Web 页面的核心语言之一，通过 HTML 标签和属性可以创建具有结构、样式和交互性的网页。HTML 与 CSS和 JavaScript 等技术结合使用，可以实现丰富的 Web 应用程序和获得良好的用户体验。

7. PDG 格式

PDG 是超星数字图书的格式，其作为一种专用技术产生的格式，该类型的文档一般用超星阅读器阅读。超星阅读器是超星公司为用户提供的专门阅读 PDG 文件的软件，支持下载图书离线阅读，也支持其他图书资料导入阅读，支持的图书资料有 PDG、PDZ、PDZX、PDF、HTM、HTML、TXT 等多种常用格式，同时还可用于编辑制作 PDG 格式文件。

2.2 文本的获取

文本获取的方法有很多，常见的有键盘输入、手写输入、语音输入、OCR 识别输入、网络下载等。

1. 键盘输入

键盘输入是通过计算机的键盘、移动设备的软键盘输入字符和命令的一种方式。这种方式使用五笔输入法、微软拼音输入法等将文字输入计算机或移动设备中，利用 Word、WPS、记事本等文本编辑软件进行编辑。键盘输入的优点是不需要附加其他录入设备，用户可以迅速、准确地输入文本，缺点是费时费力。

2. 手写输入

手写输入是在手写设备或屏幕上通过专用手写笔或手指书写的一种输入方式。计算机手写设备有手写板、触摸屏等，移动设备手写输入应用更为广泛。手写输入的优点是输入者不用掌握汉字输入法，只要会写字即可，符合人们用笔写字的习惯，特别适用于需要书写或绘制的场景；缺点是输入速度慢，只适合少量文本的输入，而且准确性也可能会受个人书写风格、设备敏感性和手写识别算法的影响。

3. 语音输入

语音输入是在专业软件支撑的基础上，将输入计算机或移动设备的声音转换成文字的一种输入方法。其优点是输入者将语音转换成文本自然、方便，不需要学习汉字输入法，输入速度快；缺点是语音识别率受话筒质量、输入者的普通话水平、背景噪声等因素的影响。常用的语音输入法有讯飞输入法、讯飞随声译、微信语音识别文字、讯飞语记、讯飞听见、录音转文字助手等。

1) 讯飞输入法

讯飞输入法是科大讯飞推出的一款语音输入软件，其除了支持普通话外，也可以支持湖南话、粤语、宁夏话、云南话、东北话、甘肃话、安徽话等多种方言，还可以支持藏语、维吾尔语等少数民族语言及英语、韩语、日语等多种外国语言的语音输入。另外，讯飞输入法还支持二十多种便捷的随声译方式，如图 2-2 所示。

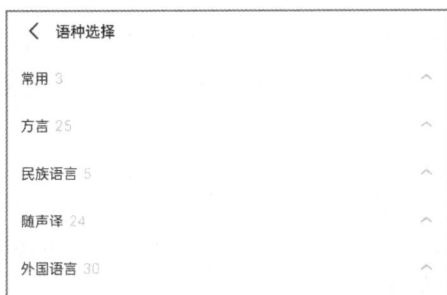

图 2-2　讯飞输入法的识别模式

2) 讯飞随声译

讯飞随声译(微信公众号)目前支持中→英、英→中、中→日、日→中、中→韩等翻译模式，同时出现文字和语音，实现无障碍交流，如图 2-3 所示。

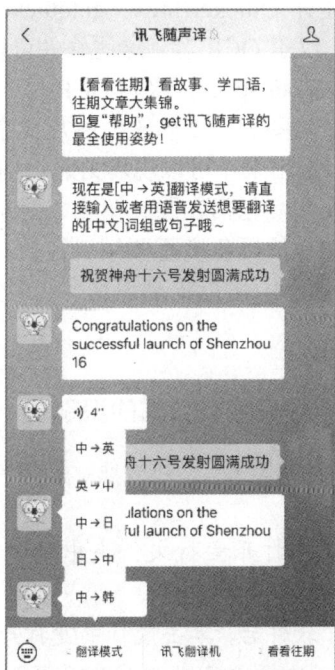

图 2-3　讯飞随声译翻译模式

3) 微信语音识别文字

微信聊天中的语音有时需要转换为文字，此时可以长按语音，选择"转文字"，普通话发音越标准，识别率越高，除了普通话外，还能识别英语。

4) 讯飞语记

讯飞语记是一款科大讯飞股份有限公司出品的专注于语音输入的综合类云笔记，支持实时语音听写、会议录音转写、拍照识别、图文编排、智能任务提醒等功能，是写文章、写日记、采访、会议记录、课堂笔记、记事的 App。支持 iOS、Android、Web 端等多端登录，所有资料云端同步，永久保存，随时随地轻松查阅。此外，还可以一键收藏文章、图片、链接等内容，以及语音朗读各类读物，更有多种发音供人任意挑选。

5) 讯飞听见

讯飞听见是一款在线录音转文字、语音转文字、录音整理、语音翻译软件，是安徽听见科技有限公司旗下产品，其依托科大讯飞的语音识别、翻译等核心技术，提供智慧办公服务。

6) 录音转文字助手

录音转文字助手(微信小程序)可以转换 15MB 以下的录音文件，支持.mp3、.m4a、.wma、.ac3、.wav 等常用音频格式，此外还支持普通话录音，自动转换成文字。转化结果准确率较高，此外还能将中文翻译成英文。

4. OCR 识别输入

OCR(Optical Character Recognition)的中文名称是光学字符识别。OCR 识别是将图像中的文字识别出来，并转换为文本格式的文件，同时可对识别不正确的文本进行编辑和修改。其优点是省时省力；缺点是必须有原文稿，还要人工进行核对编辑。

计算机常用的文字识别软件有 Quicker(https://getquicker.net/)、迅捷 OCR 文字识别、WPS Office、QQ、掌上识别王、汉王 OCR 等，这些软件可以识别图片的文字，还有部分网页端 OCR 识别工具可以选用，如 ocr.space、极客 OCR 等。

移动设备文字识别有白描、传图识字全能王、图片文字识别微信小程序等，这些小程序能够智能地将图片中的文字识别出来，可以现场拍照识别照片中的文字。

规范的拍摄有助于提高识别率，包括光照、角度、背景和聚焦等元素。拍摄时注意光照的影响，尽量避免反光和黑影；拍摄角度不要倾斜过大，以免造成图像严重变形；少留背景(拍摄对象充满图片)或简单背景，可以提高识别率；聚焦清晰，避免文字模糊不清楚。

案例 2-1

文字和公式的识别

本案例为学习 Quicker 软件中截图 OCR 的功能、动作库的添加、公式的识别和编辑。具体操作步骤如下。

(1) 打开文件。使用看图软件打开素材文件夹中的"案例 2-1 数学题.jpg"图片。

(2) 文字识别。安装 Quicker 软件后，单击鼠标中键打开软件，如图 2-4 所示。单击"截图 OCR"按钮，选择"案例 2-1 数学题.jpg"图片中的题干，然后进行文字的识别和编辑。

文字和公式的
识别.mp4

(3) 查找公式识别动作。单击"Quicker 主页"按钮，在打开的主页中单击 动作库 按钮，在 搜索动作 中输入"公式"，在弹出的页面中选择 $f_{(x)}$ 公式识别3 选项，最后在弹出的页面中单击右上方的"复制到剪贴板"按钮。

(4) 添加公式识别动作。单击鼠标中键打开 Quicker 软件，在图 2-4 的空白处单击鼠标右键，在快捷菜单中选择 粘贴分享的动作 命令，粘贴后，界面如图 2-5 所示。

图 2-4　Quicker 软件部分界面　　　　图 2-5　添加公式识别的界面

(5) 公式识别。单击"公式识别 3"按钮，选择"案例 2-1 数学题.jpg"图片中的选项进行公式的识别，在"选择后继续"对话框中，单击 复制Word格式 按钮，可以复制到 Word 中进行编辑。

5. 网络下载

1) 百度

百度(http:www.baidu.com)是基于网页的搜索引擎，只要在搜索框中输入关键词，然后单击"百度一下"按钮，就会自动弹出相关的网站和资料。

百度高级搜索.mp4

但互联网上很多有价值的资料并非普通的网页文件，而是以 Word、PDF 等格式存在的。百度支持对 Office 文档、PDF 文档等进行全文搜索。搜索这类文档时，在关键词后面加一个"filetype:"用于文档类型的限定。例如，查找有关信息技术的 PDF 文档，可在百度中输入"信息技术 filetype:pdf"，单击"百度一下"，此时可以看到搜索的结果，单击标题后可以进入下载页面。

另一种方法是在"百度"页面的左上方选择"搜索设置"中的"高级搜索"，在如图 2-6 所示的页面中输入相关信息并进行搜索下载。

图 2-6　百度的"高级搜索"页面

2) CNKI

百度一般是搜索免费、公开的文献资料，而有价值的学术文献则是由出版社按照一定的出版流程严格审查、编辑、正式出版发行的文献。符合这些条件的文献，既是人类知识宝库的重要内容，也是数字图书馆收藏的文献，这种学术文献由于知识产权等因素，在公共网站上一般不能下载，需要时可到高校图书馆或者科研机构图书馆的专网去查询和下载，CNKI 个性化首页如图 2-7 所示。

图 2-7　CNKI 个性化首页

单击"主题"栏右边的"高级检索"按钮，打开 CNKI "高级检索"页面，如图 2-8 所示，系统设置了多个可选择的检索条件，这样可使检索结果更加准确。

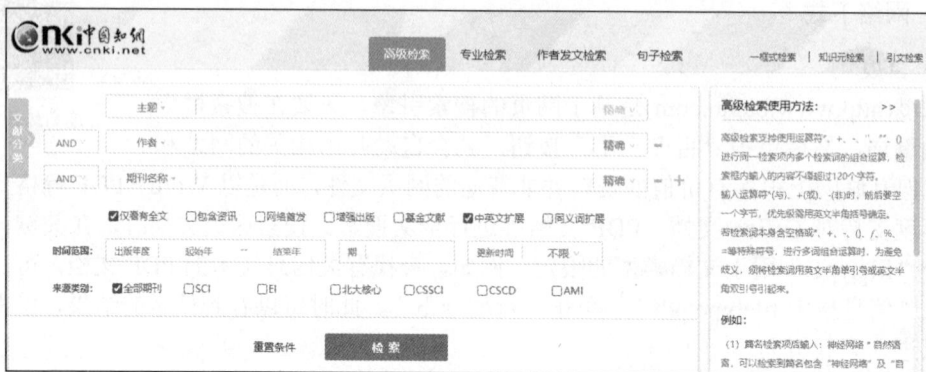

图 2-8　CNKI "高级检索"页面

案例 2-2

高 级 检 索

本案例要求用 CNKI "高级检索"页面查找 2022—2023 年篇名中含有"教育技术"和"教学设计"的文献，通过本案例学习 CNKI 高级检索的使用方法。具体操作步骤如下。

CNKI 高级搜索.mp4

(1) 进入高级检索页面后，在第一个检索途径选择"篇名"，在检索框输入"教育技术"，在第二个检索途径选择"篇名"，在检索框输入"教学设计"，两个篇名的逻辑关系选"AND"。

(2) 将出版年度设定为"2022—2023"，其他条件不变，如图 2-9 所示。

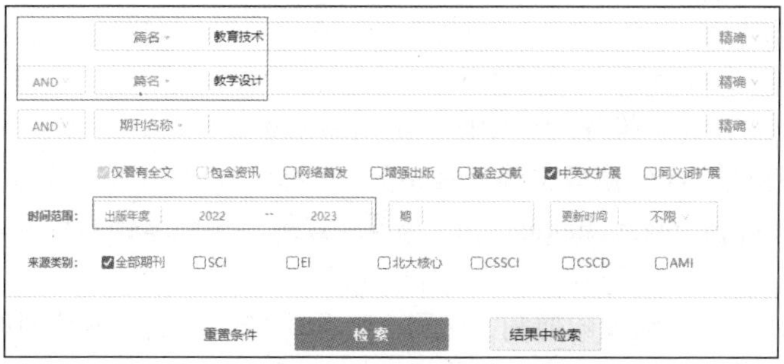

图 2-9　高级检索设置

(3) 单击"检索"按钮，得到检索结果的页面。选择需要的文献，直接单击文章右侧的"下载"按钮下载，或单击文献，在打开页面的按钮中 选择文献的格式，然后下载。

2.3　文本的可视化

2.3.1　思维导图

1. 思维导图的概念

思维导图(the mind map)，又称脑图、心智图，是英国著名心理学家托尼·巴赞在 20 世纪 60 年代研究大脑的潜能和记忆规律时发明的表达发散性思维的有效、实用的图形思维工具。

思维导图是一种图形化的工具，主要用来组织、展示和记录思想、概念和信息之间的关系。它以中心主题为起点，通过分支和关联线将相关的想法和信息连接在一起，形成一个非线性的图形结构。思维导图通常采用放射状布局，中心主题位于中心位置，周围的分支表示与主题相关的子主题或相关内容。每个分支又可以分为更多的子分支，形成层级结构，以展示不同层次的概念或信息。

思维导图充分运用左脑、右脑的机能，利用记忆、阅读、思维的规律，协助人们在科学与艺术、逻辑与想象之间平衡发展，从而挖掘人类大脑的潜能。因此，思维导图是一种促进思维激发和思维整理的非线性的可视化思维工具。

2. 常用的思维导图软件

1) MindMaster

MindMaster 是亿图推出的一款跨平台、多功能的思维导图软件，提供了直观且灵活的界面，让用户能够以图形的方式呈现和组织自己的思维，帮助用户更好地扩展思维、厘清思路和提高效率。它具有操作界面简洁、稳定性高、自定义功能强大等特点，提供了丰富的模板、布局、剪贴画、符号等，支持多平台(客户端支持 Windows、MacOS、Linux，移动端支持 Android、iPhone、iPad，在线端支持 Web 在线使用)，文件云端同步，随时查看，支持导出多种格式。普通的免费版，可供任何用户使用，可以提供大部分的功能，升级的专业版则需要付费使用。

2）百度脑图

百度脑图是一款在线思维导图编辑器，除具备基本功能外，还支持 XMind 文件导入和导出，也能导出 PNG、SVG 图像文件。具备分享功能，编辑后可在线分享给其他人浏览。无须安装包，进入 https://naotu.baidu.com/ 网页，登录百度账号即可使用。

3）WPS

WPS 提供了直接制作脑图的便利，让用户无须切换软件就能继续创作。WPS 的脑图不仅可以直接选择多款节点样式、节点背景及结构，还能免费使用多款精美的主题。除了插入图片、标签、任务、备注及链接，还可插入序号图标、完成进度图标等多种精美图标，让用户更好地整理知识。

WPS 脑图支持导出为图片、文档、PPT、PDF、SVG 等常见的格式，让用户在分享和保存时不受限于格式。此外，用户使用微信、QQ、钉钉、手机号等任意方式登录 WPS 后，能在设置中开启云端同步存储。因此，脑图文件不仅能支持多设备同步查看，也极大降低了丢失的风险。

4）Freemind

Freemind 是由 Java 撰写而成的实用的开源思维导图软件，界面非常简洁，操作友好、方便，一键单击"折叠/展开"功能使它的操作和导航非常便捷，极大提高了思维导图的编辑效率。此软件完全免费，供任何用户使用。

5）XMind

XMind 是一款实用的商业思维导图软件，应用全球最先进的 Eclipse RCP 软件架构，注重软件的可扩展、跨平台、稳定性等性能。XMind 的特点可用"国产而国际化发展；商业化而兼有开源版本；功能丰富且美观"来概括。其基础版免费，增强版则需要付费使用。

6）iMindMap

iMindMap 是一款具有手绘风格的思维导图软件，不仅有思维导图的便利性，也有手绘风格的美观性。其优点是界面友好，容易使用，功能丰富，是全球首个提供 3D 视图的思维导图软件，用户可以从各个角度观看自己的思维导图。其缺点是用户只能在短时期内免费使用。

7）幕布

幕布是一款结合思维导图和大纲笔记的思维导图软件，两者可一键切换。其既能写笔记和创作，又能整理思维和管理任务，没有任何限制，可以制作各种各样的思维导图，用高效的方式帮助我们管理笔记内容。幕布不仅可以纯键盘输入，还可以输入复杂的公式。

3. 绘制思维导图的原则

绘制思维导图要遵循简洁明确、生动直观、色彩区分、平衡有序、格式得当等原则，如图 2-10 所示。

4. 思维导图的教学应用

思维导图具有焦点集中，主题突出；由内向外，主干发散；层次分明，节点连接；关键词语，厘清关系；图符形象，颜色增彩等特征。在教学中运用思维导图，能够使教学的知识和内容更加清晰、有条理，方便学生记忆。具体介绍如下。

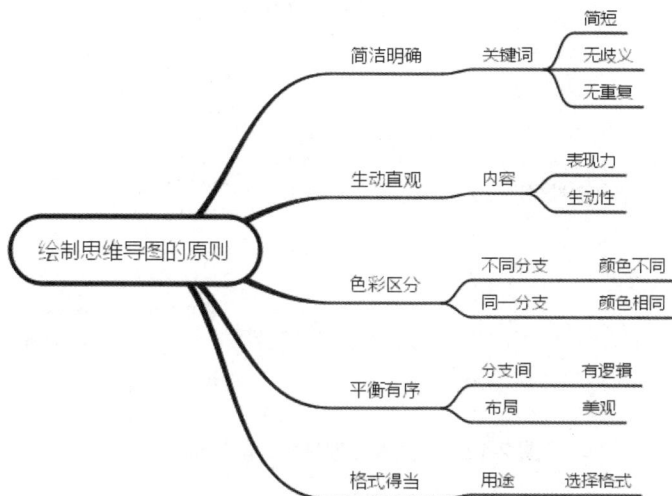

图 2-10　绘制思维导图的原则

1) 思维导图在教学准备中的应用

利用思维导图可以摆脱线性备课的局限，帮助教师更好地整理备课思路、梳理教学内容、确定教学目标、制定教学方案、安排教学内容、设计板书和制作课件等。图 2-11 所示为"牛顿第一定律"微课作品中 5:56 ~ 6:30 时间段知识讲解使用的思维导图。

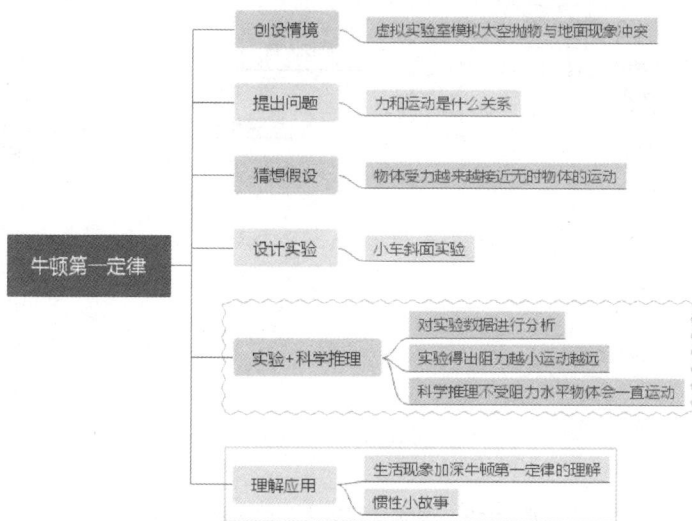

图 2-11　"牛顿第一定律"的思维导图

2) 思维导图在课堂教学中的应用

利用思维导图可以将教学内容的结构具体、清晰地呈现，帮助教师厘清教学思路，突出教学重点和难点，如图 2-12 所示。

3) 思维导图在课后复习中的应用

利用思维导图可以将复习内容的知识框架清晰地呈现，帮助教师厘清章节或某门课程的内容体系等，如图 2-13 所示。

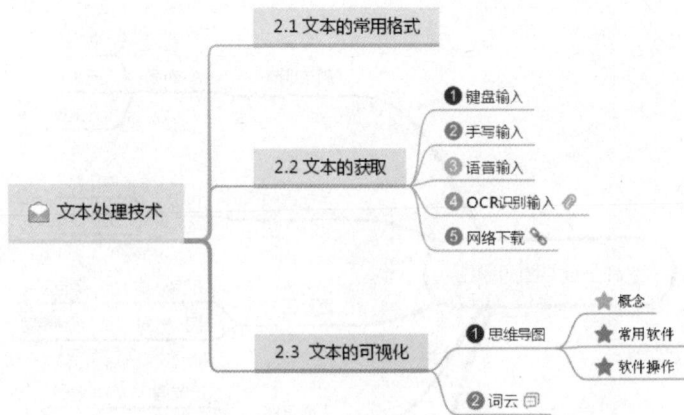

图 2-12　"文本处理技术"的思维导图

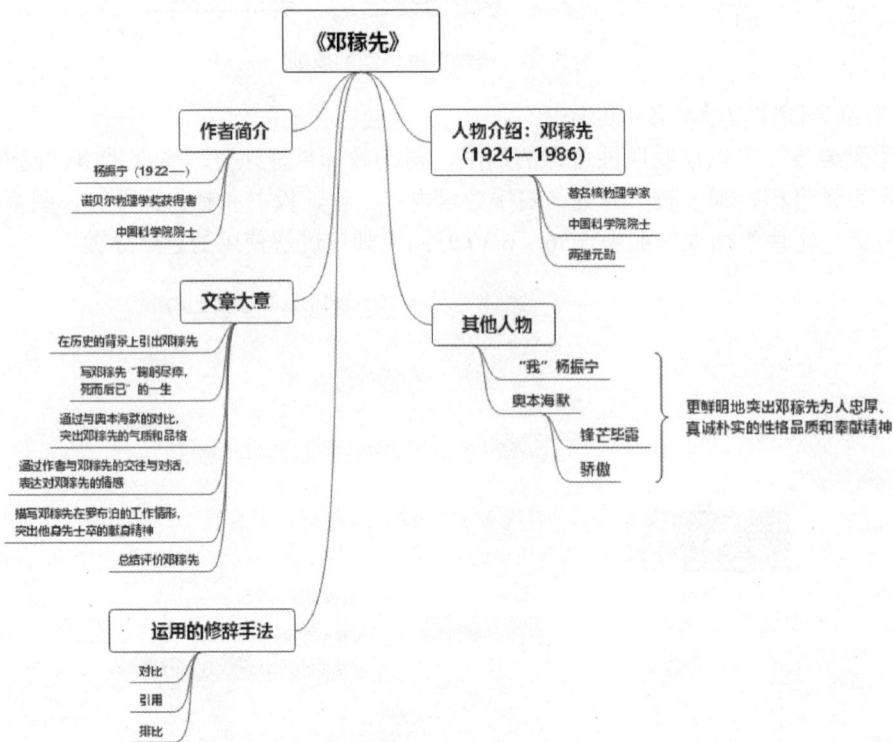

图 2-13　课文《邓稼先》的思维导图

5. MindMaster 软件的基本操作

1）工作界面

MindMaster 软件的工作界面由功能区、工作区和面板区等几个部分组成，如图 2-14 所示。

(1) 功能区：包括"文件""开始""页面样式""幻灯片""高级""视图"和"帮助"等选项卡，每个功能区的选项卡包括多个命令按钮。

(2) 工作区：思维导图的绘制和显示区域。

(3) 面板区：包括主题格式、大纲、图标、剪贴画、任务和上传图片等面板。

图 2-14　MindMaster 软件的工作界面

2) MindMaster 软件的功能

MindMaster 软件有两种版本，即免费版和专业版。普通的免费版供任何用户使用，可以实现大部分的功能；而部分功能只有升级到专业版才能使用。该软件的功能如图 2-15 所示。

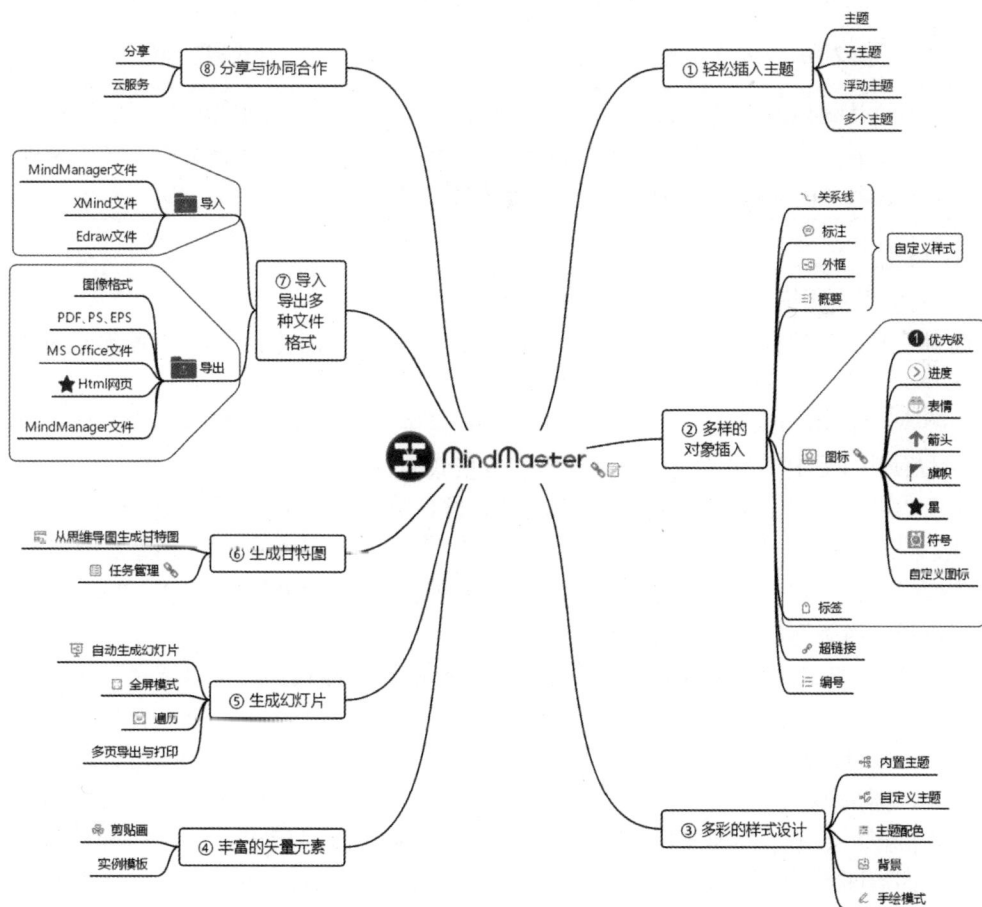

图 2-15　MindMaster 软件的功能

3）绘制思维导图

(1) 新建文件。

打开 MindMaster 软件，选择一种思维导图的模板，并进入思维导图的编辑模式。模板有空白模板和经典模板两种，空白模板从"中心主题"开始创建，经典模板可以在已设置模板的基础上进行修改。这里选择"思维导图"的空白模板进行创建。

(2) 插入主题。

选择中心主题，单击"开始"选项卡中的"插入主题"的相应按钮添加相应的主题，如图 2-16 所示；也可以使用主题右下方的"+"号按钮插入主题；还可以使用面板区中的"大纲"面板插入主题，并改变主题的层次，如图 2-17 所示。

双击主题文字可以对文字进行修改。可以使用主题正右方的"+""−"折叠和展开主题。

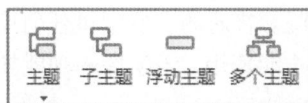

图 2-16　"插入主题"功能按钮

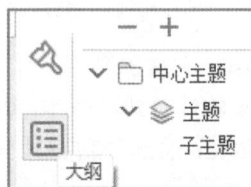

图 2-17　"大纲"面板

技巧： 利用快捷键添加主题：按 Enter 键在选中的主题后面插入同级主题，按 Shift+Enter 组合键在选中的主题前面插入同级主题，按 Shift+Insert 组合键为选中的主题插入父主题，按 Ctrl+Enter 组合键或 Insert 键为选中的主题插入下一级主题。

(3) 修饰主题。

① 使用"主题格式"面板。

选中主题，此时右侧面板区显示"主题格式"面板，如图 2-18 所示，各部分的功能介绍如下。

主题 📇 ▾：MindMaster 中有很多的主题样式可供选择（在展开的"主题"下拉列表中选择），可以使用主题样式快速完成思维导图主题格式的设置。

布局 📇 ▾：在对应的下拉列表中快速改变思维导图的布局样式，包括逆向导图、双向平衡向下、向右导图、向左导图、树状图、鱼骨图、气泡图等多种布局，如图 2-19 所示。

连接线样式 📇 ▾：在对应的下拉列表中可以快速改变主题间连接线的样式，包括直线、曲线、折线、箭头等多种连接线样式。

编号 ☰ ▾：在对应的下拉列表中给主题加不同的编号样式，还可以选择对哪几层进行编号。

形状：在此选项组中设置主题的形状填充、形状样式、阴影、线条颜色、线条宽度、虚线样式、圆角等。

图片位置：给主题添加图片时，图片的显示方式有图片显示在文字的一侧 🖼 和图片显示在文字的后面 🖼 两种。对选定的主题插入图片后，选择图片，在"图片格式"面板中设置图片的大小、位置、替换图片等，图片位置的设置如图 2-20 所示。

分支：在此选项组中设置分支填充颜色、分支线条颜色、分支宽度、连接线样式、分支样式、分支的箭头样式和分支的线条样式等。

　　字体：在此选项组中设置文本的字体、字号、样式、对齐方式、文本的高光颜色、文本颜色、删除线、下划线等。

图 2-18　"主题格式"面板

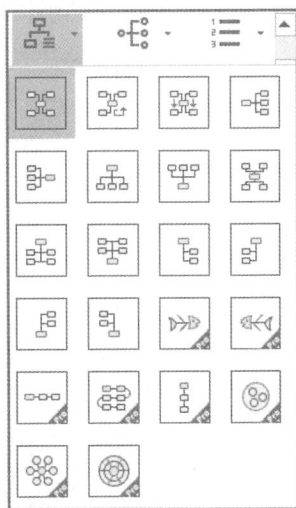

图 2-19　"布局"样式

图 2-20　图片位置的设置

　　② "图标"面板。

　　在左侧面板区选择"图标"面板，或选择"开始"选项卡，单击"图标"按钮，打开"图标"面板，如图 2-21 所示，可以为主题插入优先级、进度、表情、箭头、旗帜、星和符号等图标，对主题进行标识。

图 2-21　"图标"面板

③ "剪贴画"面板。

在左侧面板区选择"剪贴画"面板，或选择"开始"选项卡，单击"剪贴画"按钮，打开"剪贴画"面板，其中包括常用、动物、商业、教育、节日等十多种类型的剪贴画，如图 2-22 所示，选择需要的剪贴画，拖动到需要的主题上或工作区中。

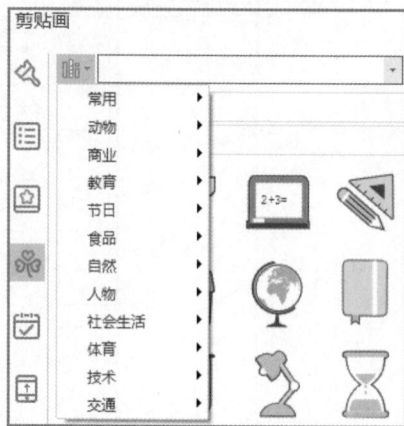

图 2-22　"剪贴画"面板

(4) 插入和修饰关系线。

① 插入关系线。

不选择任何主题，选择"开始"选项卡，单击"关系线"按钮，在需要添加关系线的主题上单击鼠标左键并拖动，此时会出现一个带虚线的箭头，在需要插入关系线的终点单击，会在终点处插入一个浮动主题，如图 2-23 所示，这时两个主题之间生成关系线。插入关系线时要注意箭头的方向。

② 修饰关系线。

默认情况下关系线为曲线，如果需要修改关系线，就选中关系线，对曲线两端点的曲率进行调节以改变曲线的样式，为曲线加标签；也可以在左侧"关系线格式"面板中对形状主题、箭头形状类型、箭尾形状类型、线条颜色、宽度、虚线样式、文本样式、字体格式等进行修改，如图 2-24 所示。

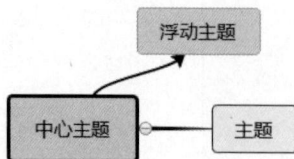

图 2-23　插入关系线

图 2-24　"关系线格式"面板

(5) 添加标注、外框、概要。

① 添加标注。

在所选主题上添加标注。选择需要添加标注的主题，选择"开始"选项卡，再单击"标注"按钮或按 Alt+Enter 快捷键添加标注，如图 2-25 所示。

② 添加外框。

在主题和其所有子主题周边添加外框，或者给相同层级的主题和其所有子主题添加外框。

选择需要添加外框的主题，选择"开始"选项卡，再单击"外框"按钮或按 Ctrl+Shift+B 快捷键添加外框，如图 2-26 所示。删除外框可以选中外框并按 Delete 键。

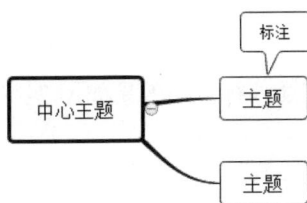

图 2-25　添加标注　　　　　　图 2-26　添加外框

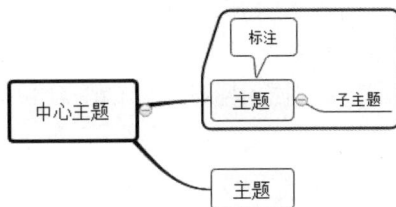

③ 添加概要。

将概要添加到所选主题。按 Shift 键并选择多个添加概要的主题，选择"开始"选项卡，再单击"概要"按钮添加概要，如图 2-27 所示。

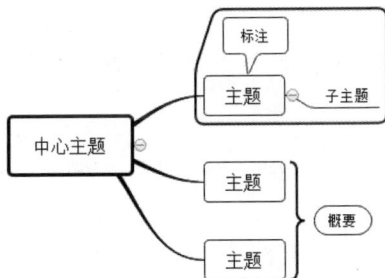

图 2-27　添加概要

(6) 插入超链接、附件、注释、评论、标签。

① 插入超链接。

给所选主题插入超链接，以快速访问某个主题、网页、文件或文件夹。

选择需要插入超链接的主题，选择"开始"选项卡，再单击"超链接"按钮或按 Ctrl+K 快捷键，弹出"超链接"对话框，完成设置后，单击"确定"按钮，其主题的右边会出现🔗图标，如图 2-28 所示。将鼠标移动到🔗图标上，会出现超链接的地址，单击超链接的地址可以进行快速访问。

在超链接的图标上右击，在弹出的快捷菜单中选择相应的命令，可以编辑或移除超链接。

② 插入附件。

给所选主题插入附件。选择需要插入附件的主题，选择"开始"选项卡，再单击"附件"按钮或按 Ctrl+H 快捷键，弹出"附件"对话框，完成设置后，单击"确定"按钮，其主题的右边会出现 ⟨图标⟩ 图标，如图 2-28 所示。将鼠标移动到 ⟨图标⟩ 图标上，会出现附件的名称，单击附件的名称就可以打开附件。

在附件的图标上右击，在弹出的快捷菜单中选择相应的命令，可以编辑或删除附件。

③ 插入注释。

给所选主题插入注释，按 Ctrl+T 快捷键进行插入。插入注释的主题的右边会出现 ⟨图标⟩ 图标，如图 2-28 所示。

④ 插入评论。

给所选主题插入评论，按 Ctrl+Shift+T 快捷键进行插入。插入评论的主题的右边会出现 ⟨图标⟩ 图标，如图 2-28 所示。

⑤ 插入标签。

给所选主题插入标签，按 Ctrl+G 快捷键进行插入。插入标签的效果如图 2-28 所示。

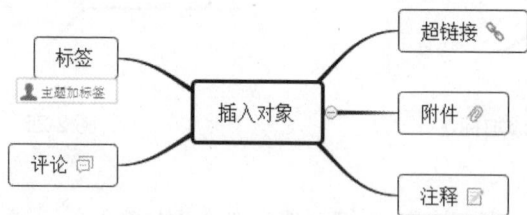

图 2-28 插入超链接、附件、注释、评论、标签

(7) 设置页面样式。

在"页面样式"功能区可以对主题、自定义主题、主题字体、背景颜色、水印等进行设置，如图 2-29 所示。

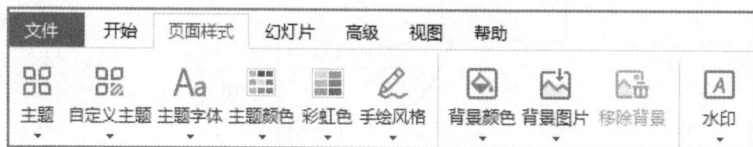

图 2-29 "页面样式"功能区

(8) 保存和导出思维导图。

保存：在 MindMaster 的"文件"菜单中，执行"保存"命令保存思维导图，默认的格式为"*.emmx"，此格式是可以用该软件打开进行编辑和修改的源文件格式。

另存为：可以保存的文件类型有网页文件、文本格式、图像格式等，如图 2-30 所示。选择所需要的文件类型，将思维导图另存。

导出和发送：执行"导出"和"发送"命令可以将思维导图导出为其他格式的文件，如图 2-31 所示。与"另存为"不同的是，可以导出为印象笔记和有道笔记，还可以发送电子邮件。

技巧： 按 Ctrl+鼠标滑轮滚动可以缩小、放大思维导图。

图 2-30 "另存为"文件类型	图 2-31 "导出"和"发送"

4)思维导图的幻灯片功能

MindMaster 具有幻灯片演示功能,支持播放幻灯片、遍历主题、全屏放映等,同时支持将幻灯片导出为 PPT、PDF 文件等。具体操作如下所示。

(1)新建"经典模板"中的"生活计划"思维导图。

(2)创建幻灯片。选择"生活计划"主题,选择"幻灯片"选项卡中的"自动创建"和"添加幻灯片"功能,进行自动或手动幻灯片的创建。

(3)浏览幻灯片和导出文件,对应的功能按钮如图 2-32 所示。

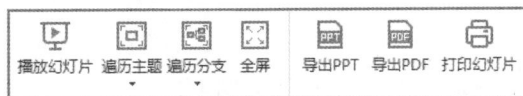

图 2-32 浏览幻灯片和导出文件

2.3.2 词云

1.词云的概念

词,是最小的能够独立活动的有意义的语言成分。词云是在分词的基础上设计并实现的,用来展示文本数据中词语的频率或重要性。"词云"是由美国西北大学新闻学副教授、新媒体专业主任里奇·戈登(Rich Gordon)提出的。词云是对网络文本中出现频率较高的关键词予以视觉上的突出,形成"关键词云层"或"关键词渲染",从而过滤掉大量无用的文本信息,使浏览网页者只要一眼扫过文本就可以知道文本的主旨。

词云将词语按照一定的顺序和规律进行排列,如按照频度递减或者字母顺序排列,并以文字的大小表示词语的重要性。词云作为近年来最受欢迎的信息可视化形式之一,广泛应用于网站导航、社会化标签呈现、Web 文本内容分析等诸多场景中。词云不仅用于展示标签,也用于呈现文本的关键词语,以帮助人们简明扼要地了解文本的大体内容。同时,词云图可以用于可视化呈现和美化文档、报告、演示文稿等,增强对人们的视觉吸引力和文本的易读性。

"词云"是有级别的，对某个需要突出与渲染的关键词，可以采用不同的字号，这样在醒目程度上自然也就有所不同。决定"词云"级别的因素是其在文本中出现的频次，频次越高，级别越高。

词云图，也叫文字云，是对文本中出现频率较高的"关键词"予以视觉化的展现。根据用户的需求设置词云图的形状、字体、尺寸、颜色等。词云绘制主要实现词云图的绘制并将生成的词云图保存到本地文件。词频分析主要是对词频数据的统计。词频统计是一种常用的文本挖掘的加权技术，可以评估一个词对一个文本的重要程度。因为词汇的重要性和它出现的次数成正比，所以想要快速了解一个文本的热词，最直接的做法是统计该文本的词频数量。

2. 词云图的制作软件

1) BDP 个人版

BDP 个人版是一款免费的在线数据可视化分析神器，除了词云还有图表，注册后即可使用。其具有无缝的数据对接，强大的数据处理，灵活易用的可视化分析，几十种高颜值图表、数据实时更新等优势。BDP 个人版操作简便，可以设置颜色，快速实现词云可视化。

2) 易词云

易词云是一款在线中文词云生成网站，具有分词功能，内含多种形状模板、不同的配色方案可供选择。在该网站上传文本，设置形状、颜色、字体等，生成自己的词云图。易词云不仅提供了多种可用的形状素材，还支持输入文字和自定义导入尺寸在 1000 像素×1000 像素以内、大小在 300KB 内的 JPG、PNG、SVG 格式正方形图片。生成词云图后，能下载保存为 JPG 格式。

3) WordArt

WordArt 是一款国外的词云图工具，该词云图工具只支持英文字体，如果需要制作中文词云图，需要先上传中文字体。该网站可以快速地分析文本的词频，词云图以多种形状展示，支持多种文字字体、背景颜色、字体颜色、版面设计选择。

4) WordItOut

WordItOut 的操作简单，进入网站后只需输入一段文本即可生成各种样式的"云"文字。用户可以根据自己的需要对 WordItOut 进行再设计，如颜色、字符、字体、背景、文字位置等，保存下载后可以复制。但是 WordItOut 无法识别中文。

3. 词云的教育应用

1) 词云在外语学习中的应用

词云在外语学习中具有重要作用。在优秀的最新电子学习网站中，人工智能方式辅助学习者进行外语单词的学习，该方式采用自动分析的方法，进行概率统计与分析后，给外语学习者提供相应的词汇表与词云图。

对于语言教学而言，词云图可以用于词汇教学。通过将词汇列表输入生成词云图，可以根据单词的频率和重要性展示不同的词汇。其有助于学生识别重要的高频词汇，同时也可以为教师提供参考，使教师在教学中更有针对性地指导学生学习词汇。

2) 词云在阅读中的应用

在阅读中，词云会提示关键词和主题索引，并提供阅读整个信息的重点，供学生快速阅读；使用新的模式可以看到以前看不到的新颖材料，词云有可能成为最新的辅助阅读的形式。通过生成词云图，对大量文本进行主题分析。

教师可以将学生的作文、论文或学习反馈等文本输入生成词云图，从中获取学生对某个主题的关注点、重要概念或热点问题等信息，有助于教师了解学生的学习兴趣和需求，以更好地调整教学策略和教学内容。

3) 词云在教学中的应用

词云图给用户提供了充分的想象空间，可以将词云图应用于教学中，提高教学效率。如将词云图保存后插入教学课件中进行教学，也可将学生的回答通过词频分析，投屏显示结果进行讨论等。

教师可以使用词云图评估学生的学习情况。例如，教师可以要求学生在课堂结束时提供他们对所学内容的总结或反馈，然后将这些文本数据转化为词云图。通过观察词云图，教师可以快速了解学生对所学内容的整体感受和学生认为最重要的知识点等。

实践训练

1. 实验目的

(1) 学会获取文本的多种方法。

(2) 学会思维导图的制作和文件的导出。

(3) 学会词云图的制作和文件的导出。

2. 实验环境

(1) 连接局域网的计算机。

(2) Windows 7 以上的操作系统。

(3) MindMaster 软件。

3. 实验内容

(1) 在手机上安装讯飞输入法，用方言进行语音转文字。

(2) 在手机上关注讯飞随声译的微信公众号，进行不同语言的翻译。

(3) 在手机上下载讯飞语记的 App，学习讯飞语记的功能。

(4) 在计算机上利用百度高级搜索进行文本文件的搜索和下载。

(5) 在计算机上完成案例 2-1 的制作，学习公式的识别。

(6) 在计算机上完成案例 2-2 的制作，学习 CNKI 高级检索的操作步骤。

(7) 进入幕布网站 https://mubu.com/，将幕布中的笔记内容转换为思维导图。

(8) 进入易词云网站 https://www.yciyun.com/，进行词云图的制作。

(9) 应用所学的知识，设计并制作一个与本专业内容相关的思维导图。

学习测评

1. 常用的文件格式有哪些，它们分别用什么软件打开？
2. 文本获取的方法有哪些？各有什么优、缺点？
3. 思维导图的软件有很多，你通常用哪个软件？该软件有什么优势？
4. 词云的应用领域有哪些？

学习资源

1. 中国大学 MOOC. 广州大学. 思维导图的教学应用. https://www.icourse163.org/.
2. bilibili 网站. 思维导图 MindMaster 基础使用. https://www.bilibili.com/video/BV1Dv41157ZM.

数字图像技术在推进教育强国建设中发挥着重要的作用，随着教育数字化的发展，图像作为知识可视化的重要手段之一，影响着知识的呈现、理解、传播和创新。数字图像技术在促进教育数字化，建设全民终身学习的学习型社会、学习型大国中发挥着重要作用，有利于夯实学生的基础知识；激发学生崇尚科学、探索未知的兴趣；培养学生的探索性、创新性思维品质；提高学生解决复杂问题的实践能力。

第3章 图像处理技术

本章学习目标

➢ 了解计算机图像的类型和特点。
➢ 能够使用多种途径和方法获取图像。
➢ 理解图像应用于本专业教学的优势。
➢ 掌握图像处理软件的使用方法。
➢ 学会使用 Photoshop 对教学图像进行相关的技术处理。
➢ 能够使用 Photoshop 辅助设计与制作数字教学资源。

3.1 图 像 概 述

在计算机中，图像分为位图和矢量图两种。处理数字图像前必须了解位图和矢量图的特点及它们的不同，这有助于我们在数字图像处理软件中创建、编辑和输出图像。

3.1.1 位图和矢量图

1. 位图和矢量图的概念

1) 位图

位图，也称点阵图像或栅格图像，由被称作像素的单个点组成，许多像素的位置和色彩数据组合在一起便构成具体的图像。位图可以逼真地记录自然界的景象，可以精确地表现色彩层次丰富的画面。位图放大到一定的倍数会出现失真的情况。用数码相机拍摄的照片、用扫描仪扫描的图片及电脑的截屏等都是位图。

2) 矢量图

矢量图，也称为面向对象的图像或绘图图像，在数学上定义为一系列由线连接的点。

矢量图是根据几何性质绘制的图形，记录对象的颜色、形状、线条轮廓等属性。矢量图与分辨率无关，在对其进行放大、缩小、旋转等操作时不会失真。矢量图只能靠矢量软件生成，但不适合制作色调丰富或色彩变化太多的图像。

图 3-1 所示为用照相机拍摄的东方明珠塔，是以像素为记录图像手段的位图，图像更符合建筑的原貌，色彩相对真实，但是画质受到像素的限制。图 3-2 所示为用矢量绘图软件利用几何线条、色块绘制的东方明珠塔，能够大致表现建筑的外部轮廓、内部结构及色彩等信息，如果想表现建筑的细节元素就需要细致地刻画，优势是画质不受像素的限制。通过比较图 3-1 和图 3-2 两张图可以对位图和矢量图形成一定的感性认识。

图 3-1　照相机拍摄的效果　　　　图 3-2　矢量软件绘制的效果

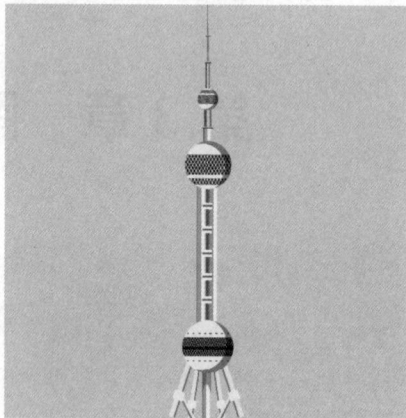

2. 位图和矢量图的区别

位图和矢量图没有好坏之分，而是各有特色，它们各自的用途也不同，两者的区别主要是它们的存储方式和显示方式，具体如表 3-1 所示。

表 3-1　位图和矢量图的区别

比较项目	位　图	矢　量　图
在软件中放大	可能出现失真现象	不会产生失真现象
同样尺寸文件	存储文件数据量大	存储文件数据量小
表示方式	像素表示	数学函数表示
适用效果	适合表示逼真效果	不适合表示逼真效果
制作软件	Photoshop、Painter 等	CorelDRAW、Illustrator 等
获取方式	用扫描仪、摄像机等捕捉	用矢量图形软件绘制
应用领域	摄影、扫描、截图	插图设计、文字设计

3.1.2　图像的相关概念

1. 像素

像素是构成数字图像的最小单位，出现在位图或者点阵图中。一张位图图像通常由许多各种色彩的小方点，按照横向、纵向的方式排列而成，这些小方点就是构成图像的像素，每个像素都有自己的颜色值。

2. 分辨率

图像的分辨率是每英寸所包含像素的点数，单位是像素/英寸(Pixel Per Inch，PPI)。分辨率是描述图像的水平方向和垂直方向每英寸所包含的像素数量，是度量位图图像内数据量多少的重要参数。分辨率的大小直接影响图像品质，分辨率越高，图像越清晰，产生的文件就越大，处理速度也就越慢。当位图的分辨率一定时，不断放大图片，图片会变得模糊不清，并出现马赛克的现象，图 3-3 所示为天鹅嘴巴部位放大的效果。

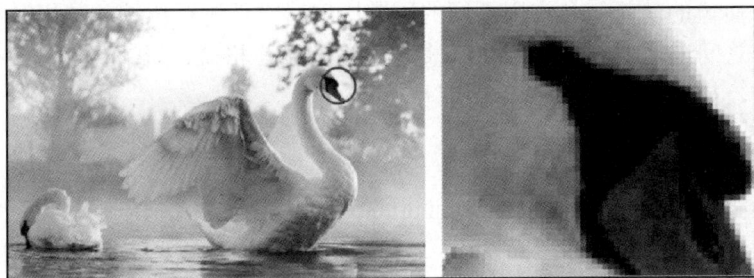

图 3-3　像素点的放大效果

(1) 图像的分辨率并不是越高越好，要根据不同的应用需求和媒介来设定。例如，打印照片时，分辨率应该足够高(150—300PPI)，这样才能打印出清晰的照片。但是，在网页上显示图像时，分辨率可以适当降低(72—96PPI)，以便加快图像的加载速度。

(2) 分辨率和图像的像素有直接关系，分辨率越高，图像就会越清晰。例如，同样宽度和高度的图片(21cm×29.7cm)对比属性，如图 3-4 所示，左图每英寸包含了 72 个像素，而右图每英寸包含了 300 个像素；左图约有 50 万像素，而右图约有 870 万像素；左图文件是 1.43MB，右图文件是 24.9MB。根据对比可以发现，每英寸的像素越高，图像的像素点越密，画面越清晰，文件也就越大。

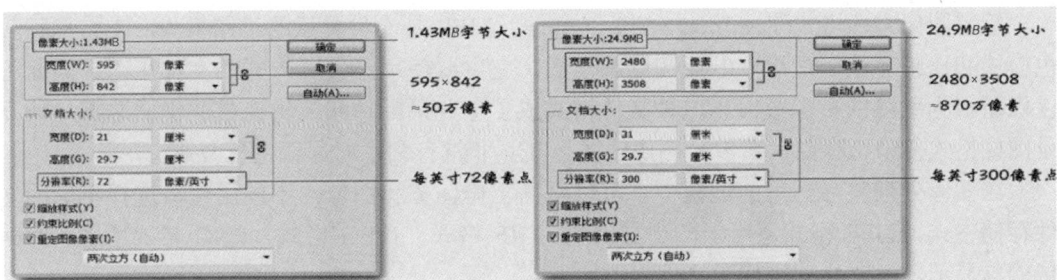

图 3-4　不同分辨率图片属性的区别

3.1.3　图像的常用格式

1. PSD 格式

PSD 文档(Photoshop Document，PSD)是图像处理软件 Photoshop 的专用格式，也可以

理解为利用 Photoshop 进行平面设计的一张"草稿图"。PSD 文件包含各种图层、通道、遮罩等多种设计的样稿，以便下次打开文件时修改上一次的设计。PSD 格式的文件在保存时会将文件压缩，以减少占用空间，但 PSD 格式的文件所包含的图像数据信息较多，因此比其他格式的图像文件要大得多。

2. JPEG 格式

联合图像专家组(Joint Photographic Experts Group，JPEG)是一种常用的有损压缩图像格式，适用于复杂的、颜色丰富的图像，如照片。它可以表示包含 1600 万种不同颜色的图像，文件比较小，以便于 Web 页面更高效地显示。与此同时，JPEG 还是一种灵活的格式，具有调节图像质量的功能，允许用不同的压缩比例对文件进行压缩，使用时可以在图像质量和文件尺寸之间进行平衡。JPEG 格式是一种"有损"格式，压缩文件时会损失图像的一些信息。此外，JPEG 格式不支持透明度和动画。

3. GIF 格式

图形交换格式(Graphics Interchange Format，GIF)是一种无损压缩的位图格式，其作为填补跨平台图像格式的共用标准而设计，这种格式在网络上得到大量应用。GIF 格式图像文件较小，在网络中传输的速度较快，支持动画和部分像素透明效果。GIF 格式不能存储超过 256 种颜色的图像，因此适用于简单、颜色不多的图像，如简单的动画和图标。

4. PNG 格式

便携式网络图形(Portable Network Graphics，PNG)是一种无损压缩的图像格式，能把图像文件压缩到极限以利于网络传输，又能保留所有与图像品质有关的信息。其有两个特点。一是支持透明度和 Alpha 通道，可以创建具有透明背景的图像，文件相对较小，便于网络传输和 Web 页面显示，适用于网页设计和图形设计。二是可以为原图像定义 256 个透明层次，使彩色图像的边缘能与任何背景平滑地融合，从而彻底地消除锯齿边缘。

5. TIFF 格式

标签图像文件格式(Tag Image File Format，TIFF)是一种灵活的位图格式，支持多种颜色模式和压缩算法，适用于专业印刷和出版。它主要使用不失真形式的文件压缩，因此可以保留极为细腻的影像数据。这种文件格式成了专业摄影师和编辑人员的优质选择。特点是图像格式复杂，存储信息多，图像的质量高，非常有利于对原稿进行复制。

在图像处理实际应用的过程中，可以根据工作任务和图像的不同用途，选择不同的文件存储格式。TIFF 格式适用于印刷与制版，GIF 格式、JPEG 格式、PNG 格式适用于网络传输与显示，PSD 格式则便于文件修改。

3.1.4 图像应用于教学的优势及应注意的问题

图像是认识现实世界的重要信息形式，图像处理技术在教育数字化转型中发挥着重要的作用，合理使用数字图像素材能够使抽象的信息可视化，且易于理解，从而提高教学资源的质量，促进课堂教学过程的数字化。应用图像处理技术时，不仅需要掌握常用图像处理软件的使用方法，还需要理解图像与信息表达的关系，从而帮助学生更好地理解和表达相关知识点。

1. 图像应用于教学的优势

1) 图像增强知识的表达

图像能够直观地显示信息，帮助学生更好地理解概念和学习方法。图像可以从多个角度调动学生的情绪、注意力和兴趣，提高学习效率。此外，图像还可以丰富教学内容，拓展学生的思维空间。教师可以利用图像来创设问题情境，激发学生的学习兴趣。

2) 图像促进知识的理解

知识可视化，是指所有可以用来构建和传递复杂见解的图解手段。图像可以使认知结构不断协调，不断趋于平衡，学习者利用图像在学习的过程中使认知结构得以修正，或概括化，或专门化，这样就形成了新的认知结构，进而扩宽学习者的思维。

3) 图像维持知识的记忆

图像记忆是视觉感觉记忆寄存器，负责储存快速模糊的视觉资讯，也是视觉记忆系统的元件之一，其他元件还包括视觉短期记忆和长期记忆。图像记忆是极短、预分类、高容量的记忆储存，在短时间内提供完整且连贯的视知觉表征，从而形成视觉短期记忆。

4) 图像引发知识的联想

知识可视化中的视觉隐喻是一种通过代表项和喻指对象的相似性与关联性的发现或创造来进行视觉表征的图解手段。在实际教学中，教师可以利用含有视觉隐喻的图片进行引导式的话题讨论，在图片的观察分析、视觉元素解码、意义编码的过程中，形成程序性知识，包括语言知识和非语言知识的形成和内化。

2. 图像应用于教学应注意的问题

(1) 图像的使用应注意知识产权。在使用图像时，教师应注意遵守知识产权法律法规，不侵犯他人的知识产权。

(2) 图像的使用除了有助于知识能力的培养，还需要注意素质能力的影响，在潜移默化中帮助学生塑造正确的世界观、人生观和价值观。

(3) 图像的使用应与教学内容相关。教师应根据教学目标和学生的实际情况，选择与教学内容相关、能够帮助学生理解知识的图像。

(4) 图像在教学中应适度使用。图像虽然能够直观地展示信息，但过多地使用图像会分散学生的注意力，影响学习效果，因此，教学中应避免过度依赖图像。

图像只是教学手段之一，不能完全取代其他教学手段，如讲授、讨论、实验等。教师应将图像与其他教学手段相结合，综合运用多种教学方法，提高教学效果。

3.2 图像的获取

图像获取的方式多种多样，选择恰当的图像获取方式可以极大地提高工作效率。一般来讲，可从以下几个途径获取图像。

3.2.1 利用扫描仪扫描

1. 扫描仪的功能

扫描仪(scanner)是利用光电技术和数字处理技术，通过扫描将图像信息转化为数字信号的装置。

扫描仪为计算机的外部设备，通过扫描仪捕获图像并将其转化为计算机可以显示、编辑、存储和输出的数字化图像。扫描仪可以对照片、文本页面、图纸、美术图画、照相底片等二维图像进行扫描，也可以对纺织品、标牌面板、印制板样品等三维对象进行扫描。图 3-5 所示为平板扫描仪，图 3-6 所示为三维扫描仪。

图 3-5　平板扫描仪

图 3-6　三维扫描仪

2. 扫描仪的使用

扫描仪的种类很多，下面介绍平板扫描仪的使用方法，具体操作步骤如下。

(1) 将扫描仪连接到计算机，并安装相应的驱动程序。

(2) 在"开始"菜单中执行"Windows 传真和扫描"命令(也可使用扫描软件或 Photoshop 软件，方法类似)，打开"Windows 传真和扫描"窗口，单击左上角的"新扫描"按钮，弹出"新扫描"对话框，如图 3-7 所示。

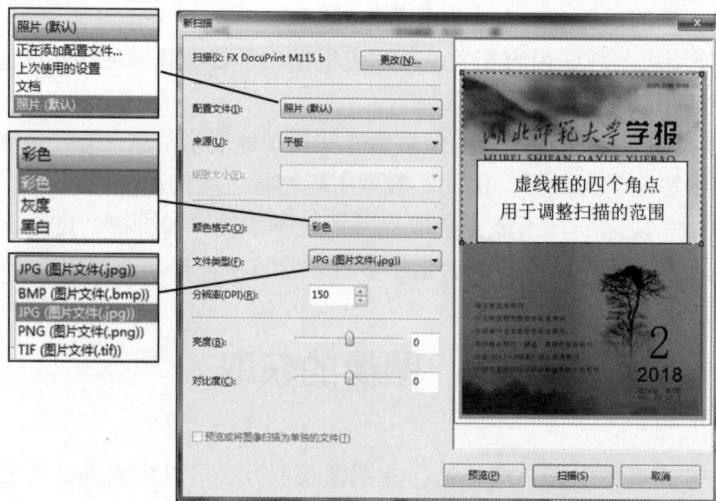

图 3-7　"新扫描"对话框

(3) 将需要扫描的图片或文件朝下放置在扫描仪的玻璃板上，盖好上盖，单击"预览"按钮，生成预览图。

(4) 根据扫描图片的用途，在图 3-7 所示的"新扫描"对话框中对配置文件、颜色格式、文件类型、分辨率、亮度、对比度等进行设置，在扫描窗口中对扫描的范围进行调整。

(5) 通过设置和调整范围，单击"预览"按钮查看效果，当预览图达到所需的要求时，单击"扫描"按钮进行扫描。扫描的图片可在"Windows 传真和扫描"窗口中进行传真、转发、保存、打印等。

3.2.2 利用手机 App 扫描

目前，手机 App 扫描软件的种类比较多，如扫描大师、精灵扫描、CS 扫描全能王等。下面，以 CS 扫描全能王为例进行说明。

1. CS 扫描全能王的功能

CS 扫描全能王将手机变成可随身携带的扫描仪，通过智慧精准的图像裁剪和图像增强算法，保证扫描的内容清晰可读。其功能主要有以下几个。

(1) 高清扫描。快速拍摄文件、发票、设计图、笔记、证书、PPT 和白板等图像，精确去除杂乱背景，具有增亮、黑白、增强并锐化等多种图像处理模式，此外，还支持手动调节图像参数，让文档更清晰，并可生成 PDF 或 JPEG 文件。

(2) 智能管理。在 CS 扫描全能王 App 应用中，不仅可以修改文档名称、添加标签，还能给文档添加自定义水印、手写批注，智能管理文档。

(3) 图片搜索。OCR 技术是 CS 扫描全能王的核心功能，对文档全篇进行 OCR 识别后，只需输入图片或文档内的关键词，即可快速查找到含有此关键词的文档。高级用户还能把图片上的文字直接变成文本导出。

(4) 文档分享。支持多个国家和地区传真文档的发送，可通过邮件、文档链接等方式分享文档，还支持共享文档，可发起邀请，和朋友一起查看、评论文档。

2. CS 扫描全能王的操作

CS 扫描全能王的具体操作步骤如下。

(1) 在手机应用商城下载"扫描全能王"，打开 App，点击"拍照"按钮。

(2) 根据扫描对象选择软件扫描模式，如证件、书籍等，尽量以垂直的角度对文件进行拍摄。

(3) 调节拍摄图像的边缘，获得所需扫描件的范围，并且有多重调色方案可选，使扫描义件更加清晰、端正。

(4) 扫描完毕后，点击"分享"按钮，即可通过聊天工具发送给好友、发送电子邮件、发送到计算机(手机登录 QQ 账号)、面对面快传等方式实现快速传输。

3.2.3 利用相机拍摄

随着科技的发展，拍照方式也在不断地改变和创新，教学中可以根据需求选择适合的拍摄方式。

(1) 数码相机拍摄。具有较高的成像质量和较快的拍摄速度，适用于户外活动场合。

(2) 智能手机拍摄。手机拍照方便、快捷，适用于日常生活中的随手拍。

(3) 无人机拍摄。使用无人机进行航拍摄影。例如，《航拍中国》通过宏观和微观相结合的空中俯瞰拍摄角度，呈现美丽中国、生态中国、文明中国的全景象。

3.2.4　通过网络下载

1. 利用浏览器的搜索栏

利用 Internet Explorer、Google、百度等浏览器，进入搜索栏搜索想要的图片关键词，即可出现相关图片。

为了使图片搜索更加精准、有效，我们需要学会使用图片搜索的高级功能。在搜索按钮后面的图片筛选中对图片的尺寸、颜色、类型进行分类筛选。使用多关键词搜索时，各关键词之间应使用空格隔开。

2. 利用专业图片素材网站

如果想获得更加具有专业性和高像素的图像，则需要专业图片素材网站，要下载源文件或者大像素图像时，部分素材需要收费。这里，推荐几个常用的图片素材网站。

视觉中国：https://www.vcg.com/

全景中国：https://www.quanjing.com/

昵图网：http://www.nipic.com

素材中国：http://www.sccnn.com

千图网：https://www.58pic.com/

Pixabay：https://pixabay.com/zh/

3.2.5　使用屏幕截图

1. 系统自带截图

在 Windows 的"开始"菜单中，执行"附件"子菜单中的"截图工具"命令，打开"截图工具"对话框，在"新建"下拉列表框中选择截图的方式进行截图。

2. 快捷键截图

按键盘上的 Print Screen 键截取整个电脑屏幕，按 Alt+PrintScreen 快捷键截取当前的活动窗口。这两种方法截取的屏幕图片保存在电脑的剪贴板中，只有在电脑的画图、Word、PPT 等软件中粘贴才可以显示。

3. 软件截图

专业的截图软件，如 Snipaste、Lightshot、FSCapture、CapturePlus 等。另外，Word、PPT 等软件的"插入"功能区中也有"屏幕截图"功能。

4. 聊天软件截图

通过 QQ、微信等聊天软件截图，粘贴后进行保存。

3.3 Photoshop 软件的基本操作

Photoshop(PS)是由 Adobe 公司推出的图像处理软件，主要处理像素构成的数字图像，功能主要有图像编辑、图像合成、校色调色、特效制作等，最新版 PS 加入了 AI 智能功能。掌握 PS 图像处理技术，可以提高教师的信息化素养。

3.3.1 软件介绍

1. 工作界面

Photoshop 的工作界面主要由菜单栏、工具箱、工具选项栏、浮动面板、图像显示窗口、标题栏和状态栏等几部分组成，如图 3-8 所示。

图 3-8　Photoshop 的工作界面

1) 菜单栏

菜单栏包括"文件""编辑""图像""图层""文字""选择""滤镜""3D""视图""窗口"和"帮助"等菜单。

选择"窗口"菜单，执行"工作区"中的"键盘快捷键和菜单"命令，弹出"键盘快捷键和菜单"对话框。

2) 工具箱

工具箱包含进行图像编辑处理的所有工具，主要有选择工具、绘图工具、填充工具、编辑工具、颜色选择工具、屏幕视图工具、快速蒙版工具等。单击工具箱上方的 ≫ 按钮，可使工具箱在单排和双排之间切换。

部分工具图标的右下方有一个黑色的小三角，表示该工具下还有隐藏的工具。在小三角图标上单击，并按住鼠标左键不放，弹出隐藏工具选项，如图 3-9 所示。

图 3-9　工具隐藏按钮

3）工具选项栏

选中工具箱的工具后，工具选项栏会出现当前使用工具的相应参数，可以根据自己的需要设置工具的具体参数，进行功能扩展。例如，选择画笔工具，属性栏就会出现画笔模式、不透明度、画笔流量等属性设置，如图 3-10 所示。

图 3-10　工具选项栏

4）浮动面板

浮动面板是 Photoshop 的重要组成部分，包含导航器、直方图、信息、颜色、图层、通道、路径等面板，通过它们可以在图像中完成填充颜色、设置图层、添加样式等操作。

若需单独拆分或组合控制面板，可用鼠标选中该控制面板的选项卡进行拖曳。单击控制面板右上方的图标 ，可以弹出控制面板的相关命令菜单。

5）图像显示窗口

图像显示窗口是显示打开图像的地方，打开一个图像，则只有一个文档窗口；打开多个图像，则文档窗口会按选项卡的方式进行显示，单击一个文档窗口的标题栏即可将其设置为当前工作窗口。

6）标题栏

打开一个文件后，Photoshop 会自动创建一个标题栏，并在标题栏中显示这个文件的名称、窗口缩放比例及颜色模式等信息。

7）状态栏

状态栏提供当前文件的显示比例、文档大小、当前工具、暂存盘大小等信息。

2. 工具介绍

工具箱的工具功能和名称如图 3-11 所示。单击"工具"按钮并停留，会出现该工具的操作动画示范，以及工具名称解释。

(1) 移动工具组：包括移动工具、画板工具。用于移动选区或图层。

(2) 矩形选框工具组：包括矩形选框工具、椭圆选框工具、单行选框工具、单列选框工具。用于创建矩形和选框。

(3) 套索工具组：包括套索工具、多边形套索工具和磁性套索工具。用于建立选区。

(4) 快速选择工具组：包括对象选择工具、快速选择工具和魔棒工具，用于快速建立选区。

(5) 裁剪工具组：包括裁剪工具、透视裁剪工具、切片工具、切片选择工具。用于在图像中剪裁所选定的区域。

(6) 吸管工具组：包括吸管工具、3D 材质吸管工具、颜色取样器工具、标尺工具、注释工具。用于从图像取样颜色或测量、注释图像。

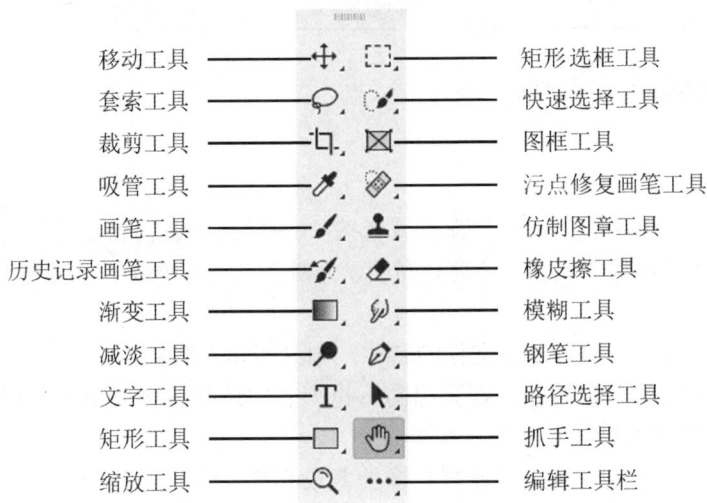

移动工具 ——— 矩形选框工具
套索工具 ——— 快速选择工具
裁剪工具 ——— 图框工具
吸管工具 ——— 污点修复画笔工具
画笔工具 ——— 仿制图章工具
历史记录画笔工具 ——— 橡皮擦工具
渐变工具 ——— 模糊工具
减淡工具 ——— 钢笔工具
文字工具 ——— 路径选择工具
矩形工具 ——— 抓手工具
缩放工具 ——— 编辑工具栏

图 3-11　Photoshop 工具箱

(7) 污点修复画笔工具组：包括污点修复画笔工具、修复画笔工具、修补工具、内容感知移动工具和红眼工具。用于修复画面杂质或者不需要的部分。

(8) 画笔工具组：包括画笔工具、铅笔工具、颜色替换工具、混合器画笔工具。用于绘制笔触。

(9) 仿制图章工具组：包括仿制图章工具和图案图章工具。用于选定图像本身的像素信息进行绘画。

(10) 历史记录画笔工具组：包括历史记录画笔工具、历史艺术画笔记录。用于对图像进行局部恢复到之前的状态。

(11) 橡皮擦工具组：包括橡皮擦工具、背景橡皮擦工具、魔术橡皮擦工具。用于背景色擦除背景图像或用透明色擦除图像中的图像。

(12) 渐变工具组：包括渐变工具、油漆桶工具。用于进行颜色之间的渐变混合。

(13) 模糊工具组：包括模糊工具、锐化工具、涂抹工具。用于添加图像模糊效果。

(14) 减淡工具组：包括减淡工具、加深工具、海绵工具。用于对画面局部调亮、调暗，或者改变饱和度。

(15) 钢笔工具组：包括钢笔工具、自由钢笔工具、添加锚点工具、删除锚点工具。用于创建路径或形状。

(16) 文字工具组：包括横排文字工具、直排文字工具、横排文字蒙版工具、直排文字蒙版工具。用于添加文字或建立文字形状的选区。

(17) 路径选择工具组：包括路径选择工具、直接选择工具。用于选择路径。

(18) 矩形工具组：包括矩形工具、圆角矩形工具、椭圆工具、多边形工具、直线工具、自定义工具。用于绘制图形，按住 Shift 键可以绘制正方形或者正圆，也可以选择自定义形状。

(19) 抓手工具组：包括抓手工具和旋转抓手工具。用于平移和旋转查看视图。

(20) 缩放工具：放大或缩小视图。

技巧：选择和使用大多数工具时，"属性"面板会发生变化，以显示与该工具相关联的设置。使用工具面板应检查"属性"面板中相应的属性是否符合要求，必要时进行适当的设置。

3.3.2 基本操作

1. 新建图像

执行"文件"菜单中的"新建"命令或者按 Ctrl+N 快捷键，弹出"新建"对话框，在对话框中可设置新建图像的名称、宽度、高度、分辨率、颜色模式等，设置完成后单击"确定"按钮。

名称：此文本框用于输入新建文件的名称，如果不输入名称，则默认为"未标题-1"。

预设：单击后面的下拉按钮，在弹出的下拉列表中选择各种规格，设置文件的宽度、高度、分辨率、颜色模式等。

背景内容：此下拉列表框用于设置图像的背景颜色，背景颜色表示图像的背景将使用当前的背景色。

高级：单击左侧的"展开"按钮，设置新建文件的"颜色配置文件"和"像素长宽比"两项内容，一般情况下这项可以保持默认设置。

2. 打开图像

执行"文件"菜单中的"打开"命令，或按 Ctrl+O 快捷键，弹出"打开"对话框，然后选择指定文件，单击"打开"按钮，或直接双击文件打开所指定的图像。

"文件类型"：此下拉列表框用于选择要打开的文件格式，如果选择"所有格式"选项，文件夹列表中所有的文件都会显示在对话框中。

技巧：在"打开"对话框中也可以一次同时打开多个文件，只要在文件列表中将所需的几个文件选中，并单击"打开"按钮即可。在"打开"对话框中选择文件时，按住 Ctrl 键并用鼠标单击，可以选择不连续的多个文件；按住 Shift 键并用鼠标单击，可以选择连续的多个文件。

3. 保存图像

图像处理完成后，需要对图像文件进行保存。如果是对新建图像文件进行保存，可执行"文件"菜单中的"存储"命令或者按 Ctrl+S 快捷键；如果需要保存为其他文件或者格式，可执行"存储为"命令，并在对话框中设置保存位置。

技巧：对图像文件进行编辑操作的过程中，要养成经常对图像文件进行保存的习惯，避免突发意外情况导致不必要的损失。

4. 关闭图像

将图像存储后即可关闭，执行"文件"菜单中的"关闭"命令或按 Ctrl+W 快捷键可以关闭图像。

技巧：如想将多个文件一次性全部关闭，可按 Alt+Ctrl+W 快捷键。

5. 缩放图像

编辑和处理图像时，通过"缩放工具" 🔍 调节图像的显示比例，使工作界面更加清晰。在缩放工具属性面板中单击"实际像素"按钮，图像以实际像素比例显示；单击"适合屏幕"按钮，窗口就会和屏幕的尺寸相适应；单击"填充屏幕"按钮，缩放图像适合屏幕；单击"打印尺寸"按钮，图像将以打印分辨率显示。

6. 移动图像

想要移动图像，就要用到"移动工具" ➤+，快捷键为"V"，它主要用来将某些特定的图像进行移动、复制等操作，这些操作可以在同一个图像，也可以在不同图像中进行。可以编辑移动工具选项栏对链接图层进行对齐、平均分布及对图像进行变形操作。

对齐图层组：选择两个以上图层后，利用对齐图层组 中的按钮将图层进行对齐。

分布图层组：选择三个以上图层后，利用分布图层组 中的按钮将图层进行分布。

自动对齐图层：选择两个以上图层后，单击"自动对齐图层"按钮 ，弹出"自动对齐图层"对话框，可以根据需要进行选择。

7. 变换图像

变换图像，是指对图像进行缩放、旋转、扭曲等操作，执行"编辑"菜单"变换"中的各类变换命令即可。

斜切：拖动控制点，可以对图像进行斜切变换。

扭曲：拖动控制点，可以对图像进行扭曲变形。

透视：拖动控制点，可以对图像进行透视变换。

此外，还有"缩放""旋转""旋转 180 度""旋转 90 度(顺时针)""旋转 90 度(逆时针)""水平翻转"和"垂直翻转"等命令，可以根据图像需要改变方向、位置进行选择。

技巧：在拖动变换框 4 个角上的控制点时，按住 Shift 键不放，可以对图像进行等比例缩放。在进行缩放、旋转、斜切、扭曲和透视变换时，可以将鼠标移动到选区变换框内拖动来变换框内的图像。

8. 恢复历史操作

在编辑图像的过程中，如果错误地执行了步骤或对制作的效果不满意，希望恢复到上一步或原来的图像效果时，可以选择恢复操作命令。

(1) 恢复到上一步的操作，按 Ctrl+Z 快捷键。

(2) 中断操作。正在进行图像处理时，想中断这次操作，按 Esc 键即可。

(3) 恢复到操作过程的任意步骤。通过"历史记录"面板可将进行过多次处理操作的图像恢复到任何一步操作当时的状态，即所谓的"多次恢复功能"。执行"窗口"菜单中的"历史记录"命令，即可打开该面板。

3.4 图像处理技术

在进行数字化教学资源设计时，使用图片素材前应该仔细观察，如果构图比例不好、重点不突出、图片上面有无关信息，同时有重要信息需要恢复和增强，应通过 Photoshop 软件进行图片处理后再使用，同时也可以通过 Photoshop 软件设计出符合教学要求的特效合成图像素材，以帮助学生更好地理解和吸收知识。

3.4.1 裁剪与修复

1. 裁剪

Photoshop 软件裁剪工具可以对选区的框型裁切，也可以对图像进行自定义裁剪，重新定义画布的大小，与此同时，用户还可以根据需要，对图像素材进行精确裁剪。

1）裁剪工具组

裁剪工具组包括 4 种工具，快捷键为 Shift+C，如图 3-12 所示，在"工具选项栏"中可对裁剪工具的属性进行选择和调整。

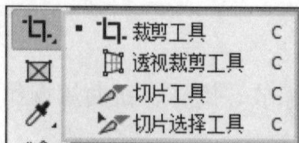

图 3-12　裁剪工具组

(1) 裁剪工具：可以自由调整裁剪框的大小，也可以配合选项栏调整比例限制。

(2) 透视裁剪工具：可以用来裁剪拉正透视变形的图像。

(3) 切片工具：可以用来将图片分割成多个部分，每个被分割的部分都会在左上角有一个数字标号。保存图片时，选择文件存储为 WEB 和设备所用格式，这是一种专门为网页制作人员设置的格式。

(4) 切片选择工具：用来切分已经裁剪好的图片，进行大小等调整的工具。

2）构图与裁剪

对图像进行处理初期经常会涉及裁剪图像，裁剪过程中要掌握构图的相关知识，有利于把握裁剪的效果。构图是通过对画面中元素的安排和组合来创造具有视觉吸引力和表现力的图像，良好的构图能够使学生快速、准确地理解画面所表达的内容。常见的构图方法有以下几个。

(1) 中心构图法，即将主体放置在画面中心进行构图，优点是主体突出、明确，画面容易取得左右平衡的效果。

(2) 水平线构图法，即以水平线条为主，水平舒展的线条能够给人宽阔、稳定、和谐的感觉，通常运用在湖面、水面、草原等。

(3) 垂直线构图法，即画面中以垂直线条为主，通常被摄体自身符合垂直线特征，如树木。垂直线在人们的心目中是符号化象征，能充分展示景物的高度和深度。

(4) 三分构图法，即也称作井字构图法，是一种在摄影、设计中经常使用的构图方法。这种方法需要将场景用两条竖线和两条横线分割开来，得到 4 个交叉点，将画面重点放在 4 个交叉点中的一个。

(5) 对称构图法，即按照一定的对称轴或对称中心，使画面中的景物形成轴对称或者中心对称，常用于拍摄建筑、隧道等。

(6) 对角线构图法，即主体沿画面对角线方向排列，旨在给人动感、不稳定性或生命力等感觉。不同于常规的横平竖直，对角线构图让画面更加舒展、饱满，视觉体验更强烈。

(7) 引导线构图法，即利用线条引导使线条汇聚到画面的焦点。引导线不一定是具体的线，有方向的、连续的物体都可以看作引导线。现实中，道路、河流、颜色、阴影甚至人的目光都可以作为引导线。

(8) 框架构图法，即将画面重点利用框架框起来的构图方法，产生跨过门框即进入画面的感受。框架亮度往往暗于框内景色亮度，明暗反差大，需要注意框内景物的曝光过度与边框曝光不足的问题。

(9) 重复构图法，即当主体是一群同样的物体时，并将这一群主体同时拍下来的构图方法。单调地重复统一物体，占据整个画面并且没有明显杂乱的其他物体出现，同样可以起到突出主体的效果。

3) 教学中需要对图像进行裁剪的情况

(1) 通过裁剪直接清除画面中多余的干扰元素，突出画面的主次信息。

(2) 当构图不够理想时，可以通过裁剪来改变画面中元素的位置和比例。

(3) 根据不同的需要裁剪出大小比例精准的图像。

(4) 通过透视裁剪将透视的图像变成平面效果。

案例 3-1

精 确 裁 剪

本案例为学习如何使用裁剪选取所需要的局部图像，调整构图比例，将实拍人物正面图像进行登记照尺寸的精确裁剪。具体操作步骤如下。

(1) 打开文件。打开素材文件夹中的图片"全身照.jpg"，观察需要裁剪的画面，此处需要将人物头部进行裁剪，如图 3-13 所示。

(2) 裁剪图片。单击"裁剪工具" ，文档的四周会出现虚线的裁切框，移动鼠标在裁切框边缘对图片进行缩小或者放大。

(3) 设置裁剪选项。如需要固定裁剪尺寸为一寸照，在工具选项栏中执行"裁剪图像大小和分辨率"命令进行自定义设置裁剪参数，宽度设置为 2.5cm，高度设置为 3.5cm，分辨率为 300 像素/英寸，单击并拖动鼠标等比调整裁剪区域，在适合位置裁剪后按 Enter 键，将图片裁剪为一寸照片，如图 3-14 所示。

(4) 保存文件。将文件保存到 E 盘"案例"文件夹，命名为"案例 3-1 精确裁剪.jpg"。

图 3-13　裁剪前　　　　　　　　　图 3-14　裁剪后

案例 3-2

透 视 裁 剪

本案例为学习如何使用透视裁剪，调整由于拍摄角度不同产生的透视变形效果。具体操作步骤如下。

(1) 打开文件。打开素材文件夹中的图片"证书.jpg"。

(2) 透视裁剪。选择"裁剪工具"下的"透视裁剪工具" ⊞，依次单击证书图像四角，选择结束后，被选择区域内会出现网格线以及节点，将节点对齐荣誉证书的四角，进行精确的调整，如图 3-15 所示，按 Enter 键即可得到裁剪后的效果。

(3) 观看效果。"透视裁剪工具"会自动将照片的透视效果进行纠正，变成正常的平面效果，如图 3-16 所示。

(4) 保存文件。将文件保存到 E 盘"案例"文件夹，命名为"案例 3-2 透视裁剪.jpg"。

 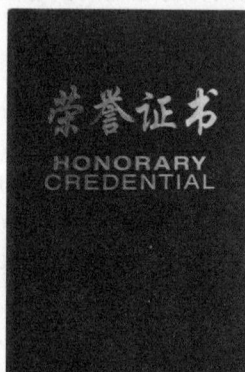

图 3-15　裁剪前　　　　　　　　　图 3-16　裁剪后

技巧：按住 Shift 键进行拖曳，可以得到正方形裁切区域。

2. 修复

Photoshop 软件修复的原理是使用图像中的样本像素进行绘画，并将样本像素的纹理、光照、透明度和阴影等信息与需要修复的像素相匹配。常用的工具组有以下两个。

1) 污点修复画笔工具组

污点修复画笔工具组包括 5 种工具，快捷键为 Shift+J，如图 3-17 所示，不同的修复工具在"工具选项栏"中可对其属性进行选择和调整。

图 3-17　污点修复画笔工具组

(1) 污点修复画笔工具：移去标记和污点。

(2) 修复画笔工具：通过使用图像另一部分的像素进行绘制以修补瑕疵。需要注意的是，如果要从一幅图像中取样并应用于另一幅图像，则这两幅图像的颜色必须相同。

(3) 修补工具：用图像另一部分的像素代替所选的区域。

(4) 内容感知移动工具：将图片中多余部分物体去除，同时会自动计算和修复移除部分。

(5) 红眼工具：修复夜晚拍人物照片时产生的"红眼"现象。

2) 仿制图章工具组

仿制图章工具组包括两种工具，快捷键为 Shift+S，如图 3-18 所示，不同的仿制图章工具在"工具选项栏"中可对其属性进行选择和调整。

图 3-18　仿制图章工具组

(1) 仿制图章工具：以指定的像素点为复制基准点，将其周围的图像复制到其他地方。按涂抹的范围复制全部或者部分到一个新的图像中，相当于使用"修复画笔工具"时在选项栏中选中"替换"模式。

(2) 图案图章工具：可以使用过去定义好的图案来填充指定区域，主要用于设计无缝连接的图案。

3) 教学中需要对图像进行修复的情况

(1) 去除网络下载图像的水印。一般来说，有水印的图片都是有版权的图片，仅供个人学习使用，如果涉及商用，请前往图库或者联系图片版权所有者购买。

(2) 改善教学图像资源的质量。例如，在生物学课上，教师可使用图像修复技术来清除显微镜下拍摄的细胞图像中的杂色或噪点，以便学生更清晰地观察细胞结构。

(3) 修复受损或残缺的教学图像，以便更好地传达信息。例如，历史课上，教师可使用图像修复技术来修复古老的照片或画作，以便学生更好地理解历史事件。

案例 3-3

水 印 修 复

本案例为学习如何使用修复画笔去除带有水印的图片。水印所在位置的图像如果比较复杂，可以根据水印所在的位置，综合使用污点修复工具组，

水印修复.mp4

将取样图像和被修复的图像进行融合。具体操作步骤如下。

(1) 打开文件。打开素材文件夹中的图片"老虎.jpg"，如图 3-19 所示。观察网址文字所在的位置，采用不同的修复画笔对网址文字进行去除。

(2) 仿制图章工具的使用。针对文字叠加在石头上的部分，使用"仿制图章工具" ，按下 Alt 键，光标变为圆形十字，在相应文字旁边区域单击相似的色彩图案进行采样，在文字区域拖动复制出取样点的图案，以覆盖文字。

(3) 污点修复画笔工具的使用。画面中细小部分的污点可以使用"污点修复画笔工具" ，污点修复画笔不需要定义采样点，只需在想要去除的地方涂抹即可，有自动匹配颜色的功能，复制的效果与周围的色彩较为融合。

(4) 修补工具的使用。文字在背景图案或色彩比较一致的部分，使用"修补工具" 就比较方便，在工具选项栏中选择修补项为"源" ⊙源，关闭"透明"选项，按下鼠标按键不放，并框选画面中部分文字，拖动到无文字区域中色彩或图案相似的位置，松开鼠标按键完成修复。完成效果如图 3-20 所示。

(5) 保存文件。将文件保存到 E 盘"案例"文件夹，命名为"水印修复老虎.jpg"。

图 3-19　修复前

图 3-20　修复后

技巧： 采样点即为复制的起始点，选择不同的笔刷直径会影响绘制的范围，不同的笔刷硬度会影响绘制区域的边缘融合效果。反复按 Shift+J 快捷键调出该污点修复画笔工具组中的各项工具。

🎯 案例 3-4

内 容 识 别

内容识别.mp4

本案例为"科学探究——牛顿第一定律"微课作品中 1:50~2:32 时间段的内容，通过本案例学习如何使用"内容识别"去除画面中右下角不需要的插座。具体操作步骤如下。

(1) 打开文件并选择区域。打开素材文件夹中图片"实验.jpg"，如图 3-21 所示，用"套索工具" 框选画面中的插座。

(2) 填充内容。单击"编辑"菜单，执行"填充"命令，在"填充"对话框的"内容"

中选择"内容识别",单击"确定"按钮,用图像其他部分取样的内容来无缝填充图像中的选定部分,插座会被旁边排列组合像素智能化替换。完成效果如图 3-22 所示。

(3) 保存文件。将文件保存到 E 盘"案例"文件夹,命名为"内容识别插座.jpg"。

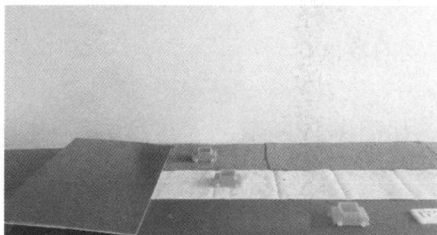

图 3-21　修复前

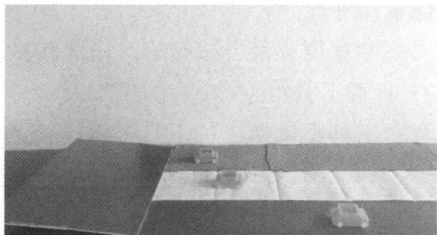

图 3-22　修复后

3.4.2　选择与图层

1. 选择

Photoshop 软件选择工具包括矩形选框工具、椭圆选框工具、单行选框工具、单列选框工具、套索工具、多边形套索工具、磁性套索工具、魔棒工具和快速选择工具等。这些工具都可以在图像中选择特定区域,以便对其进行编辑或调整。

1) 矩形选框工具组

矩形选框工具组包括 4 种工具,快捷键为 Shift+M,如图 3-23 所示。

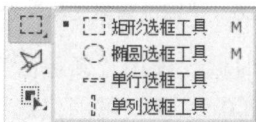

图 3-23　矩形选框工具组

(1) 矩形选框工具:创建矩形选区。

(2) 椭圆选框工具:创建椭圆和圆形选区。

(3) 单行选框工具:创建 1 像素的水平选区。

(4) 单列选框工具:创建 1 像素的垂直选区。

不同的矩形选框工具在工具选项栏中可对其属性进行选择和调整,部分功能介绍如下,如图 3-24 所示。

图 3-24　矩形选框工具选项栏

"新选区"按钮：用于绘制新选区。

"添加到选区"按钮：用于在原有选区上增加新的选区。

"从选区减去"按钮：用于从原有选区上减去新选区的部分。

"与选区交叉"按钮：选择新、旧选区重叠的部分。

"羽化"文本框：用于设定选区边界的羽化程度,取值范围为 0~250,可以羽化选区的边缘。数值越大，羽化的边缘越大。

"消除锯齿"复选框：用于清除选区边缘的锯齿。

"样式"下拉列表框：选择选区的比例样式。固定比例可设置比例尺寸，固定大小可设置像素尺寸。

"高度宽度互换"按钮 ：快速转换高度和宽度的数值。

2) 套索工具组

套索工具组包括 3 种工具，快捷键为 Shift+L，如图 3-25 所示。

图 3-25　套索工具组

(1) 套索工具：创建手绘选区，用于框选不规则选区。

(2) 多边形套索工具：通过链接直线创建选区，用于制作规则的几何选区。

(3) 磁性套索工具：拖动时创建与图像边缘对齐的选区，适用于元素与背景颜色相差比较大的图片。

不同的套索工具在工具选项栏中可对其属性进行选择和调整，部分功能介绍如下，如图 3-26 所示。

图 3-26　"磁性套索工具"选项栏

选区加减的设置：制作选区的时候，使用"新选区"按钮 比较多。

"羽化"文本框：取值范围为 0～250，可羽化选区的边缘。数值越大，羽化的边缘越大。

"消除锯齿"复选框：功能是让选区更平滑。

"宽度"文本框：取值范围为 1～256，可设置一个像素宽度，一般使用的默认值为 10。

"对比度"文本框：取值范围为 1～100，它可以设置"磁性套索"工具检测边缘图像灵敏度。如果选取的图像与周围图像间的颜色对比度较强，就应设置一个较高的百分数值；反之，则设置一个较低的百分数值。

"频率"文本框：取值范围为 0～100，它是用来设置在选区时关键点创建速率的选项。数值越大，速率越快，关键点就越多。当图的边缘较复杂时，需要较多的关键点来确定边缘的准确性，此时采用较大的频率值，一般使用的默认值为 57。

3) 快速选择工具组

快速选择工具组包括 3 种工具，快捷键为 Shift+W，如图 3-27 所示，不同的选择工具在工具选项栏中可对其属性进行选择和调整。

图 3-27　快速选择工具组

(1) 对象选择工具：查找并自动选择对象，创建选区。

(2) 快速选择工具：查找或追踪图像的边缘，创建选区。

(3) 魔棒工具：根据颜色选择对象，创建选区。对于一些界限比较明显的图像，可以通过魔棒工具快速地将图像抠出。

案例 3-5

魔术棒抠图

魔术棒抠图.mp4

本案例为"召唤恐龙"微课作品中 5:30～5:34 时间段的内容，通过本案例学习如何使用"魔棒工具"将边缘界限比较明显的图像快速地抠出。具体操作步骤如下。

(1) 打开文件并复制图层。将素材文件夹中"角龙"的图片拖入 Photoshop 中，如图 3-28 所示，观察"角龙"可知需要抠去的主体为绿色调。在图层面板中，复制图片图层，将背景图层隐蔽。

(2) 选择"角龙"选区。选择复制的图层，使用魔棒工具，在上方的选项栏单击"新选区的标识"按钮，因为恐龙的边缘存在阴影且形状不规则，所以输入的容差需要偏大一些，输入为100。单击画布中"角龙"的身体，出现选区，观察角龙的形状是否全部被框选进去，观察"角龙"的边缘，发现"角龙"选区中的阴影被选中。

(3) 修改选区。在上方的选项栏单击"从选区中减去"按钮，或者按住 Alt 键，容差值输入 12，对"角龙"的边缘选区进行减去。遇到减去区域较大的选区时，可以选择增加容差值，输入 20，继续减去多余选区。操作完成后，观察"角龙"的边缘是否需要进一步修改。

(4) 抠除角龙背景。在图层面板中单击"添加矢量蒙版"按钮，抠除"角龙"的背景，蒙版中黑色的部分为被遮住的部分，白色的部分为看见的部分。

(5) 导出图像。观察"角龙"的边缘是否完整，如图 3-29 所示。确定无误后，在"文件"菜单执行"导出"中的"导出为"命令，格式为".png"，这样导出的图片为透明背景，命名为"抠除背景的角龙"，单击"导出"按钮。

图 3-28　处理前　　　　　　　　　　图 3-29　处理后

技巧：使用快速选择工具和魔棒工具时，在图像已建立的选区上按住 Shift 键不放，可继续添加到选区。选择的时候误选或多选，按住 Alt 键可实现魔棒减选，对选区进行调整。

案例 3-6

快速选择与调整边缘

本案例为学习如何使用"快速选择工具"和"调整边缘"精准地选择人物的头发有毛边轮廓的图像，以便为证件照替换背景色。具体操作步骤如下。

(1) 打开文件。打开素材文件夹中的图像"登记照.jpg"，发现头发边缘柔和的交界处无法单纯用魔棒工具直接抠除干净，如图 3-30 所示。

(2) 选择主体人物。选择"快速选择工具" [图标]，并对主体人物进行快速选择。"快速选择工具"是选择相邻的颜色区域，比较适合创建大面积的选区。

(3) 设置调整边缘。对细节进行处理需要使用选项栏中的 调整边缘… ，对已选择区域进行边缘细节调整，如图 3-31 所示。在"调整边缘"对话框中，选择"视图"中的"黑底"，将半径设置为 60 像素，"移动边缘"为-14%，选择"调整边缘画笔工具" [图标]，围绕人物周围手动调整边缘，使人物发丝及边缘的背景色去除得更为柔和。或在"调整边缘"对话框中选中"智能半径"复选框和"净化颜色"复选框，拖动"半径"滑块查看边缘调整情况，最终使人物发丝边缘的效果越来越净化。

(4) 输出到新图层。选择在"调整边缘"对话框中的"输出到新建图层"，人物直接新建为单独的透明图层。

(5) 添加背景图层。在"图层"面板中新建图层，填充颜色为蓝色，调整图层顺序，使背景图层在人物图层的下方，最终获得一张蓝底登记照，且边缘干净，如图 3-32 所示。

(6) 保存文件。将文件保存到 E 盘"案例"文件夹，命名为"案例 3-6 快速选择与调整边缘.jpg"。

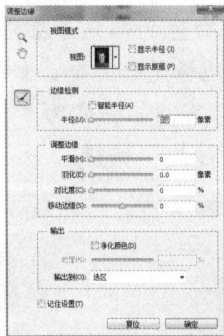

图 3-30　处理前　　　　图 3-31　"调整边缘"对话框　　　　图 3-32　处理后

2. 图层

Photoshop 软件中的图层概念可以理解为一张张叠起来的透明玻璃纸，透过图层的透明区域可以看到下面的图层，但无论在上一层上如何涂画都不会影响下面的玻璃纸。最后，多层效果可以合成一张效果。

1) 图层面板

图层面板如图 3-33 所示。

(1) 图层菜单按钮。单击"图层菜单"按钮，打开图层面板的菜单，里面集合了众多操作命令，如新建图层、复制图层、删除图层、锁定图层、合并图层等。

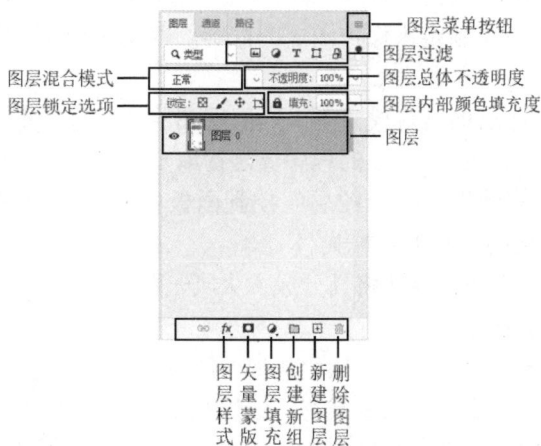

图 3-33　"图层"面板

（2）图层过滤。图层面板的过滤功能可以帮助我们快速找到所需的图层，包括图像图层、调整图层、文字图层、形状图层、智能对象等，可以根据不同的需求来选择图层过滤。

（3）图层不透明度。在透明度输入框中单击白色输入框，然后输入所需的数值来调整图层的不透明度。例如，让图层半透明，输入 50。

（4）图层。选中图层后，单击鼠标右键显现菜单进行操作。单击图层控制面板中任意图层左侧的眼睛图标，即可隐藏或显示这个图层。

（5）图层样式。图层样式的功能强大，能够简单、快捷地制作出各种立体投影、各种质感及光景效果的图像特效，具有设计效果速度快、效果可编辑性强等优势，如图 3-34 所示。

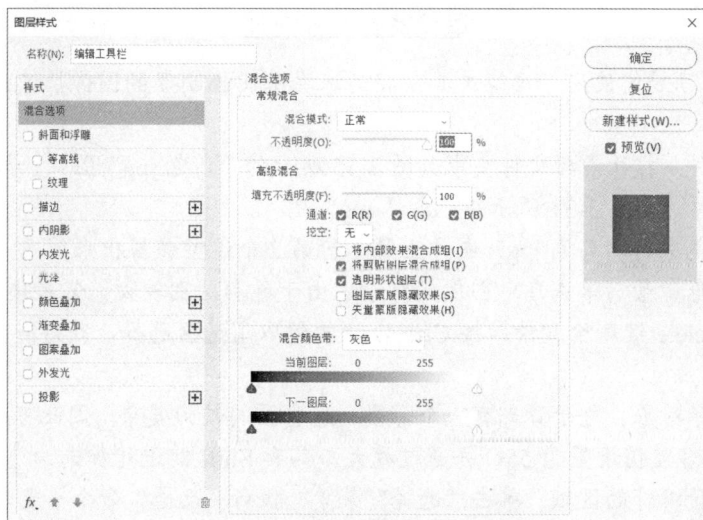

图 3-34　"图层样式"对话框

（6）矢量蒙版。矢量蒙版是一种用于遮盖或隐藏图层的蒙版，它是与分辨率无关的、从图层内容中剪下来的路径。

（7）图层填充。图层填充，是指在图层中填充纯色、渐变或图案创建的特殊图层。可以将它设置不同的混合模式和不透明度，以修改其他图像的颜色或生成各种图像效果。

（8）图层锁定。通过图层锁定来保护图层的内容。可以完全锁定图层，也可以部分锁定图层。

（9）图层混合模式。图层的混合模式用于为两层图层之间添加不同的模式，使图层产生不同的混合效果。原理是用 Photoshop 的程序算法提取一个图层中的像素，使其与其他图层的像素混合，以得到新的效果。在"图层"控制面板中，"设置图层的混合模式"选项 正常 用于设定图层的各种混合模式。

在众多混合模式中，系统会默认将其分成六大类，具体如下。

组合模式：正常、溶解。

加深混合模式：变暗、正片叠底、颜色加深、线性加深，深色。

减淡混合模式：变亮、滤色、颜色减淡、线性减淡，浅色。

对比混合模式：叠加、柔光、强光、亮光、线性光、点光、实色混合。

比较混合模式：差值、排除。

色彩混合模式：色相、饱和度、颜色、亮度。

2）教学中需要对图像进行图层操作的情况

（1）在合成素材的过程中，调整图层的顺序改变图层对象的层次关系，以便更好地呈现教学内容。

（2）在合成素材的过程中，可以复制图层、隐藏和显示图层，以便更好地呈现教学内容。

（3）在合成素材的过程中，可以将多个图层合并为一个图层，可以锁定和解锁某些图层，以便更好地控制编辑过程。

案例 3-7

龟兔赛跑配图处理

本案例为学习如何使用"魔棒工具"将边缘界限比较明显的图像快速地抠出。具体操作步骤如下。

（1）打开文件。打开素材文件夹中如图 3-35 所示的"乌龟.jpg"图片、如图 3-36 所示的"兔子.jpg"图片、如图 3-37 所示的"森林.jpg"图片。

（2）裁剪乌龟。将"乌龟.jpg"图片上第 1 行第 2 个造型裁剪出来。

（3）删除乌龟背景。单击乌龟图像的背景，由于色彩区别较大，容差值可设置小一点，设置为 8，按 Delete 键删除背景，按 Ctrl+D 快捷键取消选区选择，获得一张透明图层的乌龟造型。

（4）选择兔子对象。兔子背部有一个彩蛋，色彩区间较为复杂，因此可以从兔子内部开始选择。这里将容差值设置为 55，并通过放大工具和 Shift 键进行加选。

（5）删除兔子以外的区域。单击"选择"菜单，执行"反选"命令，或者按 Shift+Ctrl+I 快捷键对除兔子之外的部分进行选择，按 Delete 键删除，按 Ctrl+D 快捷键取消选区选择，得到一张透明图层。

（6）移动乌龟和兔子对象。使用"移动工具"将抠图后的乌龟和兔子移动至森林中合成，如图 3-37 所示。

图 3-35　乌龟素材　　　　图 3-36　兔子素材　　　　图 3-37　龟兔赛跑

(7) 保存文件。将文件保存到 E 盘"案例"文件夹，命名为"案例 3-7 龟兔赛跑配图处理.jpg"。

3.4.3　色彩与调色

1. 色彩

1) 色彩的产生

光是色彩产生的前提条件，有光才有色。人们之所以能看见周围物体的颜色，是因为有光，颜色是通过眼、脑产生的一种对光的视觉效应。物体受可见光照射后，一部分光线被吸收，一部分光线被反射或透射出来，成为人们可见的物体色彩。波长在 400～760 纳米为一般的可见光，10～380 纳米为紫外线，750～1 000 000 纳米为红外线，如图 3-38 所示。

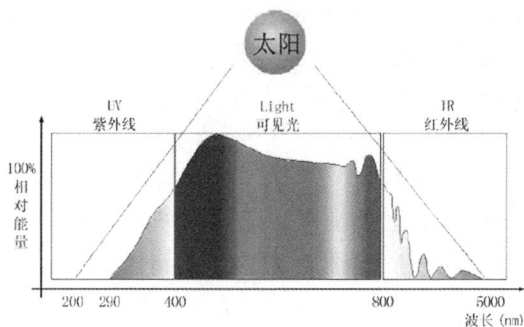

图 3-38　色彩与光谱

2) 色彩三属性

色彩的属性可用色相、纯度和明度来描述，如图 3-39 所示，色彩的三属性是界定色彩感官识别的基础，学习色彩的属性是进行色彩设计的基础。

图 3-39　色彩三属性

(1) 色相。色相，即色彩的相貌称谓，红、橙、黄、绿、青、蓝、紫等指的就是色相。色相决定了色彩的基本特性，是区别各种不同色彩的标准。从光学意义上讲，色相的产生取决于光源的光谱组成及有色物体表面反射的各波长辐射的比值让人眼产生的感觉，不同波长的光，其色相不同。

(2) 明度。明度指色彩的明亮程度，也称亮度，它与被观察物体的反射光强度有关，光源的辐射能量越大，物体的反射能力越强，亮度就越高。另外，亮度还和波长有关，能量相同而波长不同的光对视觉产生的亮度感觉也不同。例如，紫色和黄色相比，紫色给人感觉暗淡，黄色给人感觉明亮。

(3) 纯度。纯度，也称饱和度，是指彩色的深浅、浓淡程度。对于同一色调的色彩光，饱和度越高，颜色越深、越浓。饱和度的大小用百分制来衡量，100%的饱和度表示彩色光中没有其他光的成分，所有单色光的饱和度都是100%。饱和度为0表示白光，没有任何色调。

3) 色彩与心理

色彩心理学研究颜色对人类行为的影响。色彩作为视觉传达极其重要的元素，在信息传播过程中最先给予人们心理学和生理学上的认知反应。不同颜色会给人不同的感觉。例如，红色通常与热情、活力、幸福、吉祥等相关联，但也代表危险。蓝色则给人一种平静、深远、纯洁、透明、智慧的感觉。黄色是有彩色中最明亮的色，因此给人明亮、辉煌、灿烂、愉快、亲切、柔和的感觉。绿色是植物王国的色彩，它的表现价值是丰饶、充实、平静与希望。

此外，文化背景也会影响人们对颜色的感知。例如，在中国，红色代表喜庆和欢快，在许多节日和重大活动中都会使用红色进行装饰。而在西方，红色代表着血腥和杀戮，因此西方人在举行婚礼时会弃用红色而选择纯洁的白色。

4) 色彩与搭配

色彩搭配可以获得更好的视觉效果。常见的色彩搭配有单色搭配、近似色搭配、补色搭配、分散互补色搭配、三角对立的配色搭配等。平时的配色练习可以采用炫酷配色、Coolors、Color Scheme Designer 等在线配色器快速找到合适的配色方案。

2. 调色

Photoshop 图像色彩调整功能非常强大，在图像处理中使用频率很高，主要功能位于菜单栏"图像"中，如图3-40所示。

1) 颜色模式

颜色模式，是指图像在显示或打印输出时定义颜色的不同方式。Photoshop 常见的颜色模式有灰度模式、RGB 模式、CMYK 模式、位图模式等。

(1) 灰度模式。灰度模式是用单一色调表现图像，灰度模式中的每个像素用8位二进制数记录，能够表现256种色调。将彩色图像转换为灰度模式时，所有的颜色信息都将被删除；如将灰度模式的图像再转换为彩色模式，原来已经丢失的颜色信息不能再返回，应做好图像备份。

(2) RGB 模式。RGB 是一种光的色彩模式，由红(red)、绿(green)和蓝(blue)3种原色组合而成，由这三种原色混合可以产生成千上万种颜色，因此也称为加色模式。RGB 模式下的图像是三通道图像，每一种原色都可以表现 256 种不同浓度的色调，3 种原色混合起来可以生成 1670 万种颜色，也称 24 位真彩色。

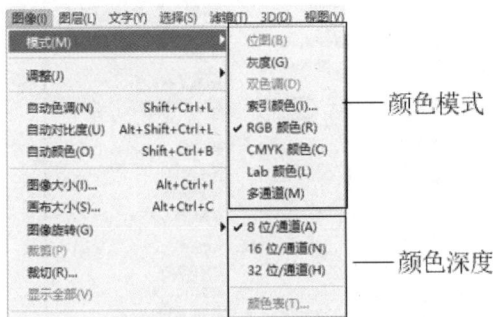

图 3-40　图像模式

(3) CMYK 模式。CMYK 模式是一种印刷模式，由青色(cyan)、洋红色(magenta)、黄色(yellow)和黑色(black)4 种颜色组成，该模式是由于光线照到不同颜色的纸上，部分光谱被吸收后反射到人眼中的光产生颜色的感觉。4 种颜色混合在一起得越多，反射到人眼中的光就会越少，光线的亮度也会越低，因此该模式又称为减色模式。处理图像时，一般不采用CMYK 模式，因为这种模式文件大，会占用大量的磁盘空间和内存，通常都是需要印刷时才转换成该模式。

(4) 位图模式。位图模式只有黑色和白色两种颜色，该模式只能制作黑、白两色的图像，它包含的信息最少，因而图像也最小。需要注意的是，当一幅彩色图像要转换成黑白模式时，必须先将图像转换成灰度模式。

2) 颜色深度

颜色深度用来度量图像中有多少颜色信息，简单地说，就是最多支持多少种颜色，其单位是"位"，所以颜色深度有时也称为"位深度"。常用的颜色深度是 1 位、8 位、24位和 32 位。较大的颜色深度意味着数字图像具有较多的可用颜色和较精确的颜色表示。在1 位图像中，每个像素的颜色只能是黑色或白色；8 位的图像，每个像素可能是 256 种颜色中的任意一种；24 位的图像包含 1670 万种颜色；32 位的图像还包含 8 位的 Alpha 通道。

3) 色彩调整

Photoshop 有许多种方式来调整图像的颜色和色调，如图 3-41 所示。下面，介绍常用的功能。

亮度/对比度：执行此命令，调整亮部和暗部时都是按等比调整的，比如，提高暗部亮度，亮部也跟着增加，高光细节就丢失了。如果调整局部亮度这种方法不适用。

色阶：主要是利用直方图及黑、灰、白 3 个滑块调整和控制画面中暗部、灰部、高光的部分。"色阶"对话框如图 3-42 所示。

曲线：在曲线的横轴和纵轴上都有由暗到亮的渐变条，表示的是照片中的暗部和亮部。位于曲线左下角的"输入"和"输出"，"输入"可以简单地理解为修改前，"输出"可以理解为修改后，如图 3-43 所示。

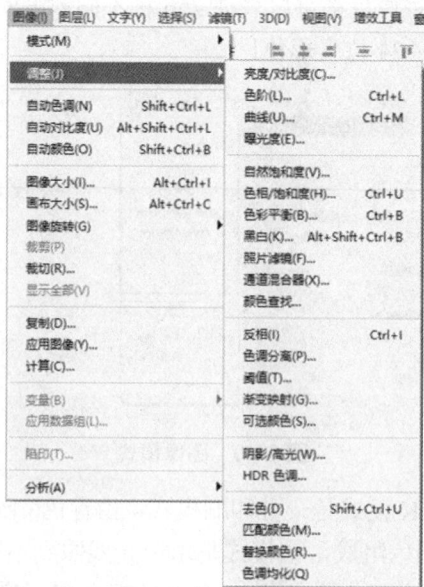

图 3-41　色彩调整

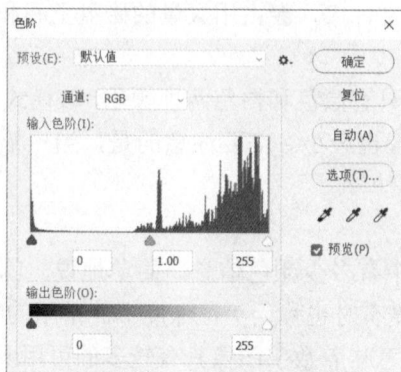

图 3-42　"色阶"对话框

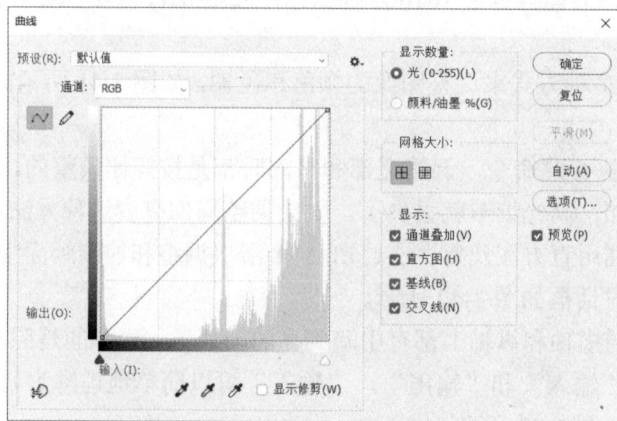

图 3-43　"曲线"对话框

曝光度：执行此命令，调整色彩范围的高光部分，对极限阴影的影响很小。

位移：执行此命令，使阴影和中间调变暗，对高光的影响很小。

灰度系数校正：执行此命令，使用乘方函数调整图像灰度系数。

色彩平衡：光的成像模式都是由红色、绿色和蓝色这三种原色混合而成的，洋红色、黄色、青色是三原色的补色。与此同时，可以选择"阴影""中间调"和"高光"，调整照片不同区域光影的色彩，如图 3-44 所示。

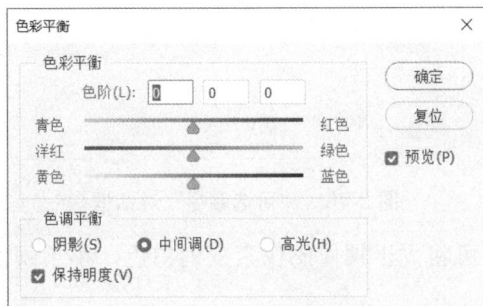

图 3-44　"色彩平衡"对话框

色相/饱和度：每张图像都有色相、饱和度、明度这三个属性，可以通过该命令调整图像的色彩样式、颜色纯度及色彩的明亮度。执行色相/饱和度命令可以进行整体调整和局部调色，如图 3-45 所示。

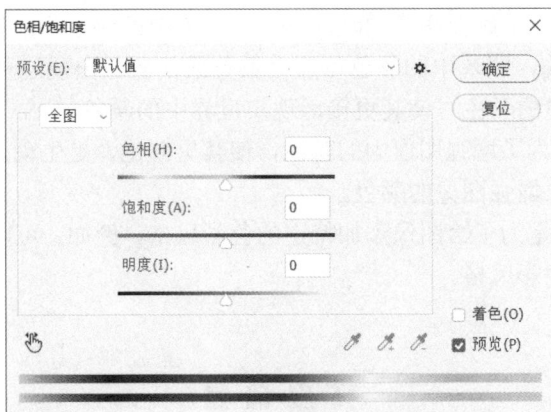

图 3-45　"色相/饱和度"对话框

可选颜色：通过选择图像中某种颜色进行调整，如图 3-46 所示，可单独调整图像中的红色。

反相：执行此命令，可将图像或者选区的像素颜色反转为补色，产生底片的效果。

色调均化：此命令用于调整图像或者选区像素过黑的部分，使图像变得明亮，并将图像中其他像素平均分配在亮度色谱中。

照片滤镜：此命令用于模仿传统相机的滤镜处理图像，通过调整图片颜色可以获得各种丰富的效果。

去色：执行此命令，可去掉图片中的色彩，使之变为灰度图，但是图像色彩模式不变。

图 3-46　"可选颜色"对话框

阈值：执行此命令，可将大于阈值的像素变为白色，小于阈值的像素变为黑色，使图片具有反差感。

色调分离：执行此命令，可指定色阶数，系统将以 256 阶的亮度对图像中的像素进行分配。色阶数越高，图像产生的变化越小。

替换颜色：执行此命令，可以将图像中的某种颜色进行替换。

匹配颜色：此命令用于对不同的图片进行调整，统一为协调的色彩。

4）教学中需要对图像进行调色的情况

（1）色彩校正，是为了确保图像的颜色与现实世界中的颜色相匹配。例如，如果拍摄照片时白平衡设置不准确，照片中的颜色可能会偏黄或偏蓝。出现这种情况时，可以使用色彩校正工具来调整图像的颜色，使其更接近现实世界中的颜色。

（2）色彩增强，是为了增强图像中的颜色，使其更鲜艳、更生动。例如，可以使用饱和度和对比度调整工具来增强图像的颜色。

（3）色彩风格化，是为了给图像添加特定的色彩风格。例如，可以使用色彩分级工具来给图像添加电影般的色彩风格。

案例 3-8

亮 度 调 整

本案例为"VR 知多少"微课作品中 3:53~3:57 时间段的内容，通过本案例学习如何使用色阶和曲线调整图像整体色调，使昏暗的图像变得色彩丰富。具体操作步骤如下。

亮度调整.mp4

（1）打开文件。打开素材文件夹中的图片"素材.jpg"，观察这张图，如图 3-47 所示，发现图片是阴天拍摄的，需要将图片调亮，选择"图像"菜单，下拉菜单中的"亮度对比度""色阶""曲线""曝光度" 4 个命令都可用来调整图片亮度。这里选择"色阶"和"曲线"命令进行分层次亮度调整。

（2）调整色阶。选择"图像"菜单，执行"调整"中的"色阶"命令，或按 Ctrl+L 键，可以看到输入色阶中有黑、灰、白三个三角形的箭头，对应的是图片的暗部、灰部、高光三部分，观察直方图中亮度部分缺失，按住白色箭头向左移动可以使整个色调变亮。

(3) 调整曲线。执行"调整"中的"曲线"命令或按 Ctrl+M 快捷键，打开"曲线"对话框。曲线的横轴和纵轴代表的是照片的输入和输出，也就是图片修改前和修改后的状态。单击曲线将其向上拖动为上弧线图像变亮(整体)，向下拖曳变为下弧线，则图像变暗(整体)。

(4) 添加节点。如果想让暗部变亮、亮部不变，将鼠标移动到曲线的 1/2 处出现十字光标，先单击增加一个中间节点，在线段两边的 1/2 处再增加一个节点，保持亮部的曲线不动，将暗处曲线向上变亮。

(5) 观看效果。通过对曲线的调整，图像中逆光部分变亮，画面内容变得清晰，如图 3-48 所示。

(6) 保存文件。将文件保存到 E 盘"案例"文件夹，命名为"亮度调整素材.jpg"。

图 3-47　调整前　　　　　　　　　　　　　图 3-48　调整后

案例 3-9

色 相 调 整

色相调整.mp4

本案例为"赋得古原草送别——手语古诗绘本类微课"微课作品中 2:24~2:44 时间段的内容，通过本案例学习如何使用 Photoshop 的色相调整，对图片的色相进行调整，使用的工具为调整图层中的色彩平衡和色相饱和度，使其显示春天草原、秋天草原和野火燃烧草原三种不同的场景。具体操作步骤如下。

1) "秋天草原"色相调整

(1) 打开文件。打开素材文件夹中的"春天草原.jpg"图片。

(2) 调整色相。单击菜单栏中的"图像"按钮，执行"调整"中的"色彩平衡"命令。出现调整面板，选择"中间调"，在"色阶"中输入"+50""-50""-50"；选择"阴影"，在"色阶"中输入"+20""-20""-20"；选择"高光"，在"色阶"中输入"+10""-10""-10"，单击"确定"按钮，画面便出现了黄色调的草原景象。

(3) 导出图片。在"文件"菜单中执行"导出"中的"导出为"命令，格式选择".jpg"，导出为"秋天草原.jpg"文件。

2) "野火燃烧草原"色相调整

(1) 打开文件。打开素材文件夹中的"天空.png"。

(2) 导入素材。导入素材文件夹中的"太阳.png""野火.png""荒城.png""草地.png"，并调整图层和图片位置。

(3) 调整色相。对图片"天空"的色相进行调整，执行"图像"中的"调整"中的"色相/饱和度"命令，在"色相"中输入"-130"，单击"确定"按钮；选择"荒城"图片，按照同样的操作，在"色相"中输入"-25"；选择"太阳"图片，在"色相"中输入"-15"。

（4）调整色彩平衡。选择"草地"图层，在"调整"中找到"色彩平衡"，选择"中间调"，在"色阶"中输入"+60""-60""-60"；选择"阴影"，在"色阶"中输入"+25""-25""-25"；选择"高光"，在"色阶"中输入"+15""-10""-10"，单击"确定"按钮。此时草地的颜色饱和度偏高，同时偏黄，为了使草地的颜色呈现黄色偏红的色调，在"调整"中单击"色相/饱和度"，在"色相"中输入"-10"，"饱和度"中输入"-10"，单击"确定"按钮。此时图片呈现野火燃烧的场景。

（5）导出图片。将文件"导出为".jpg 格式文件，命名为"野火燃烧草原"，效果如图 3-49 所示。

图 3-49　野火燃烧草原

案例 3-10

登记照背景换色

本案例为学习如何使用 Photoshop 可选颜色工具，对特定的局部颜色进行调整，将蓝底照片调整为红底，并改变人物的衣服颜色。具体操作步骤如下。

（1）打开文件。打开素材文件夹中的图像"蓝底登记照.jpg"，如图 3-50 所示。

（2）调整颜色容差。选择"图像"菜单，执行"调整"子菜单中的"替换颜色"命令，在"替换颜色"对话框中，选择 ✐ 对选取预览图中蓝色背景部分进行单击，并调整"颜色容差"为150。

（3）调整替换参数。在"替换颜色"对话框"替换"中调整参数，色相为143、饱和度为-10、明度为-15，将登记照片的蓝色背景调整为红色背景。也可以在"替换颜色"对话框"替换"的颜色预览框中双击，在"拾色器"中选择红色。

（4）调整颜色。将人物衣服的蓝色调整为偏紫红色，选择"图像"菜单，执行"调整"子菜单中的"可选颜色"命令，弹出"可选颜色"对话框，将其颜色设置为蓝色。根据可选颜色原理，适当增加黄色(+43%)与洋红色(+100%)数值，并减少青色数值(-100%)来突出红色，如图 3-51 所示。

（5）使用可选颜色。执行"可选颜色"命令对图像颜色进行多次调整，直到效果满意为止。

（6）保存文件。将文件保存到 E 盘"案例"文件夹，命名为"案例 3-10 登记照背景换色.jpg"。

图 3-50　蓝色背景

图 3-51　可选颜色设置

3.4.4　通道与蒙版

1．通道

在 Photoshop 软件中，不同的图像色彩模式下的通道是不一样的。实际上，通道可以理解为选择区域的映射，通道层中的像素颜色由一组原色的亮度值组成。

1）通道的类型

(1) Alpha 通道：为保存选择区域而专门设计的通道。

(2) 颜色通道：图像的模式决定了颜色通道的数量。RGB 模式有 R、G、B 3 个颜色通道；CMYK 图像有 C、M、Y、K 4 个颜色通道；灰度模式只有一个颜色通道。

(3) 复合通道：由蒙版的概念衍生而来，用于控制两个图像叠加关系的一种简化应用。

(4) 专色通道：专色通道是一种特殊的颜色通道，如烫金、荧光等，多用于印刷。

(5) 矢量通道：为了减少数据量，将逐点描绘的数字图像再一次解析，通过复杂的计算方法将其上的点、线、面与颜色信息转化为数学公式，这种公式化的图形称为"矢量图形"。而公式化的通道，则称为"矢量通道"。

2）通道的工具按钮

将通道作为选区载入 ▦：将通道作为选择区域调出。

将选区存储为通道 ▣：将选择区域存入通道中。

创建新通道 ▤：创建或复制新的通道。

删除当前通道 ▥：删除图像中的通道。

3）教学中需要对图像进行通道处理的情况

(1) 通道的使用可以进行图像调色、抠图、存储选区、创建选区、印刷出版，方便传输。

(2) 通道的使用可以更好地控制图像中的颜色信息，获得更精细的教学图像处理效果，例如，图像分割、特征提取、图像融合等高级图像处理操作。

案例 3-11

利用通道抠图

本案例为"互感"微课作品中 3:28~3:32 时间段的内容，通过本案例学习如何使用通道将形状和边缘比较复杂的图像快速地抠出。具体操作步骤如下。

利用通道抠图.mp4

(1) 打开文件。将素材文件夹中的"线圈"的图片拖入 Photoshop 中，如图 3-52 所示，观察这张图片可知，需要将该"线圈"的白色背景去除。

(2) 复制通道。单击"通道"按钮，可以看到四个通道，以此单击红、绿、蓝的通道图层，可以观察到红色通道的颜色最深，单击并拖动复制红色通道，得到红色复制通道。

(3) 调整色阶。选择"图像"菜单，执行"调整"中的"色阶"命令，调整色阶的分布，往左滑动图像颜色变浅，往右滑动图像颜色变深，滑动到合适的位置后，在输入色阶的中间数值中输入"0.36"，单击"确定"按钮。

(4) 载入通道选区。单击通道面板的下方，将通道作为选区载入。打开 RGB 通道的可见性，关闭复制通道。

(5) 抠选背景。使用选区工具，在画布上右击鼠标，执行"反相"命令。单击图层下方的蒙版载入，得到"线圈"的透明图层，观察图形，发现图形透明，复制图层并合并两个图形，得到不透明的"线圈"形状。使用此方法对"线"图片处理，这里直接将已经处理好的"线"图片拖入 Photoshop 中，放大图形，放置在合适位置。

(6) 合成图片。让"线"从"线圈"中穿过，复制"线圈"的图层，放置在"线"的上方，对上方的"线圈"图层添加蒙版，选择画笔工具，调整画笔大小，选择黑色的画笔，对"线圈"进行涂抹，遮盖不需要的部分，如图 3-53 所示。

(7) 导出图片。处理完成后，将文件"导出为".png 格式，命名为"通道抠图"。

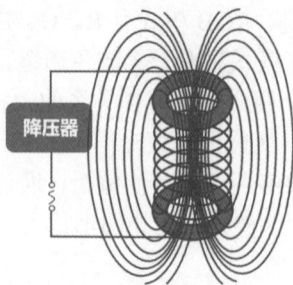

图 3-52　处理前

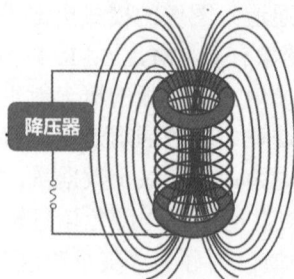

图 3-53　处理后

2. 蒙版

Photoshop 软件中的蒙版是非常强大的工具，可以精细地控制图像的编辑过程，具有非破坏性和保护性。蒙版可以理解为浮在图层之上的一块玻璃挡板，它本身不包含图像数据，只是对图层的部分起遮挡作用，当我们对图层进行操作时，被遮挡的部分是不会受到影响的。

蒙版中灰度代表透明度，纯黑色表示完全透明，纯白色表示完全不透明。

1) 蒙版的作用

蒙版的作用：用于抠图、设计图的边缘淡化效果和图层间的融合。

2) 蒙版的类型

Photoshop 中有四种不同类型的蒙版，分别是图层蒙版、剪贴蒙版、矢量蒙版及快速蒙版。

图层蒙版：功能跟橡皮擦工具差不多，橡皮擦工具能把图片上不需要的内容擦掉，而图层蒙版不仅可以擦掉不需要的内容，而且可以将擦掉的内容还原。

剪贴蒙版：通过让下方图层的形状限制上方图层的显示区域，达到遮罩的效果。

矢量蒙版：矢量蒙版创建的形状是矢量图，可以任意放大或缩小蒙版，通过形状控制图像显示区域，仅能作用于当前图层。

快速蒙版：一种临时蒙版，它可以在临时蒙版和选区之间快速转换。使用快速蒙版将选区转换为临时蒙版后，可以使用任何绘画工具或滤镜编辑和修改它，但是快速蒙版没有存储功能。

3) 教学中需要对图像进行蒙版处理的情况

(1) 非破坏性编辑。蒙版可以在不改变原始图像的情况下进行编辑，可以随时撤销或修改编辑操作，而不会对原始图像造成任何损害。

(2) 精细控制。蒙版可以精确地控制图像中的不同区域。例如，可以使用蒙版有选择性地调整图像中某个区域的颜色、亮度或对比度，而不影响其他区域。

(3) 特殊处理。蒙版具有很强的灵活性，可以使用蒙版来实现特殊的图层叠加效果、抠图、创建选区等操作。

案例 3-12

利用蒙版合成图片

本案例为"化学之'铝'"微课作品中 0:18～0:22 时间段的内容，通过本案例学习如何使用"图层蒙版"工具对图片进行合成，使其获得更好的融合效果。具体操作步骤如下。

利用蒙版合成
图片.mp4

(1) 打开文件并导入图片。打开素材文件夹中的"人物.png"图片，导入"皇冠.png"图片，缩小到一定尺寸并放置在合适位置，如图 3-54 所示。

(2) 设置蒙版选区。可以观察到"皇冠"在人物前面，需要将"皇冠"下方多余的部分进行蒙版处理。单击"添加蒙版"按钮，观察到此时的蒙版为白色，白色为没有被遮挡的部分，若要遮挡图层，需要在蒙版上涂黑，黑色为遮挡部分。

(3) 绘制路径。使用"钢笔工具"绘制路径，绘制完成后，在路径区域内右击鼠标，选择"建立选区"，单击"确定"按钮；选择"油漆桶工具"将选区部分的蒙版涂黑，单击选区，可以看到选区内的图形消失。

(4) 调整图层位置。继续调整"皇冠"的尺寸，并放置在合适位置，如图 3-55 所示。

图 3-54　处理前

图 3-55　处理后

(5) 导出图片。调整完成后，将文件"导出为".png 格式，文件命名为"戴皇冠的人"。

技巧：蒙版状态下可以反复修改蒙版，以产生不同的效果。渐变的范围决定了遮挡的范围，黑白的深浅决定了遮挡的程度。按下 Shift 键单击图层蒙版，可以临时关闭图层蒙版，再次单击图层蒙版则可重新打开图层蒙版。

3.4.5　特效与滤镜

Photoshop 中的滤镜功能主要用来实现图像的各种特殊效果。PS 中具有多种强大的滤镜功能，可根据需要进行调整和叠加，并为每一个滤镜提供直观的预览效果，使用十分方便。

1) 常用滤镜效果

自适应广角：自适应广角滤镜可以对具有广角、超广角及鱼眼效果的图片进行校正。

镜头校正：镜头校正滤镜可以修复常见的镜头瑕疵，如桶形失真、枕形失真、晕影和色差等，也可以用该滤镜旋转图像，或修复照相机在垂直方向或水平方向上倾斜导致的图像透视错视效果。

油画："油画"滤镜可将照片或图片制作成油画。

消失点：应用消失点滤镜可制作建筑物或任何矩形对象的透视效果。

风格化：风格化是通过置换像素和查找并增加图像的对比度，在选区中生成绘画或印象派的艺术效果。它是完全模拟真实艺术手法进行创作的滤镜效果。

模糊：可以使图像中过于清晰或对比度过于强烈的区域产生模糊效果。

液化：液化滤镜可制作各种类似液化的图像变形效果，可利用向前变形工具、重建工具、褶皱工具、膨胀工具、左推工具、抓手工具和缩放工具改变图像的任意区域。创建的扭曲可以是细微的或剧烈的，这就使"液化"命令成为修饰图像和创建艺术效果的强大工具。

扭曲：这一系列的滤镜都是用几何学的原理将一幅影像变形，以创造出三维效果或其他的整体变化效果。

锐化：锐化滤镜可以通过生成更大的对比度使图像清晰化和增强处理图像的轮廓，此滤镜可减弱图像的模糊效果。

像素化：像素化滤镜可以将图像分块或将图像平面化。

渲染：可模拟的光反射在图片中产生照明的效果，以此产生不同的光源效果和夜景效果。

杂色：主要用于校正图像处理过程的瑕疵(扫描)。

2) 教学中对图像添加滤镜的情况

(1) 使用色彩滤镜可以调整图像中的颜色，实现特殊的色彩效果。例如，使用色彩滤镜来增强图像中的饱和度、对比度或色调。

(2) 使用模糊滤镜可以模糊图像中的某些区域，实现突出画面视觉重心的效果。

(3) 使用锐化滤镜可以增强图像中的细节和锐度，增强图像中的边缘和纹理细节，使图像看起来更清晰。

(4) 使用特效滤镜可以实现各种各样的艺术效果，如模拟油画、素描或水彩画等艺术风格。

案例 3-13

水墨风格配图处理

本案例为学习如何使用 Photoshop 滤镜效果对图像进行风格化处理，将实拍的照片处理成水墨风格的配图。具体操作步骤如下。

(1) 打开文件并复制图层。打开素材文件夹中的图片"江南.jpg"，如图 3-56 所示，按 Ctrl+J 快捷键复制一层。

(2) 添加滤镜。选中复制图层，单击"滤镜"菜单，执行"风格化"中的"查找边缘"命令，为画面元素勾勒边缘线条。

(3) 调整图像。单击"图像"菜单，执行"调整"中的"去色"命令，将彩色照片变为黑白色调，然后按 Ctrl+L 快捷键调出"色阶"对话框，在通道一栏"输入色阶"最左侧的文本框中输入 130，单击"确定"按钮。

(4) 图层混合。单击图层面板中"设置图层混合模式"，执行"叠加"命令，在右侧不透明度的文本框中输入 80%，接着按 Ctrl+J 快捷键复制一层。

(5) 添加滤镜。选择上一步中复制的图层，选择"滤镜"菜单，执行"模糊"中的"方框模糊"命令，在弹出的对话框中将半径改为 23，单击"确定"按钮。

(6) 再次添加滤镜。选择"滤镜"菜单，执行"滤镜库"命令，在弹出的对话框中依次单击"画笔描边"和"喷溅"按钮，右侧"喷色半径"设置为 25"平滑度"设置为 5，通过调节喷色半径和平滑度数值调节水墨笔触效果，单击"确定"按钮，如图 3-57 所示。

(7) 图层混合。单击图层面板中"设置图层混合模式"，在弹出的快捷菜单中选择"正片叠底"即可。

(8) 添加文字。在工具栏左侧找到直排文字工具 IT，选择合适的字体，颜色为黑色，对字体、字号进行调整，为图片添加古诗《咏柳》，最终效果如图 3-58 所示。

(9) 保存文件。将文件保存到 E 盘"案例"文件夹，命名为"案例 3-13 水墨风格配图处理.jpg"。

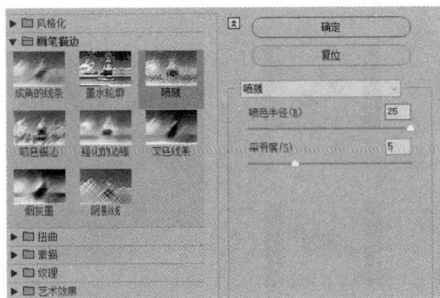

图 3-56　素材图　　　　图 3-57　滤镜处理　　　　图 3-58　最终效果

3.4.6　批处理图片

批处理，顾名思义，就是对图片对象进行批量的处理，通常被认为是一种简化的脚本语言。如果对许多图片做同一种处理，可以利用批处理功能，其极大提高了工作效率。

Photoshop 的批处理功能主要批量处理具有相同修改要求的图片。在教学中，对图像进行批处理功能常见的有统一修改图片尺寸、重命名、调整颜色、转换格式等，也可以处理组合的命令。

案例 3-14

批处理图片

批处理.mp4

本案例为"化学之'铝'"微课作品中 1:26～1:32 时间段的内容，通过本案例学习如何使用 Photoshop 图像批处理命令，快速裁剪大量图片，提高处理图片的效率。具体操作步骤如下。

(1) 观察图片。打开文件夹中的"处理前"，如图 3-59 所示，观察需要进行处理的图片，图片的左、右两边存在黑色边缘，需要将其裁剪。

(2) 新建动作。选择"窗口"中的"动作"选项，单击"新建动作"按钮，命名为"剪裁"，单击"记录"按钮完成新建动作。观察发现，动作面板下方出现一个红色按钮 ■ ● ▶，表示对以下操作的批处理动作开始录制。

(3) 裁剪图片。此时 Photoshop 已经开始记录动作，单击"文件"中的"打开"按钮，打开文件夹中的一张图片，选择"裁剪工具"，对图片进行裁剪，裁剪完成后单击"存储为"按钮，新建文件夹，命名为"处理后"，选择该文件夹，单击"保存"按钮。单击"结束动作"按钮 ■，此时完成动作录制，且已经被保存。

(4) 批处理图片。选择"文件"菜单，执行"自动"子菜单中的"批处理"命令，在弹出的对话框中选择"播放"选项的组为"组 1"，动作为"剪裁"，将源文件夹设置为存放素材的"处理前"文件夹。勾选"覆盖动作中的'打开'命令"，这时 Photoshop 会在处理前打开图片，勾选"禁止显示文件打开选项对话框"。"目标"在下拉栏中执行"文件夹"命令，选择处理完之后图片放置的文件夹，选择"处理后"文件夹，勾选"覆盖动作中的'存储为'命令"，单击"确定"按钮。

(5) 观看效果。批处理操作结束后，查看刚才处理的图片，如图 3-60 所示，可以观察到所有图片的黑色边缘被裁剪了。

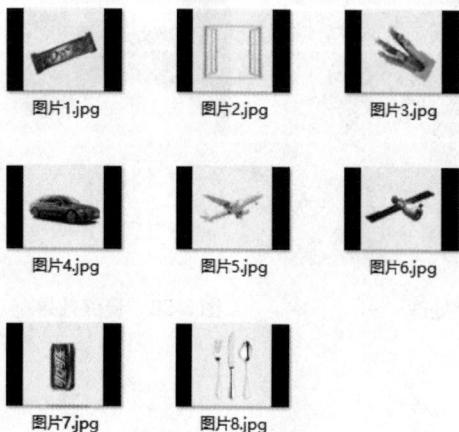

图 3-59　处理前

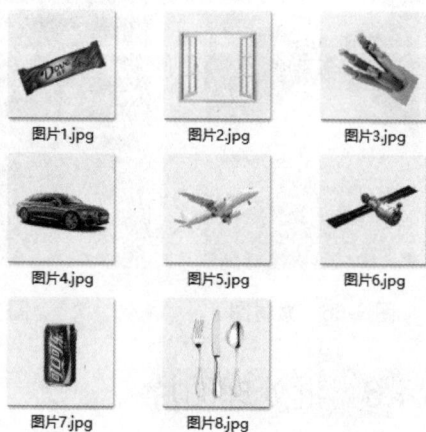

图 3-60　处理后

实践训练

1. 实验目的

(1) 学会获取图像的多种方法。

(2) 学会用 Photoshop 软件进行图像处理。

2. 实验环境

(1) 连接局域网的计算机。

(2) Windows 10 及以上操作系统。

(3) Photoshop 软件及相应的多媒体素材。

3. 实验内容

(1) 在手机上安装 CS 扫描全能王，并进行纸质文档扫描。

(2) 通过屏幕截图，截取 Photoshop 工作面板图像。

(3) 完成裁剪案例 3-1、3-2 的操作，学会对倾斜、透视的图像进行裁剪，并能对教学图像进行精确尺寸的裁剪。

(4) 完成修复案例 3-3、3-4 的操作，学会对教学图片进行修复，能够使用仿制图章工具、修补工具、污点修复画笔工具、内容识别工具对不同的水印、瑕疵进行针对性的修复。

(5) 完成选择案例 3-5、3-6 的操作，学会使用魔术棒选择边界明显的图像，使用快速选择工具配合调整边缘命令，选择有毛边、轮廓不分明的对象。

(6) 完成图层案例 3-7 的操作，学会利用图层合成教学素材，了解图层顺序、图层样式和图层属性的功能。

(7) 完成色彩案例 3-8、3-9、3-10 的操作，学会利用 PS 调色功能对图片的色相、明度、饱和度进行调整，同时学会利用替换颜色进行局部调色操作。

(8) 完成通道案例 3-11 的操作，学习使用通道进行精准抠图。

(9) 完成蒙版案例 3-12 的操作，利用蒙版对图片进行合成，在不改变原始图像的情况下进行编辑。

(10) 完成滤镜案例 3-13 的操作，学会不同滤镜的使用，将风景照处理成水墨画的效果，并用于教学配图。

(11) 完成批处理案例 3-14 的操作，学会利用批处理提高工作效率，用于统一处理具有相同修改要求的数量较多的图片。

学习测评

1. 常用的图像文件格式有哪些？

2. 矢量图和点阵图的概念是什么？其各有什么特点？

3. 常用的 Photoshop 图像处理技术有哪些？

4. Photoshop 图像处理技术与所学专业的结合有哪些？

5. 在数字教学资源设计中，有哪些情况需要利用图像处理技术？请补充课本列举之外的情况。

6. 在教学中如何合理应用知识可视化？

学习资源

1. Adobe 官网. https://helpx.adobe.com/cn/photoshop/tutorials.html.

2. bilibili 网站. photoshop 教程. https://www.bilibili.com/video/av875977?from=search&seid=168488825036820328513.

3. 中国大学 MOOC. https://www.icourse163.org/course/WSPC-1002698010.

4. 慕课网：https://www.imooc.com/learn/139.

5. PS 家园网：https://www.psjia.com/.

6. PS 联盟：https://www.68ps.com/.

党的二十大报告指出，教育、科技、人才是全面建设社会主义现代化国家的基础性、战略性支撑。音视频处理技术作为一项重要的科技，在教育领域应用有助于提高教学质量和效率。利用音频、视频资源生动形象地开展教学，能突破时间和空间、微观和宏观、历史和现实的限制，通过创设多元化的教学情境，更加生动和真实地传递抽象枯燥的信息，提升学生学习的动力，从而实现教学过程的优化，帮助学生更好地理解知识，内化和吸收知识，同时引导学生树立勇于创新的精神，培养学生的民族自豪感，激发学生的家国情怀和使命担当，了解音视频技术对国家及民族传统文化的存储与传播具有重要意义。

第4章　音视频处理技术

本章学习目标

➢　了解音频的三要素及影响音频质量的因素。

➢　了解常见的音频文件格式和常用的音频处理软件。

➢　结合所学专业阐述音视频应用于本专业教学的作用。

➢　熟练掌握在波形模式和多轨合成模式下录制音频的方法。

➢　熟练使用 Adobe Audition 软件对音频进行基本编辑和效果处理。

➢　了解视频的分辨率、帧率和码率及视频的常用格式。

➢　熟悉视频的拍摄，熟练使用屏幕录制软件获取视频。

4.1　音　频　概　述

4.1.1　音频的相关概念

声音是由物体的振动在空气中传播形成的机械波，这种机械波有一部分(频率在 20Hz～20kHz 范围内)能被人感觉到，这一部分机械波称为声波。当声波传入人耳时，产生神经信号传至大脑，大脑通过神经系统将其解释为声音。因此，声音是声波在人耳中的感受，这不仅与声波的特性有关，而且与人的感受特性有关。

频率高于 20kHz 的声波称为超声波。例如，蝙蝠能够发出超声波，用来探测周围环境并捕捉猎物。超声波具有很强的穿透性和方向性，可以用于深海探测、测距等方面。此外，超声波还可以用于医学和工业领域，如牙齿清洁、结石清除、切割、焊接和钻孔等。

频率低于 20Hz 的称为次声波。例如，地震时会发出次声波，人类听不到，但老鼠等动物能够感受到这些次声波，并及时逃离避难。次声波具有很强的穿透性，能够绕过障碍物传播很远。次声波用于预测自然灾害性事件，如地震、台风和海浪摩擦产生的次声波等。此外，次声波还可以探测大规模气象过程的性质和规律，如沙尘暴、龙卷风和大气中电磁波的扰动等。

人类并不关心声音是如何发生的，只关心声音给鼓膜带来的振动情况。换言之，如果用不同的方法产生的声音给鼓膜带来的振动情况完全相同，人就会认为是同一个声音。这一特性使声音的记录和重放成为可能。

在声音的表示和记录过程中，与声音物理特性和质量相关的参数有很多，其中主要的参数有音频的声学参数和音频的技术参数。

1. 音频的声学参数

音频的声学参数，是指描述声音物理特性的参数，包括音调、音强和音色等，通常也称为声音的三要素。

(1) 音调：指声音的高低，决定声音的基频。音调越高，基频越高；音调越低，基频越低。例如，男声通常比女声低，低音乐器(低音提琴)发出的声音比高音乐器(小提琴)低。

(2) 音强：指声音的强度，决定声音的响度。音强越大，响度越大；音强越小，响度越小。例如，当我们轻轻拍手时，发出的声音比用力拍手时发出的声音小。这是因为轻轻拍手产生的声波能量较小，而用力拍手产生的声波能量较大。

(3) 音色：指声音的特征，决定声音的质地和个性。不同的乐器、人声和声源都有各自的音色。音色是由声波中不同频率成分的相对强度决定的。例如，钢琴和吉他都可以演奏同一段旋律，但它们发出的声音不同，这是因为它们的音色不同。

2. 音频的技术参数

影响音频质量的技术参数有很多，一些重要的参数包括比特率、声道、采样率、采样精度，以及数字音频的压缩编码等。

1) 比特率

比特率也叫码率，是指每秒传送的比特(bit)数，分为 8bit、16bit、24bit、32bit 几种，单位为 b/s。比特率越高，每秒传送的数据越多，画质就越清晰。声音中的比特率，是指将模拟声音信号转换成数字声音信号后，单位时间内的二进制数据量，是间接衡量音频质量的指标。

2) 声道

声道，是指录制或播放声音时在不同空间位置采集或回放的相互独立的音频信号，声道数表示声音录制时的音源数量或回放时相应的扬声器数量。简单地说，声道就是不同位置发出的声音或在不同位置采集的声音。常见的声道数有单声道、立体声、四声环绕(四声道)、5.1 声道、7.1 声道和杜比全景声。

3) 采样率

音频采样率，也称采样速度或采样频率，是指录音设备在 1 秒内对声音信号的采样次数，采样频率越高，声音的还原就越真实、自然。采样率较高时，采样造成的声音信息的损失就小，采样率超过 40 kHz，就可以把整个音频范围的信息记录下来。采样率较低时，高频频率成分会损失。

采样率是影响声音音质的一个重要参数。采样率高，音质会好一些，但因为每次采样获得的声音样本都需要用一定的空间存储，因此采样率越高，相同时间内获得的声音样本个数就越多，需要的存储空间就越大。对于那些声音频率成分在某一特定范围内的声音，不一定要用很高的采样率，如语音的频率区间为 300～4 000Hz，只需要用 8 000Hz 的采样率就可以了。

4）采样精度

采样精度，也称为采样深度、采样大小或量化位数，表示量化时分配参考值的个数，用编码位数来表示。样本位数的多少影响声音的质量，位数越多，量化产生的误差越小，声音越接近原来的波形。量化位数越多，需要的存储空间越多，如 8 位的量化时，每个声音样本只需要 1 个字节表示；而 16 位量化时，每个声音样本需要 2 个字节表示。位数越少，声音的质量越低，需要的存储空间也就越少。

总的来说，比特率越高，每秒传送的数据越多，音质就越清晰；采样频率越高，声音的还原就越真实、自然，保存的数据就越精细；量化位数越多，量化产生的误差越小，声音越接近原来的波形。

5）数字音频的压缩编码

计算机是以编码的形式来表示符号和数值的，经量化以后得到的数据可以用一个分配的编码来表示。把量化的值表示为不同编码的过程，称为编码。PCM 编码是一种模拟信号的数字化方法，它通过对模拟信号进行采样、量化和编码，将模拟信号转换为数字信号。PCM 文件是以 PCM 编码方式存储音频的文件，是未经压缩的原始数字音频文件，通常称为 PCM 裸流、音频裸数据或 raw data。这些文件通常以.pcm 或.raw 作为文件扩展名，它们不能直接播放，PCM 裸流需要经过重新编码和封装后才能正常播放，例如，将其转换为.wav 格式。

4.1.2 常见的音频文件格式

音频文件是存储音频数据的文件，通常分为声音文件和 MIDI 文件两类。声音文件是通过录入设备录制的原始声音，是直接记录真实声音的二进制采样数据，通常文件较大；MIDI 文件是一种音乐演奏指令序列，相当于乐谱，其文件较小，可利用声音输出设备或与计算机相连的电子乐器进行演奏。

目前，音频文件播放格式分为有损压缩和无损压缩两种。有损压缩和无损压缩都是音频压缩技术，目的是减小音频文件的大小，但是，两者之间存在一些区别。不同格式的音频文件在音质的表现上有很大的差异。

有损压缩：通过舍弃一些音频信息来缩小文件，这种压缩技术会降低音频的采样频率和比特率，从而影响音频的质量，输出的音频文件会比原文件小。

无损压缩：不舍弃任何音频信息，只是通过有效地存储数据来缩小文件，能够在百分百保存原文件所有数据的前提下，压缩音频文件的大小，而将压缩后的音频文件还原后，能够实现与原文件相同的大小、相同的码率，这种压缩技术不会影响音频的质量。

常见的音频文件格式有以下几类。

1. WAV 格式

WAV 是一种无损音频文件格式，WAV 音频文件又称为波形声音文件，直接记录声音的波形，没有压缩。在 Windows 平台下，WAV 是被支持得最好的音频格式，也是音乐编辑创作的首选格式，适合保存音乐文件。它的优点是音质高，能够保留更多的音频细节，适合制作专业音乐或视频；缺点是文件较大，存储和传输不方便。

2. CDA 格式

CDA 是 CD 音乐光盘中的文件格式，标准的 CD 格式是 44.1kHz 的采样频率，16 位量化位数。它的优点是 CD 音轨是近似无损的，因此，它的声音基本上是忠于原声的。它的缺点是不能直接复制 CD 格式的*.cda 文件到硬盘上播放，需要使用特定的软件，如 Windows Media Player 或格式工厂，需要将 CD 格式的文件转换成 WAV 格式。

3. MP3 格式

MP3 是一种通用的有损压缩音频格式。相同长度的音乐文件，用*.mp3 格式来储存，一般只有 *.wav 文件的 1/10，因而音质要次于 CDA 格式或 WAV 格式的音频文件。它的优点是能够在音质丢失很小的情况下把文件压缩到更小的程度，而且可以较好地保持原来的音质，因此一直被作为主流音频格式使用。

4. FLAC 格式

FLAC(Free Lossless Audio Codec)为无损音频压缩编码格式。其与其他有损压缩编码不同，如 MP3，FLAC 编码压缩后不会丢失任何信息，它不会破坏任何原有的音频资讯，所以可以还原音乐光盘音质，还原后的音频文件与压缩前的文件内容相同，而且可以使用播放器直接播放 FLAC 压缩的文件，就像播放 MP3 文件一样。FLAC 文件的容量约为普通音频 CD 的一半，并且可以自由地互相转换，适用于对音质要求较高但又需要节省存储空间的场合。目前，FLAC 格式和 APE 格式是两大最常用的无损音频格式。

5. APE 格式

与 MP3 有损压缩格式不同，APE 是一种无损压缩音频技术，是一种流行的数字音乐文件格式。APE 文件的容量大概为原 CD 的一半，便于存储。它的缺点是容错性很差，只要在传输过程中出现一点差错，就会让整首 APE 音乐作废。此外，由于采用了浮点运算，APE 格式的编码解码速度慢，对硬件的要求较高，硬件支持度不如 FLAC。

6. AIF 格式

AIF/AIFF(Audio Interchange File Format)是 Apple 公司开发的一款声音文件格式，是苹果计算机上的标准音频格式，PC 平台上并不是很流行，但几乎所有的音频编辑软件和播放软件都能支持 AIFF 格式。它的优点是音质高，适用于专业音频处理和音乐制作，缺点是文件较大，不适合网络传输和便携设备播放。

7. MID 格式

MID 格式是由音乐设备数字及接口(Musical Instrument Digital Interface，MIDI)发展而

来的。MID 文件并不是一段录制好的声音文件，而是记录声音的信息。一个 MIDI 文件每存 1 分钟的音乐只需 5～10KB 的存储容量。MID 文件主要用于原始乐器作品、游戏音轨及电子贺卡等领域。*.mid 文件的最大用处是在电脑作曲方面，播放的效果完全取决于声卡的质量。*.mid 文件可以用作曲软件写出，也可以通过声卡的 MIDI 口把外接音序器演奏的乐曲输入电脑制成*.mid 文件。

4.1.3　常用的音频处理软件

常用的音频处理软件有 Audacity、Adobe Audition、GarageBand 、GoldWave、蜜蜂剪辑、音频裁剪大师、WaveEditor 等。

1) Audacity

Audacity 是一款免费开源的录音和音频编辑软件，具有丰富的音频编辑功能，可以录制、剪辑、混合和处理音频文件。其优点是功能强大、易于使用，适用于音频编辑和处理。

2) Adobe Audition

Adobe Audition 是一款专业的音频编辑软件，由 Adobe 公司开发，具有强大的音频编辑功能，可以进行多轨录音、混音、修复和增强等操作。其优点是功能强大、操作简便，适用于专业音频制作和后期处理。

3) GarageBand

GarageBand 是一款由苹果公司开发的音乐创作软件，支持 Mac 操作系统，具有丰富的音乐创作功能，可以录制、编辑和混合音频文件。其优点是界面简洁、操作简便，适用于音乐创作和录制。

4) GoldWave

GoldWave 是一款功能强大的数字音乐编辑器，具有丰富的功能，是一个集声音编辑、播放、录制和转换为一体的音频工具。支持多种格式的音频文件，提供了丰富多样的效果器和工具处理声音。其优点是体积小，容易上手，适合一些普通用户完成日常的音乐剪辑。

5) 蜜蜂剪辑

蜜蜂剪辑是一款实用的电脑常用音频剪辑软件，也是一款专业的视频剪辑软件，可以在 Windows、Mac、iOS 和 Android 上使用。可导出 MP3 或 AAC 格式，自定义编码器、采样率、声道和比特率，操作起来非常简单。

6) 音频裁剪大师

音频裁剪大师是一款值得推荐的手机音频剪辑软件，主打音频剪辑合成，界面简洁清爽，功能丰富强大，兼容多种音频格式，如 MP3、AAC、M4A、FLAC 等，一键快速导入，能对音频进行上述格式的互相转换，以满足不同的设备播放。

7) WaveEditor

WaveEditor 是一款实用的程序，能够进行录制、裁剪、剪切和混合操作，并有丰富多彩的效果增强数字音频。此外，还可以按不同格式保存轨道并使用增强音频创建音频CD。

4.1.4　音频在教学中的应用

具有数字化音频资源辅助的教学不仅能丰富教学内容，还能让学生在感官的刺激下激发对知识的兴趣，调动其参与的积极性，从而加深学生对知识的理解与记忆。

1. 音频应用于教学的优势

音频应用于教学具有以下几个优势。

1) 创设教学情境，激发学生的兴趣

音频应用于教学，为学生创设特定的听觉环境，使教学不再只是枯燥乏味的文字学习，而是在生动的场景中学习教材中的内容，从而提高教师的教学效率和学生的学习效率。如在古诗词教学中，通过适合的背景音乐，让学生身临其境，感受作者的情绪，从而引导学生独立思考。

2) 刺激听觉感观，调动学生的积极性

声音能表现喜、怒、哀、乐等多种情绪，利用感官的刺激来打开学生的思维大门，帮助学生对教学内容进行深入的理解。声音向学生传递丰富的听觉信息，充分刺激学生的听觉，给学生奇妙的听觉感受，促使学生积极参与课堂学习。

3) 丰富教学内容，塑造学生的创新意识

音频素材信息量大，能丰富教学内容，开拓学生的视野，开发学生的内在潜力，提高学生的创新意识，培养学生良好的学习习惯，让其在教学中感到快乐，进而对学习产生兴趣，真正地实现寓教于乐。如在音乐课堂上，可以通过各类丰富的音乐素材激发学生的灵感，加深学生对音乐的感知。

2. 音频应用于教学应注意的问题

声音虽然表现力强，有鲜明的特点，在教学中能够发挥积极作用，但也要考虑音频素材的类型、数量、质量、时长、情境、版权等方面。

1) 音频类型

不同类型的音频素材适用于不同的教学内容，教师应根据教学目标和教学内容选择合适的音频素材，以最大限度地发挥音频素材在教学中的作用。例如，语音朗读适用于语言类课程，如外语学习；音乐适用于音乐课程或其他需要营造特定氛围的课程，可以帮助学生感受音乐的魅力，培养学生的音乐素养，或者通过音乐营造轻松、愉悦的教学氛围；讲解性录音适用于各类课程，可以帮助学生更好地理解抽象或复杂的概念，提高其学习效率。

2) 音频数量

教师在使用音频素材进行教学时，应注意数量适中。如果音频数量过多，会占用过多的教学时间，影响教学进度；如果音频数量过少，可能无法充分发挥音频素材在教学中的作用，影响教学效果。

3) 音频质量

如果音频素材不清晰，学生就无法听清并理解教学内容，影响学习效果。如果音频素材的音量过大，会掩盖教师的声音；音量过小，无法产生辅助效果，由此会影响学生的听力感受，降低学习效率。

4) 音频时长

在使用音频素材时，教师应注意控制时间，避免过长或过短影响教学效果。如果音频时间过长，可能会占用过多的教学时间，影响教学进度，也会导致学生注意力不集中，降低学习效率；如果音频时间过短，则无法充分发挥音频素材在教学中的作用，影响教学效果。

5) 音频情境

根据教学情境合理运用音频素材，创设良好的教学情境，提高学生的学习积极性。教师在课堂讲解时，可以选择讲解性录音来帮助学生更好地理解抽象或复杂的概念；互动教学时，可以选择语音朗读或音乐来增强学生的参与感和互动性。

6) 音频版权

在使用音频素材时，应注意遵守与版权相关的法律法规，尊重他人的知识产权。确保音频素材的来源合法，避免侵犯他人的知识产权；应注明音频素材的来源，尊重他人的劳动成果；教师应教育学生尊重知识产权，引导学生合法使用音频素材。

总之，教师在使用音频素材进行教学时，应注意选择与教学内容相关、数量适中、质量清晰、时长适中、无侵犯版权、符合教学情境的音频素材，这样才能最大限度地发挥音频素材在教学中的作用。

4.2 Adobe Audition 软件的基础操作

Adobe Audition 是专业的音频处理软件，也是一款完善的工具集，主要功能有创建、混合、编辑和复原音频内容的多轨、波形和光谱显示，被认为是业界较好的数字音频编辑软件之一。在使用 Adobe Audition 编辑音频之前，首先需要了解其工作界面，然后掌握新建音频文件、添加音频文件、导出音频文件和批处理音频文件等基本操作。

4.2.1 软件介绍

Adobe Audition 2022 工作界面主要包括标题栏、菜单栏、工具栏、浮动面板及编辑器等部分。使用 Audition 的图形化工作界面，可以清晰而快速地完成音频的编辑工作，如图 4-1 所示。

1. 标题栏

标题栏位于整个窗口的顶端，显示当前应用程序的名称，以及控制文件窗口显示大小的最小化、最大化和关闭按钮等。

2. 菜单栏

菜单栏位于标题栏的下方，包括"文件""编辑""多轨""剪辑""效果""收藏夹""视图""窗口"和"帮助"等菜单。

技巧：遇到无法理解的工具或命令时，可以按 F1 键快速打开 Audition "帮助" 窗口，在其中查阅相应的帮助信息。

菜单栏　　　　　　　工具栏

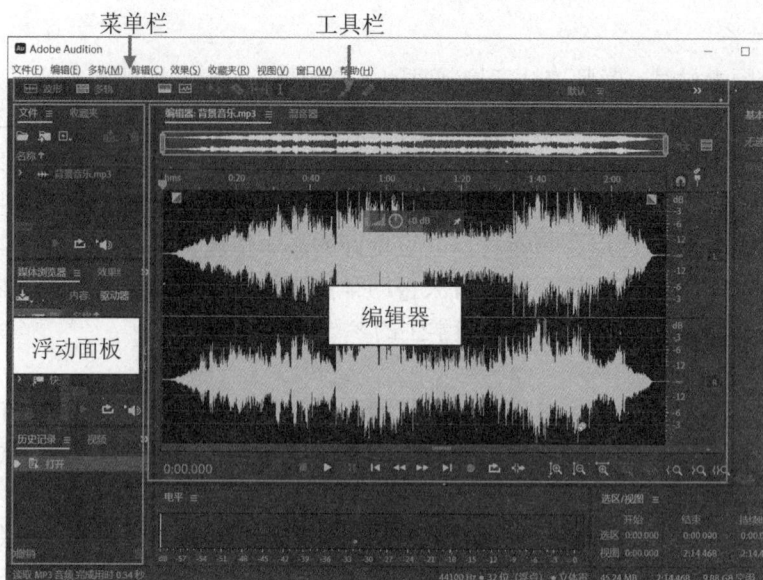

图 4-1　Adobe Audition 工作界面

3. 工具栏

工具栏位于菜单栏的下方，主要是对音频文件进行简单的编辑操作，这里提供了控制音频文件的相关工具，如图 4-2 所示。下面，通过具体操作讲解各工具的使用。

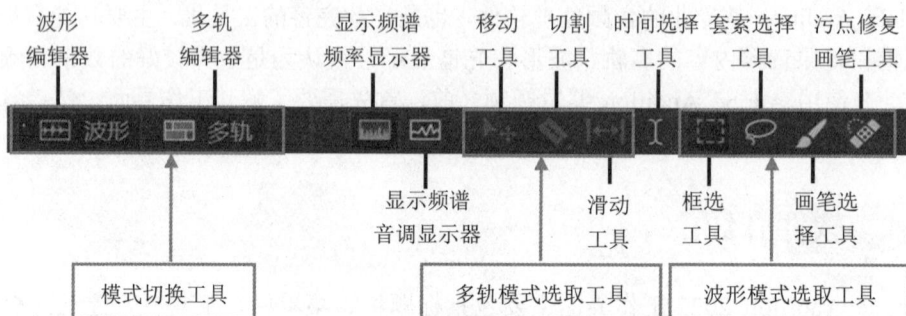

图 4-2　工具栏

提示：在工具栏中，部分布局按钮呈灰色，这表示当前工具不可用，只有在指定的视图模式下或频谱频率显示下才可以使用这些按钮。

(1) 波形：单击该按钮，可以在"波形"编辑状态下编辑单轨中的音频波形。

(2) 多轨：单击该按钮，可以在"多轨"编辑状态下编辑多轨中的音频对象。

(3) 显示频谱频率显示器：可以显示音频素材频谱频率。此工具需要在波形编辑模式下使用。

(4) 显示频谱音调显示器：可以显示音频素材频谱音调。此工具需要在波形编辑模式下使用。

(5) 移动工具：可以对音频素材进行移动操作。此工具需要在多轨编辑模式下使用。

(6) 切割工具：可以对音频素材进行分割操作，然后分别对分割后的音频片段进行编辑操作。此工具需要在多轨编辑模式下使用。

(7) 滑动工具：可以对音频素材进行滑动操作。运用滑动工具可以移动音频文件中的内容，可以将隐藏的音乐内容显现出来，但不会移动音频文件的整体位置，此时音频文件的音波显示有所变化。此工具需要在多轨编辑模式下使用。

提示： 滑动工具只能移动切割过的音频文件的内容。

(8) 时间选择工具：可以对音频素材进行部分选择操作。此工具在两种模式下均能使用。

技巧： 在 Audition 软件中，还可以通过执行"编辑"菜单下"工具"的"时间选区"命令或按 T 键，切换至时间选择工具。

(9) 框选工具：可以对音频素材进行框选操作。此工具需要在波形模式下，切换至频谱频率显示状态才可使用。

(10) 套索选择工具：可以使用套索的方式选择音频素材。此工具需要在波形模式下，切换至频谱频率显示状态才可使用。若要针对音频的噪声进行细节降噪，可使用该工具来操作。

(11) 画笔选择工具：可以使用画笔的方式选择音频素材，例如，选择素材中的杂音部分音频进行删除。此工具需要在波形模式下，切换至频谱频率显示状态才可使用。

(12) 污点修复画笔工具：可以对音频素材进行污点修复操作，如消除噪声。

4. 浮动面板

浮动面板位于工具界面的左侧和下方，主要是对当前的音频文件进行相应设置。单击"窗口"菜单，在弹出的下拉菜单中选择相应的命令即可显示相应的浮动面板。图 4-3 所示为"媒体浏览器"面板。

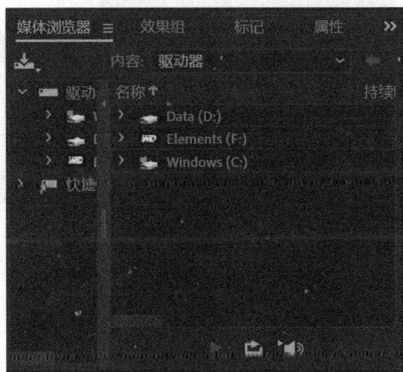

图 4-3　"媒体浏览器"面板

5. 编辑器

在 Adobe Audition 中，编辑器有"波形"状态下的"编辑器"窗口(见图 4-4)和"多轨"状态下的"编辑器"窗口(见图 4-5)两种。

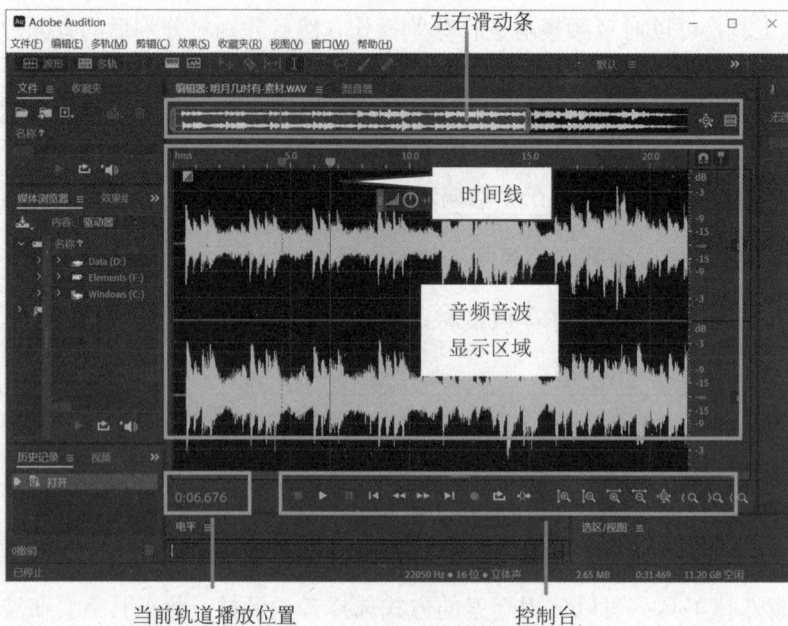

图 4-4　"波形"编辑器窗口

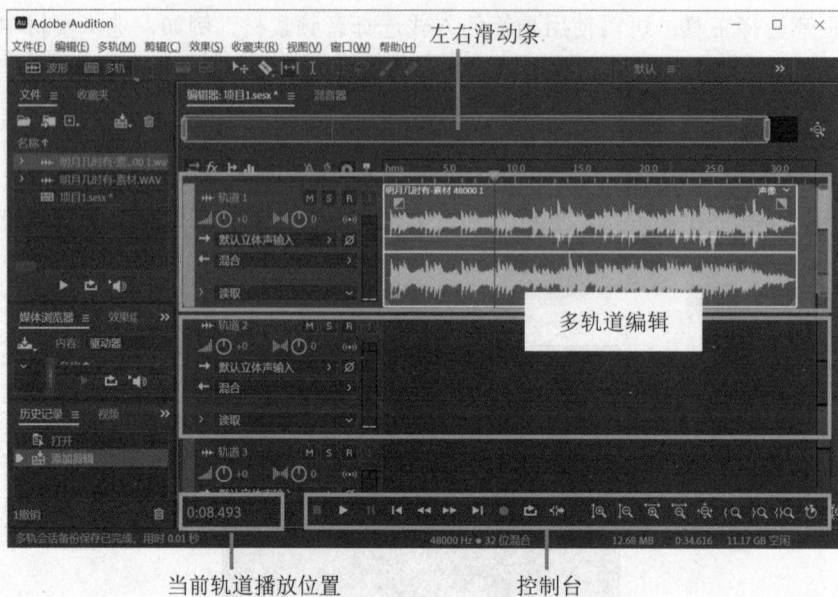

图 4-5　"多轨"编辑器窗口

　　在 Adobe Audition 工作界面的工具栏中，单击"波形"按钮可查看"波形"状态下的"编辑"窗口。单击"多轨"按钮可查看"多轨"状态下的"编辑"窗口。多轨模式下编辑的是一个工程文件，只能用 Audition 软件打开和编辑，保存时以".sesx"作为扩展名保存。在空白的"*.sesx"文件导入音频素材后方可进行编辑，通过多轨混音整个会话后可导出一个独立的音频文件，被其他的声音播放软件播放，或作为音频素材在其他多媒体作品中使用。

4.2.2　基本操作

1. 新建音频文件

Adobe Audition 中有三种新建音频文件的操作，下面分别对其进行介绍。

1) 新建空白音频文件

在 Adobe Audition 中，如果想制作单轨音频文件，需要新建一个空白的音频文件，如图 4-6 所示。打开软件，选择"文件"菜单下的"新建"的"音频文件"选项，在弹出的"新建音频文件"对话框中输入文件名，设置采样率、声道和位深度，单击"确定"按钮即可。

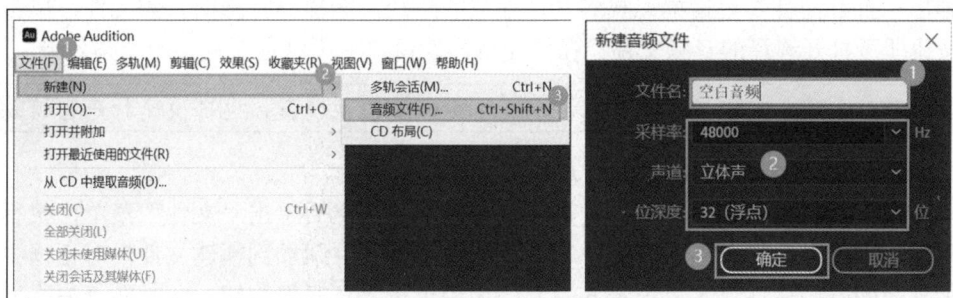

图 4-6　新建音频文件

提示：常用的采样率为 44.1kHz(CD 的采样标准)和 48kHz(DVD 的采样标准)。

2) 新建多轨混音文件

多轨混音是在多条音频轨道上，将不同的音频文件进行合成编辑的操作，新建方法如图 4-7 所示。

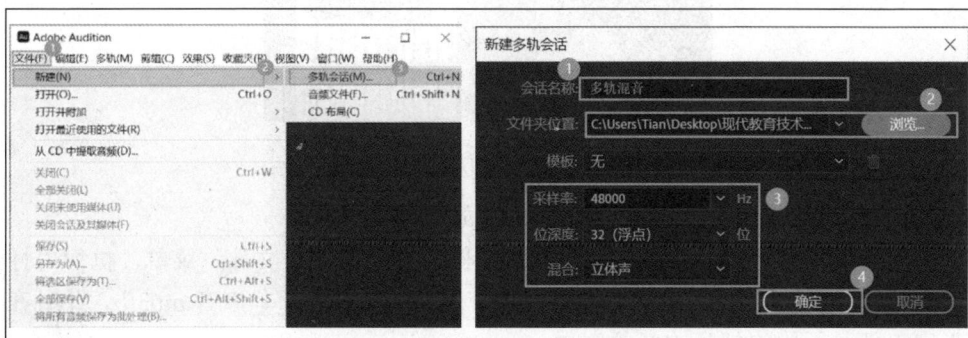

图 4-7　新建多轨会话文件

技巧：除了用上述方法可以新建音频文件外，用户还可以按下键盘上的 Ctrl+N 快捷键，快速地新建多轨混音文件。

3) 新建 CD 布局

在 Adobe Audition 中，如果用户要制作 CD 音频，可以在工作界面中新建 CD 布局来编辑 CD 音乐。选择"文件"菜单下的"新建"的"CD 布局"选项，在弹出的"新建音频文件"对话框中输入"文件名"，单击"确定"按钮即可。

技巧：除了用上述方法可以新建文件外，在"文件"面板中，单击面板上方的"新建文件"按钮也可以快速新建各类文件。

2. 添加音频文件

在 Audition 的工作界面中添加音频有打开与导入两种操作方式。

1) 打开音频

(1) 打开音频文件。

单击"文件"菜单，执行"打开"命令，或在"文件"面板中单击面板上方的 📁 按钮，弹出"打开文件"对话框；找到文件存放的路径，选择要打开的音频文件，单击"打开"按钮即可打开选择的音频文件。在"编辑器"窗口中可以查看打开的音频效果。

技巧：除了用上述方法可以打开音频文件外，按 Ctrl+O 快捷键，也可快速打开音频文件。

(2) 打开并附加音频文件(附加打开到新建文件)。

首先打开素材文件夹中的"飞机声音"音频文件，然后单击"文件"菜单，执行"打开并附加"子菜单中的"到新建文件"命令；在"打开并附加到新建文件"对话框中选择要附加打开的音频文件"飞机声音.mp3"，最后单击"打开"按钮，此时在"编辑器"窗口便显示附加打开的音频文件，如图 4-8 所示。

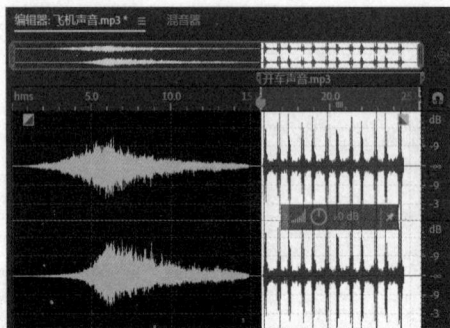

图 4-8　打开并附加到新建文件

(3) 打开并附加音频文件(附加打开到当前文件)。

首先打开素材文件夹中的"车声"音频文件，然后单击"文件"菜单，执行"打开并附加"子菜单中的"到当前文件"命令，附加打开音频文件"开车声音.mp3"，此时在"编辑器"窗口便显示附加打开的音频文件。

2) 导入音频

方法一：通过"文件"菜单"导入"子菜单中的"文件"命令导入。

方法二：通过"文件"面板中的 🔜 按钮导入。

方法三：直接将音频素材拖曳至"文件"面板中完成音频的导入。

提示：打开的音频文件会同时在"文件"面板和"编辑器"窗口显示，"导入"音频只在"文件"面板显示。

3. 导出音频文件

利用 Adobe Audition 可以完成音频文件、多轨混音文件和项目文件的导出。导出时可以选择输出格式，如 MP3 格式、APE 格式、FLAC 格式、AIFF 格式及 WAV 格式等，还可以重设音频输出采样类型及重设音频输出的格式。

1) 导出音频文件

打开素材文件夹中的音频素材"启程(纯音乐).mp3"，单击"文件"菜单，执行"导出"中的"文件"命令，在弹出的"导出文件"对话框中进行相应的设置后导出文件。

2) 导出多轨混音文件

输出的多轨混音文件可以是整个会话文件，也可以是所选音频素材，还可以是素材中某一选区的小段音频。

若要导出多轨混音中的时间选区音频，就要打开素材文件夹中的"萤火虫之舞.sesx"项目文件，运用时间选区工具，在多轨编辑器中选择音频区间，然后单击"文件"菜单，执行"导出"中的"多轨混音"子菜单中的"时间选区"命令，在弹出的"导出多轨混音"对话框中进行相应的设置后导出文件。

3) 导出项目文件

在前面打开的"萤火虫之舞.sesx"项目文件中，根据需要进行一系列编辑后，选择"文件"菜单中"导出"子菜单下的"会话"选项，在弹出的"导出混音项目"对话框中设置文件的名称与导出位置，此时格式显示为"Audition 会话(.sesx)"，单击"确定"按钮即可完成项目文件的导出。

4) 提取单一音轨文件

在项目文件中，用户可以将不同的音频素材放在不同的音轨中。如果希望将该项目文件中的某一音轨单独提取出来，则需要先打开项目文件，选择要提取的音频波形，单击鼠标右键，在弹出的快捷菜单中执行"变换为唯一副本"命令。此时，"文件"面板中自动添加了一个音频文件，双击该音频文件，选择"文件"菜单中的"另存为"选项即可完成音频的提取。

4. 批处理音频文件

在 Audition 中，可以对音频文件格式进行批处理转换，这样可以使制作的音频格式更加符合用户的需求。这里以文件批处理转换为 MP3 格式为例，详细介绍批处理转换音频格式的操作方法。

(1) 打开"批处理"面板。打开 Audition 软件，执行"编辑"菜单或"窗口"菜单中的"批处理"命令，打开"批处理"面板。

(2) 添加文件。单击"批处理"面板左上方的"添加文件"按钮，弹出"导入文件"对话框，选择素材文件夹中的*.wav 文件，单击"打开"按钮，或直接将要处埋的音频素材拖曳至"批处理"面板中。

(3) 设置批处理格式。在"批处理"面板中单击"导出设置"按钮，在弹出"导出设置"对话框中选择存储位置，在"格式"中选择"MP3 音频"选项，单击"确定"按钮，如图 4-9 所示。

(4) 开始批处理。在"批处理"面板中单击右下方的"运行"按钮，并执行操作，完成转换音频格式的操作。

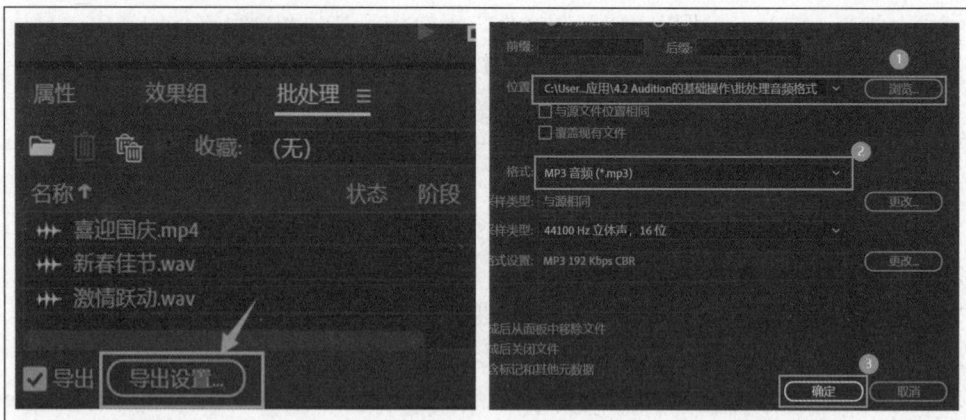

图 4-9 "批处理"导出设置

4.3　音频的基本编辑

音频的基本编辑包括音频的选择、复制与剪辑、拆分与分组、移动与伸缩、匹配与对齐等操作。

4.3.1　选择、复制与剪辑

1. 选择

在多轨编辑模式下，"编辑"菜单下的"选择"命令提供了多种选择音频文件的方法，包括全选、取消全选、所选轨道内的所有剪辑、所选轨道内的下一个剪辑、直到所选轨道末尾的剪辑等。

1）所选轨道内的所有剪辑——选中需要同步编辑的音频文件

选择相应轨道，执行"选择"子菜单中的"所选轨道内的所有剪辑"命令，或在该轨道上单击鼠标右键，选择相应的命令就可选中该轨道的所有音频素材。

2）所选轨道内的下一个剪辑——选择下一段音频素材

定位播放头，选择相应轨道，执行"选择"子菜单中的"所选轨道内的下一个剪辑"命令，即可选择播放头后的第一段音乐素材。

3）直到所选轨道末尾的剪辑——选择后半部分音频文件

定位播放头，选择相应轨道，执行"选择"子菜单中的"直到所选轨道末尾的剪辑"命令，即可选择播放头后的所有音频素材。

2. 复制

在编辑音频的过程中，遇到开头留白时间太短，或与上一部分相同的音频时，可以通过复制来增加留白时间和避免重复的编辑工作。遇到喜欢的片段可以裁剪留下，单独进行编辑；遇到较长停顿、不需要的片段或录制中的意外声音等可以使用剪切或删除处理。

1）复制粘贴音频——用复制粘贴来配背景音乐

在音频的编辑过程中，复制粘贴操作是比较频繁的，该操作可以为编辑音乐节省时间。

打开一段音频素材，在"编辑器"窗口中选择需要复制的音频片段进行复制。将播放头移动到时间线的相应位置，粘贴音频片段。

2）复制粘贴为新文件——将音频的高潮部分单独存于新文件中

选择需要复制的音频片段进行复制。单击"编辑"菜单，执行"粘贴为新文件"命令，(Ctrl+Alt+V 快捷键)，此时"编辑器"窗口的名称将显示"未命名 1"，同时左侧"文件"面板将出现一个新的音频文件"未命名 1"。

技巧：选择需要复制的音频片段，单击鼠标右键复制为新文件，可以获得同样的效果。

3. 剪辑

1）裁剪音频——留下音乐片段中喜欢的部分

选择需要裁剪的音频片段，执行"编辑"菜单中的"裁剪"命令(Ctrl+T 快捷键)，编辑器音波显示为裁剪的片段。对裁剪下的片段进行编辑后另存为一个新的音频文件，如作为手机铃声。

2）剪切或删除音频

录音时过长的停顿或突然的环境噪声，可以剪切或删除。选择需要剪切或删除的片段，单击鼠标右键，执行"删除"命令或按 Delete 键即可删除。按 Ctrl+X 快捷键可剪切选中的音频片段。

4.3.2　拆分与分组

在 Audition 的多轨模式下，可以根据需要对轨道中的音频进行拆分与分组。下面，通过一个案例讲解拆分与分组的运用。

案例 4-1

毕业季歌曲伴奏联排

毕业季歌曲伴奏
联排.mp4

本案例中使用的音频素材来源于网易云音乐平台，通过本案例学习如何使用音频的拆分与分组。具体操作步骤如下。

（1）新建多轨会话文件。设置会话名称为"案例 4-1.sesx"，保存至 E 盘的"案例"文件夹，设置采样率为 48000Hz，位深度为 32 位。

（2）导入音频素材。将素材文件夹中的"同桌的你.mp3""朋友.mp3"和"启程.mp3"导入，分别拖放到 1～3 轨道上。

（3）拆分音频片段。选中轨道 1，单击"S"独奏按钮，此时，其他轨道音波呈现灰色；将播放头移动到需要拆分的位置，选择"剪辑"菜单或右击鼠标，执行"拆分"命令(Ctrl+K 快捷键)即可拆分当前音频，删除拆分后不需要的部分；单击"S"按钮，取消轨道 1 的独奏状态。以此类推，对其他轨道的音频根据需要进行拆分。

(4) 多个音频片段分组联排。

① 顺序放置音频片段。将轨道 2 和轨道 3 拆分后的音频片段按顺序放入轨道 1 片段后，相邻两个片段结尾和开头衔接处可以采取叠放方式，实现淡入淡出的效果，此时音波上会呈现一上一下的两条黄色线条。最后一个片段可以在结尾的淡出标识上按住鼠标左键，向下拖动实现淡出效果，这时结尾处出现一条向下的黄色线条。

② 分组素材。按住 Ctrl 键依次选中轨道上的所有音频片段，执行"剪辑"菜单"分组"中的"将剪辑分组"命令(Ctrl+G 快捷键)即可分组当前选中片段。分组的片段无法再单独移动和编辑。

③ 调整分组。若需要重新调整已分组音乐的位置，可以执行"挂起组"命令。挂起分组的音乐可以进行单独的移动操作。若需要移除分组不喜欢的音乐片段，则选中该片段，执行"从组合中移除焦点剪辑"命令，此时该片段呈绿色。若需要将所有音乐片段从分组中移除，则执行"取消分组所选剪辑"命令，此时素材均呈绿色。若不需要调整，可跳过该步骤。

(5) 保存并导出文件。保存可得到多轨会话文件"案例 4-1.sesx"，也可导出得到音频文件，导出格式可根据需要选择。拆分(左)和分组后(右)的音频片段如图 4-10 所示。

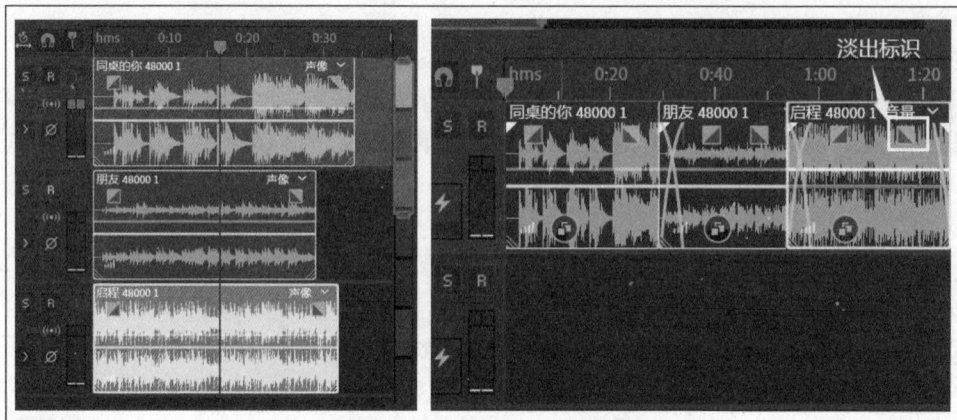

图 4-10　拆分(左)和分组后(右)的音乐片段

4.3.3　移动与伸缩

在 Audition 的多轨模式下，如果轨道中的音乐片段位置不合适或长短不太符合整体音乐需求，可以对音乐素材进行移动与伸缩处理。

🎵 案例 4-2

国 乐 欣 赏

本案例中使用的国乐音频素材来源于网易云音乐平台，通过本案例学习如何对素材进行切割、移动和伸缩，改变素材的播放时间和速度，制作完成的效果如图 4-11 所示。具体操作步骤如下。

国乐欣赏.mp4

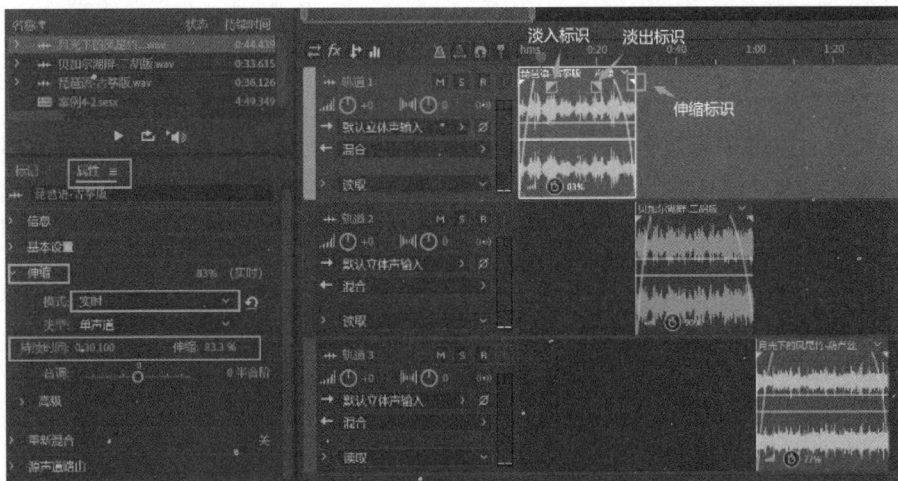

图 4-11　实时伸缩音频片段

(1) 新建多轨会话文件。设置会话名称为"案例 4-2.sesx",保存到 E 盘的"案例"文件夹,设置采样率为 48 000Hz,位深度为 32 位。

(2) 导入音频文件。将素材文件夹中的"琵琶语—古筝版.wav""贝加尔湖畔—二胡版.wav"和"月光下的凤尾竹.wav"导入,分别拖放到 1~3 轨道上。

(3) 移动音频素材。本案例按古筝、二胡和葫芦丝的类型依次选中轨道素材,移动到 1~3 轨道上的合适位置。

(4) 伸缩调整素材时长。伸缩前可先将素材运用切断工具进行处理,使三个素材长度相当。

① 启用伸缩功能。选中轨道 1 素材,执行"剪辑"菜单"伸缩"中的"启用全局剪辑伸缩"命令,此时该素材开始处和结尾处出现白色实心三角形状,将鼠标移上去,会出现双向箭头和"伸缩"提示。

② 设置素材伸缩模式。在菜单栏中,执行"剪辑"菜单"伸缩"子菜单中的"伸缩模式"命令或直接在左侧属性面板中设置为"实时模式"。

③ 调整音频片段时长。将鼠标移动至音乐片段右上方的实心三角形处,此时鼠标呈双向箭头形状,并提示"伸缩"字样,拖动至时间线的30s处,或直接左右滑动左边属性面板上的持续时间,调整伸缩时长。此时,时间长度变为原素材的 83%,节奏变快。同样地,将轨道 2 和轨道 3 的音频素材时间均可实时伸缩至 30s 处。

(5) 淡入淡出处理。选择各轨道上的剪辑片段,分别在淡入和淡出标识上按住鼠标左键,拖动实现淡入和淡出效果。

(6) 导出文件。会话名称为"案例 4-2sesx",导出多轨混音的整个会话到 E 盘的"案例"文件夹,选择 MP3 格式,命名为"案例 4-2.mp3"。

4.3.4　匹配与对齐

如果多轨编辑器中的音乐音量不均衡,可以对多轨中的音乐素材进行匹配响度的操作,使音量达到平均值。自动语音对齐,是指将配音对话与原来的作品音频相匹配,重新生成新的音频文件。

1. 匹配响度

在多轨项目文件中，选中准备进行响度匹配的音频素材，选择"剪辑"菜单中的"匹配剪辑响度"选项，弹出"匹配剪辑响度"对话框。在"匹配到"下拉列表框中选择"峰值幅度"选项，根据需要设置"峰值音量"的参数，并单击"确定"按钮，这样即可匹配素材音量，轨道的左下角显示匹配响度的参数值。

2. 自动语音对齐

在多轨项目文件中，选择多条轨道中的音频素材，选择"剪辑"菜单中的"自动语音对齐"选项，弹出"自动语音对齐"对话框。根据需要分别选择参考剪辑和参考声道，这里将轨道 1 的素材作为参考，轨道 2 的素材自动变成未对齐素材，如图 4-12 所示，单击"确定"按钮，进入"正在对齐语音"界面，等待一段时间后，在轨道 3 中即可看到选择的语音素材已经自动对齐。

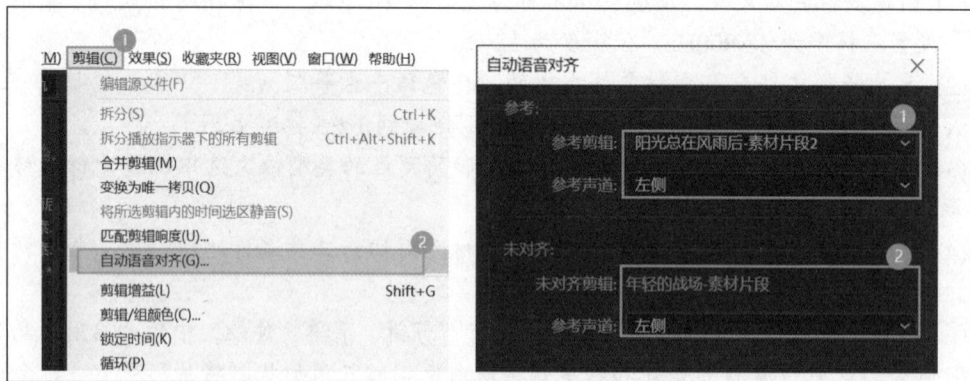

图 4-12　设置自动语音对齐

4.4　音频的录制

录制音频的设备有很多，如手机、录音笔、计算机加麦克风等，本节主要学习使用计算机加麦克风及音频处理软件 Audition 录制音频的方法。

4.4.1　录音准备

为了让麦克风录的声音洪亮且清晰，可以在计算机中进行相关的设置增强麦克风的录音效果。将麦克风连接至计算机主机的输入接口后，先完成以下录音准备。

1) 设置麦克风属性

在 Windows 系统任务栏的"音量"图标上右击鼠标，然后在快捷菜单中执行"声音"命令，弹出"声音"对话框；选择"录制"选项中"麦克风"的"属性"，在"属性"对话框中的"级别"选项中，向右拖曳"麦克风"下方滑块至合适位置(根据需要设置麦克风音量)，同时将"麦克风加强"下方滑块向右拖曳至+10dB 的位置，单击"确定"按钮，如图 4-13 所示。

图 4-13　麦克风属性设置

2) 启用"立体声混音"

在"声音"对话框中右击"立体声混音"选项，在弹出的快捷菜单中执行"启用"命令，方便录制计算机播放的背景音乐，如图 4-14 所示。

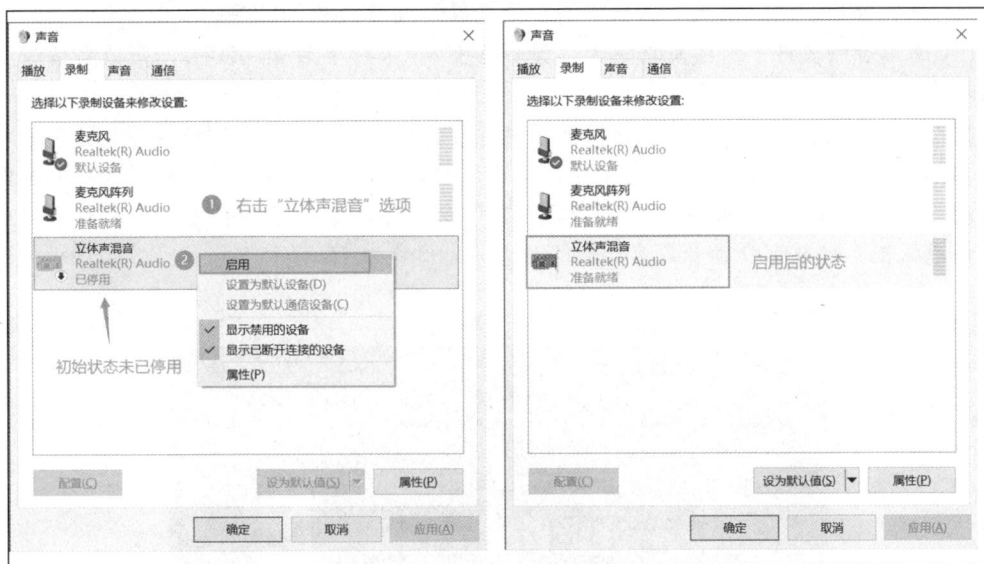

图 4-14　启用"立体声混音"选项

3) 查看录音软件的输入、输出设备

在 Audition 软件中，执行"编辑"菜单"首选项"中的"音频硬件"命令，可以设置录音时的输入设备，系统默认为麦克风。如果要录制背景音乐，可再次切换默认输入为"立体声混音"，如图 4-15 所示。

图 4-15　Audition 软件中音频硬件设置

4.4.2　在波形编辑器中录音

在波形编辑器中可以利用麦克风录制音频，也可以录制网络播放的音频或定时录制音乐节目等。下面，将通过三个案例学习在波形编辑器中录制音频。

案例 4-3

走进铜绿山古铜矿遗址

本案例参考素材来源于微课"'铜'你解说"中的短视频"铜绿山古铜矿遗址"。通过本案例学习如何在波形编辑模式下利用麦克风录制音频，带领大家以录音的形式走进铜绿山古铜矿遗址，具体操作步骤如下。

走进铜绿山
古铜矿遗址.mp4

(1) 录制准备。将"录制"选项里的"麦克风"设置为默认设备。

(2) 新建音频文件。新建文件名为"案例 4-3"，采样率为 48 000Hz，声道和位深度为默认设置。

(3) 利用麦克风录制声音。准备好视频参考素材和录音文档；在"编辑器"窗口下方单击"启动"按钮开始录制，录制完成后，单击"暂停"按钮停止录制；录制过程中若出现不理想或错误的部分，可使用"时间选择工具"选中不理想的音频音波，再次重录；或使用"调节振幅"使该部分静音或直接删除后重录，如图 4-16 所示。

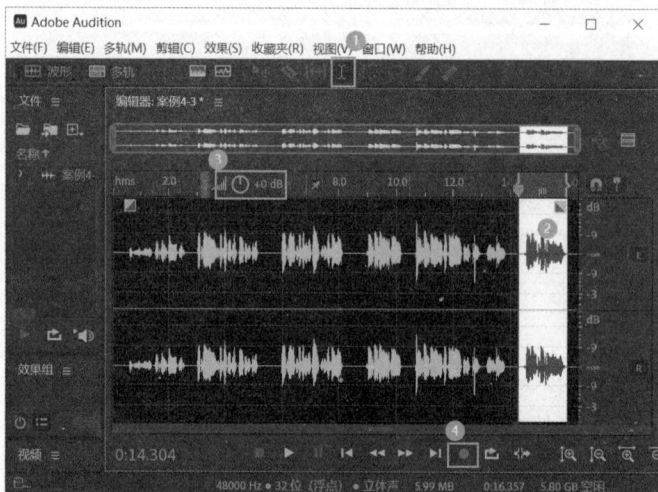

图 4-16　对部分选区进行静音后重录或直接删除后重录

(4) 保存文件。执行"文件"菜单中的"另存为"命令，将文件保存至 E 盘"案例"文件夹，选择 MP3 格式，命名为"案例 4-3.mp3"。

录制的解说词经过降噪处理后，可以作为纯人声音频素材导入视频处理软件，并与该微课中对应视频进行编辑合成。

案例 4-4

录制网络上的高尔基《海燕》朗读素材

本案例播放的是喜马拉雅平台上"高尔基《海燕》(配音师明华朗读)"网络音频 https://www.ximalaya.com/sound/466015422，通过录制网络音乐的方式获取朗读素材。具体操作步骤如下。

录制网络上的
高尔基《海燕》
朗读素材.mp4

(1) 录制准备。启用"立体声混音"作为录制的默认设备。

(2) 新建音频文件。新建文件名为"案例 4-4"，采样率为 48 000Hz，声道为立体声，位深度为 32 位。

(3) 搜索资源。打开喜马拉雅平台，搜索"高尔基《海燕》(配音师明华朗读)"资源。

(4) 录制声音。切换到 Audition 工作界面，单击"录制"按钮，并播放搜索到的音频文件，此时编辑器中显示录制的音波，录制完成后，单击"停止"按钮即可。

(5) 保存文件。将文件保存到 E 盘"案例"文件夹，选择 WAV 格式，命名为"案例 4-4.wav"，界面效果如图 4-17 所示。

图 4-17　录制网络上的素材

案例 4-5

定时录制音乐电台节目

本案例为学习如何进行音频的定时录制，具体操作步骤如下。

(1) 启动定时录制。打开 Audition 软件，在"录制"按钮上右击鼠标，在弹出的快捷菜单中选择"定时录制模式"选项，此时"录制"按钮会变成 ⏺。

(2) 设置文件属性。单击"录制"按钮，弹出"新建音频文件"对话框，文件名为"案例 4-5"，采样率为 48 000Hz，声道为立体声，位深度为 32 位，单击"确定"按钮。

(3) 设置定时录制。在弹出的"定时录制"对话框中设置录制的起始时间和录制时间(节目开始播放的时间和时长)，如图 4-18 所示，单击"确定"按钮。工作界面的"录制"按钮开始闪动，表示处于准备录制状态。

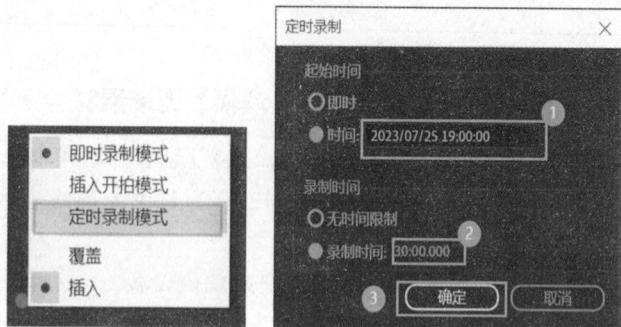

图 4-18　选择定时录制模式和设置定时时间

(4) 录制并保存文件。到达设定的时间，软件会自动进行录制(播放节目的平台要打开)，将文件保存到 E 盘"案例"文件夹，选择 MP3 格式，命名为"案例 4-5.mp3"。(多轨模式下也可使用定时录制)

4.4.3　在多轨编辑器中录音

多轨编辑器面板中每个轨道的左侧都有一个音轨控制区，其用于音频的控制操作。音轨控制区的控制功能有两种，一种是由一组固定功能组成，包括播放、静音、录音、监听、立体声平衡等；另一种则是由变化的控制功能组成，根据控制模式的不同显示不同的功能。

(1) 静音"M"：激活该按钮，表示当前音轨静音。

(2) 独奏"S"：有多条音轨时，激活该按钮，只播放该音轨的内容。

(3) 录音准备"R"：激活该按钮，表示已经做好录音准备。通过麦克风录音时，其右侧会显示电平信号。

(4) 监听"I"：激活该按钮，可以从扬声器监听当前录音效果。需要注意的是，只有在激活"录音准备"按钮的前提下才能激活"监听"按钮。

多轨录音，是指同时在多个音轨中录制不同的音频信号，然后通过混合获得一个完整的作品。可以一边播放背景音乐一边录音，还可以添加视频轨，一边播放视频一边录音。下面，通过两个案例讲解多轨编辑器的录音操作。

案例 4-6

手语学古诗·无声传经典

本案例为"赋得古原草送别——手语古诗绘本类微课"作品的内容，希望通过配音赋予手语微课听的元素，让手语被更多的人知晓、学习和推广。本案例为学习如何在多轨模式下播放背景音乐和手语微课视频的同时，使用麦克风录制声音。制作完成的效果如图 4-19 所示。具体操作步骤如下。

手语学古诗·无声传经典.mp4

（1）新建项目文件。文件命名为"案例 4-6.sesx"，采样率为 48 000Hz，声道为立体声，位深度为 32 位(浮点)。

（2）导入素材。将素材文件夹中的"赋得古原草送别——手语古诗绘本类(无声片段).avi"和"背景音乐.mp3"导入。

（3）添加视频。在"文件"面板中选择导入的视频文件，将其拖至多轨编辑器中，此时编辑器会显示一条"视频参考"轨道。执行"窗口"菜单中的"视频"命令，可以打开视频面板，预览视频画面。

（4）添加背景音乐。将背景音乐放入轨道 2，并将播放头定位在轨道的开始位置。

（5）录制声音。在轨道 3 上单击"R"按钮准备录制，单击编辑器下方的"录制"按钮开始录制，此时用户可以跟着播放的视频画面录制视频文案，同时背景声音同步播放，轨道 3 中会显示录制声音的音波，录制完成后单击"停止"按钮。播放试听无误后，在轨道 3 上单击"R"按钮。

（6）保存并导出文件。文件名为"案例 4-6.sesx"，导出音频文件到 E 盘的"案例"文件夹，选择 MP3 格式，命名为"案例 4-6.mp3"。

若本机安装了 Adobe Premiere 视频编辑软件，可以执行"多轨"菜单中的"导出到 Adobe Premiere Pro(X)"命令，将配好音的视频导出到视频编辑软件中进行编辑，保存成所需视频文件。

图 4-19 同时录制人声和背景音乐

案例 4-7

花苞为小蚂蚁挡雨的小我奉献

本案例为"化作春泥更护花"微课作品"绽放"动画的内容，通过本案例学习如何在多轨合成模式下为视频录制声音，制作完成的效果如图 4-20 所示。具体操作步骤如下。

（1）新建项目文件。文件命名为"案例 4-7.sesx"，保存到 E 盘的"案例"文件夹。

(2) 导入视频。将素材文件夹中"绽放(动画).mp4"导入。

(3) 添加视频。将视频素材拖至"多轨"编辑器，此时编辑器上会显示一条"视频参考"轨道。

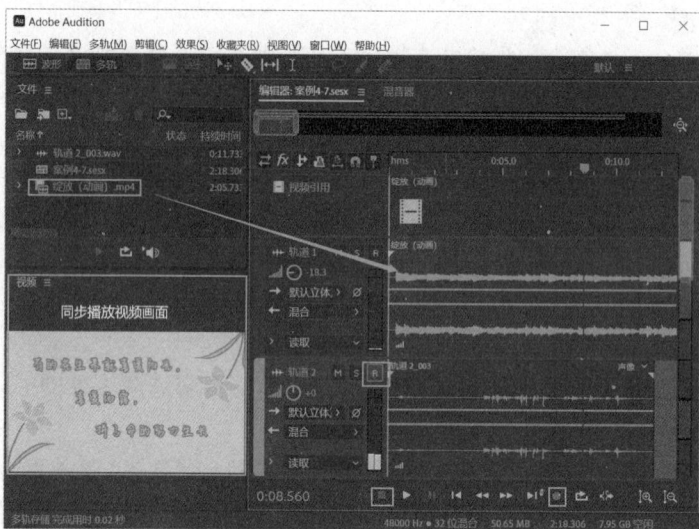

图 4-20　播放视频录制声音

(4) 降低视频的背景音乐音量。使用该音轨左侧控制区的音量按钮 ◎ 降低视频素材的背景音乐音量。

(5) 录制声音。在轨道 2 上单击"R"按钮，再单击编辑器下方的"录制"按钮开始录制，录制完成后停止。然后取消轨道 2 上的录制准备，使其恢复灰色状态。

(6) 保存并导出文件。保存文件，导出文件到 E 盘"案例"文件夹，使用 MP3 格式，命名为"案例 4-7.mp3"。

4.5　音频效果的处理

4.5.1　认识效果器

效果器，又称为"信号处理器"，其提供了各种声场效果来美化音频，类似于 PS 的各种调整命令。Adobe Audition 中应用效果器的途径有以下三种。

1."效果组"面板

"效果组"面板是处理效果器最灵活的方式，能制作复杂的效果器链。面板中提供了16 个效果插槽，每个插槽可包含一个效果器，左侧有对应的开关按钮。用户只有掌握好效果组的基本操作，才能更好地运用效果组中的音频特效，从而应用效果器处理音频，最终制作出丰富的音频效果。

在使用"效果组"面板前需要单击"效果"菜单中的"显示效果组"选项，或者单击菜单"窗口"中的"效果组"，打开"效果组"面板，用户可以对其中的相应效果器进行管理操作。使用"效果组"面板，还可以编辑声轨效果，例如，将当前效果组保存为一个预设、删除当前效果组及将当前效果组保存为一个收藏等。

在波形模式下打开一个音频素材后的"效果组"面板，此时可以对该音频快速添加想要的效果。在多轨模式下打开一个音频素材后的"效果组"面板，包含剪辑效果和音轨效果，图 4-21 所示为剪辑效果组下，选择预设为"嘻哈声乐链"，在效果插槽中自动出现该预设下的 5 个效果。用户可以一边播放音频，一边修改预设和效果，设定后可将重新修改的效果组保存为一个预设，下次继续使用。

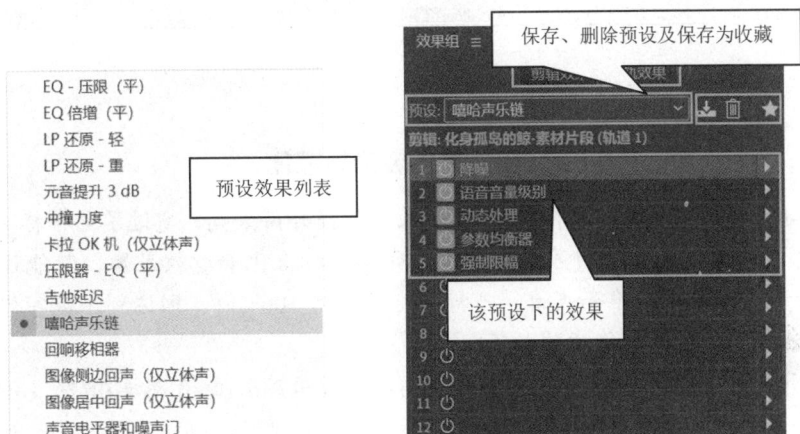

图 4-21　多轨模式下打开一个音频素材后的"效果组"面板

2. "效果"菜单

在"效果"菜单中，除了分类组织管理的效果器之外，还包括反相、反向、静音、生成、匹配响度、自动修复选区等功能。此外，通过"音频增效工具管理器"可以添加、删除及管理第三方效果器。

3. "收藏夹"菜单

在"收藏夹"菜单或"收藏夹"面板中内置一些效果和效果组合，可以编辑收藏。收藏夹的功能与预设可以通过录制的方式来制作收藏，但仅适用于波形编辑器。

4.5.2　音量调整与标准化

在录音的过程中，由于受多种因素影响，录制的效果与期望的效果会存在差别，比如，音量偏小、声音不清晰，此时可以使用不同效果器对音频进行音量调整和标准化处理。

案例 4-8

整体音量调整

录制的音频素材音量如果偏小，除了可以使用"振幅"按钮调整以外，还可以使用效果器进行音量调整。本案例为学习如何在波形编辑模式下使用"振幅与压限"效果器完成音频素材音量的提升。具体操作步骤如下。

(1) 打开文件。打开素材文件夹中的"高尔基《海燕》(配音师明华朗读).mp3"文件。

(2) 提升音频音量。选择"效果"菜单，执行"振幅与压限"子菜单中的"增幅"命令(或在"效果组"面板选择相应的效果命令)，在"效果—增幅"对话框中选择"预设"中的"+10dB 提升"选项，单击"应用"按钮，音频音波将被放大。

(3) 保存文件。

提示： 可以在"增益"选项组中拖动"左声道"与"右声道"右侧的滑块来改变音频的音量属性。

案例 4-9

部分峰值波形标准化

案例 4-8 讲解了音量提升的方法，但如果音量提升得太高，超过了电平标准，声音就会失真。本案例讲解放大音量的另一种方法，即使用标准化音量效果器，既能让音量充实，又不会使音量超过电平标准而失真。当标准化音频为 100%时，则达到了数字化音频允许的最大振幅(0dBFS)。具体操作步骤如下。

(1) 打开文件。打开素材文件夹中的"高尔基《海燕》(配音朗读)增幅 18dB 后.mp3"文件，此时音频峰值波形比较小。

(2) 波形标准化。选择需要标准化的峰值区间，选择"效果"菜单，执行"振幅与压限"子菜单中的"标准化(处理)"命令(或在"效果组"面板选择相应的效果命令)。在"标准化"对话框中选中"标准化为：100.0"复选框和"平均标准化全部声道"复选框，如图 4-22 所示，单击"应用"按钮。

(3) 试听效果。在"编辑器"窗口中单击播放按钮试听标准化后的音频，发现处理后的音频不再失真，且音波有明显变化。

(4) 保存文件。

图 4-22　部分峰值波形标准化

上述两个案例使用的是"振幅与压限"效果器的"增幅"和"标准化"效果。此外，它还提供了声道混合器、消除齿音、强制限幅、多频段压缩、单频段压缩及语音音量级别等效果器，均仅适用于波形编辑器中。

4.5.3　混响效果与特殊效果

混响效果是音频处理过程中非常重要的效果，如果能合理利用混响效果，可以让自己的作品增色很多。Adobe Audition 软件提供的混响效果器包含卷积混响效果器、完全混响效果器、混响效果器、室内混响效果器和环绕声混响效果器。使用卷积混响效果器，能给人一种立体感和空间感；完全混响效果器是以卷积为基础，避免铃声、金属声与其他人为声音痕迹的效果；环绕声混响效果器主要用于 5.1 声道，也可以提供单一声道或立体声环境氛围。

Adobe Audition 软件的特殊效果器主要包括扭曲效果器、多普勒换挡器、吉他套件效果器及人声增强效果器等 7 种。特殊效果需要单声道或立体声音频，但不支持 5.1 环绕。其中的扭曲效果器可以模拟汽车喇叭、低沉的麦克风，或过载放大器的效果。多普勒换挡器效果器可以模拟火车呼啸声、高度失真声及电池电量不足导致的音量低沉的声音。吉他套件效果器可以应用一系列的处理优化与改变吉他的声音，模拟吉他手用于创建艺术表现的效果。人声增强效果器可以迅速提升语音录音的质量，自动降低嘶嘶声和爆破音，以及麦克风的噪声，如低隆隆声等。下面，通过两个案例演示混响效果和特殊效果的应用。

案例 4-10

模拟各种环境制作混响音效

混响效果器可以再现的房间范围为大衣橱到音乐厅的各种空间，基于混响使用脉冲文件来模拟声学空间，结果是令人难以置信地逼真。本案例使用《再别康桥》的朗读素材模拟大房间的环境效果，增强听众的临场感。具体操作步骤如下。

(1) 打开文件。在波形编辑模式下打开素材文件夹中的"再别康桥 .mp3"文件。

(2) 制作混响效果。选择"效果"菜单，执行"混响"子菜单中的"混响"命令，弹出"效果—混响"对话框；在下拉列表框的预设中选择"较大房间临场感"选项，用户还可以在下方手动拖曳各滑块来设置相应参数，通过播放试听制作效果，单击"应用"按钮，如图 4-23 所示。

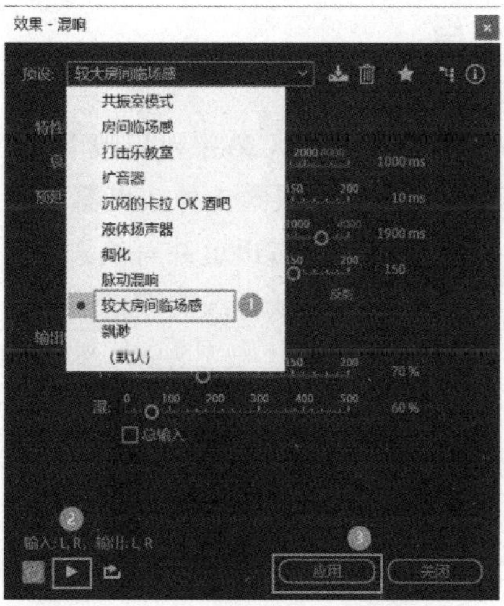

图 4-23　制作混响效果

(3) 保存文件。选择文件的"另存为"选项，保存添加混响效果后的音频素材。

🌀 **案例 4-11**

制作火车快速通过音效

"多普勒换挡器"效果会产生对象接近，然后从身边穿过，注意到音调增大和减小，如警车开着警报器经过时，火车呼啸而过时。具体操作步骤如下。

(1) 打开文件。在波形编辑模式下打开素材文件夹中的"火车声音.mp3"文件。

(2) 制作火车快速通过效果。选择"效果"菜单，执行"特殊效果"子菜单中的"多普勒换挡器"命令，弹出"效果—多普勒换挡器"对话框；在下拉列表框的预设中选择"超快经过的火车"选项，用户还可以在下方手动拖曳各滑块来设置相应参数，通过播放试听制作效果，单击"应用"按钮，如图4-24所示。

(3) 保存文件。选择文件的"另存为"选项，保存添加特殊效果后的音频素材。

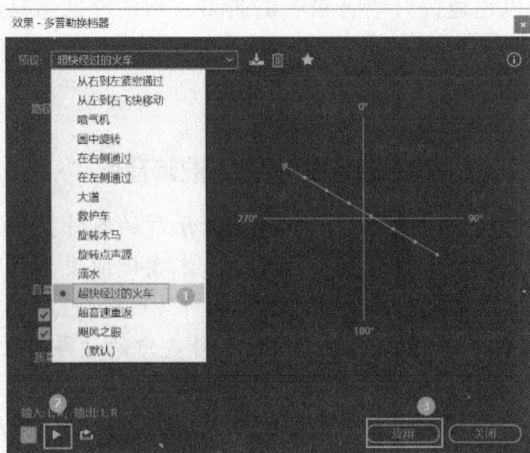

图 4-24　制作特殊音效

4.5.4　立体声声像效果

Adobe Audition 软件中的"立体声声像"效果可以改变文件的立体声声像，主要有中置声道提取器、图形相位调整器和立体声扩展器3种效果器。

中置声道提取器：可保持或删除左、右声道共有的频率，即中置声场的声音。通常用于录制语音、低音和前奏，可提高人声、低音或提取的音量，或者去除其中任何一项以创建卡拉OK混音。

图形相位调整器：可通过向图示中添加控制点来调整波形的相位。

立体声扩展器：是"母带处理"效果套件中"加宽器"的一个独立的、更复杂的版本，二者目的相同，立体声扩展器使左、右声道区别更明显，声音更富有戏剧性，但其与"加宽器"不同，立体声扩展器还可以将中置声道向左或向右转移，以调整立体声声像向左或向右的权重比例。

下面，通过一个案例讲解如何使用"中置声道提取器"对音频素材进行人声消除处理，达到对素材的声像需求。

🎵 案例 4-12

制作消除人声效果

本案例将通过"中置声道提取器"对歌曲进行人声消除处理，将其制作成伴奏音乐。具体操作步骤如下。

(1) 打开文件。打开素材文件夹中的"年轻的战场.mp3"文件。

(2) 制作消除人声效果。单击"效果"菜单，执行"立体声声像"子菜单中的"中置声道提取器"命令，弹出"效果—中置声道提取器"对话框；在预设中选择"人声移除"选项，通过播放试听效果，试听添加效果器后的音频，会发现歌曲中的人声并未完全移除。切换到"鉴别"选项卡，设置"相位鉴别"参数，再设置"中心声道电平"和"侧边声道电平"参数，根据实际音频调整，如图 4-25 所示。

(3) 保存文件。单击文件的"另存为"选项，保存消除人声效果后的音频素材。

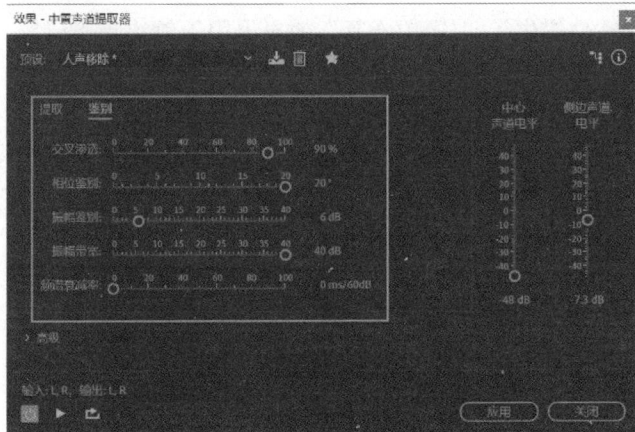

图 4-25　制作消除人声效果

4.5.5　降噪与恢复效果

无论是电视节目、广播、音乐节目还是教学视频，制作时都会涉及录制音频的问题，也不可避免地存在一些噪声。噪声太明显会影响听觉效果，因此需要对其进行技术处理。一般来说，噪声来源有环境噪声和本底噪声两类。

1. 环境噪声

环境噪声主要来源于外部，是指录音过程中自然环境产生的噪声，主要有以下两类。

(1) 持续性环境噪声，例如，室外的汽车、人声，室内墙壁的反射、机器设备发出的噪声，室内空调、风扇、电灯，包括计算机内部风扇发出的声音等。

(2) 突发性环境噪声，指突然出现的环境噪声，如咳嗽、打喷嚏、脚步声、汽车喇叭声、手机铃声、关门声等。

在普通环境中录制音频时，录制间隙会出现意外的噪声，比如脚步声、翻书的声音、说话时的换气声、口水音，或是出现持续噪声(通常是设备自身产生的，系统无法克服)，这时需要对音频进行降噪与修复处理。

2. 本底噪声

本底噪声是指除环境以外的噪声，一般指电声系统中除有用信号以外的总噪声，主要由录音过程中各种设备产生的规则或不规则的噪声，也称背景噪声。本底噪声包括低频噪声和高频噪声两类。

(1) 低频噪声。音频电缆屏蔽不良、设备接地不实等原因产生的"嗡嗡"交流声(50～100Hz)称为低频噪声。

(2) 高频噪声。放大器、调频广播和录音磁带产生的"咝啦"声(8kHz 以上)称为高频噪声或白噪声。过强的本底噪声，不仅会使人烦躁，还淹没声音中较弱的细节部分，使声音的信噪比和动态范围减小，再现声音质量遭到破坏。

3. "降噪/恢复"效果器

Adobe Audition 软件提供了"降噪/恢复"效果器用于解决噪声问题，包含降噪(处理)、声音移除、咔哒声/爆音消除器、自适应降噪等 9 种效果器。

此外，Adobe Audition 的工具栏提供的时间选择工具、框选工具、套索选择工具、画笔选择工具及污点修复画笔工具可以辅助进行降噪处理，对于持续时间较短的突发噪声，如咳嗽声、关门声等，用户可以结合工具栏上的选择工具和修复工具直接在频谱上进行降噪处理。下面，通过一个案例讲解"降噪/恢复"效果器的应用。

案例 4-13

消除说话时的换气声

消除说话时的
换气声和噪声.mp4

在录音的时候，配音员难免会产生口水声、换气声或其他杂音。本案例通过学习使用降噪效果器对案例 4-3 的录音文件进行降噪、消除换气声，提高音频的质量。具体操作步骤如下。

(1) 打开文件。打开素材文件夹中的"走进铜绿山录音.wav"文件。

(2) 打开频谱。在工具栏单击"显示频谱频率显示器"按钮，打开频谱，调整编辑器面板的大小。

(3) 选择噪声样本。放大时间码，单击工具栏中的"时间选择"工具，在频谱开始位置选择一段环境底噪，如图 4-26 所示。选择"效果"菜单，执行"降噪/恢复"中的"降噪(处理)"命令，弹出"效果—降噪"对话框，单击"捕捉噪声样本"获取噪声样本。

(4) 降噪。单击"选择完整文件"按钮，设置"降噪"和"降噪幅度"参数，如图 4-27 所示。在对话框中播放试听降噪后的音效，获得自己满意的效果后，单击"应用"按钮，返回编辑器面板，缩小时间码，在频谱图中可以看到整个音频的环境底噪基本消除。

(5) 选择换气声音。放大频谱图，会发现每段话之间都有一小块独立的紫色区域(噪声区)，这是换气发出的短暂声音，使用框选工具选择这块紫色区域，如图 4-28 所示。

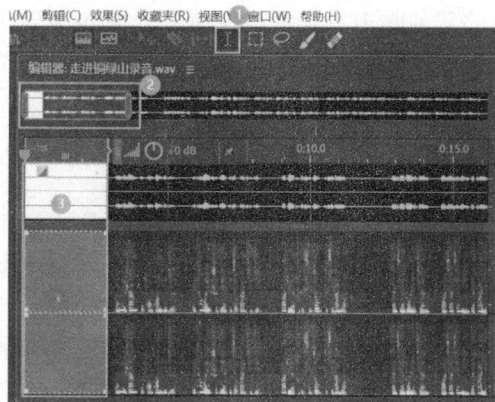

图 4-26　选择一段环境底噪

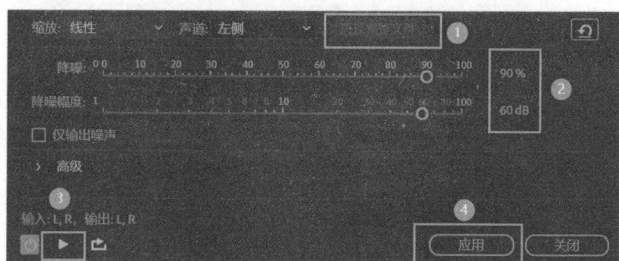

图 4-27　设置降噪参数

（6）再次降噪。再次添加"降噪(处理)"效果，捕捉噪声样本，再选择完整文件，调整降噪参数，试听音频后确认。滑动时间码，再次试听录音，发现有一处明显噪声，可以框选该区域然后删除。

（7）细微修复。最后查看频谱，使用污点修复画笔工具反复修复频谱中小块的噪声部分，完成整段音频的噪声处理，如图 4-29 所示。

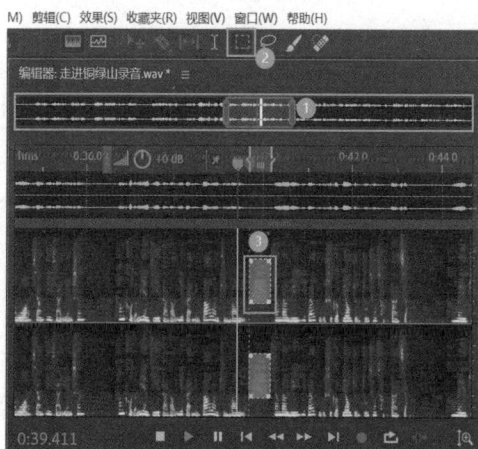

图 4-28　用框选工具选择独立小块紫色区域

图 4-29　使用污点修复画笔工具

（8）保存文件。

　　课后可根据本书提供的其他噪声音频素材，使用降噪/恢复效果器进行环境噪声、本底噪声及回声(提示：室内录音时产生的回声可执行"降噪/恢复"中"减少混响"命令，选择"处理焦点"类型，再调整处理数量来消除。)消除的练习。

4.5.6　淡入与淡出效果

　　在 Audition 软件中，用户可以根据需要为音乐素材制作淡入与淡出特效，使音乐播放起来更加协调和融洽。在多轨编辑模式下，可使用"剪辑"中的"淡入"和"淡出"选项或启用"自动交叉淡入"选项(若在同一轨道，音频素材叠放时会自动实现淡入、淡出)；在波形编辑模式下，可使用"效果"子菜单中的"振幅与压限"中的"淡化包络(处理)"选项。下面，通过一个案例讲解淡入与淡出效果的应用。

案例 4-14

专属手机铃声的制作

专属手机铃声
制作.mp4

　　通过本案例的学习，分别在多轨编辑器和波形编辑器中实现淡入与淡出效果。

　　1) 在多轨编辑器中实现淡入、淡出

　　执行"剪辑"菜单中的"淡入"和"淡出"命令或直接拖动轨道上波形的淡入、淡出标识。制作完成的效果如图 4-30 所示。具体操作步骤如下。

　　(1) 新建项目文件。新建文件"案例 4-14.sesx"，保存到 E 盘的"案例"文件夹。

　　(2) 导入素材。导入素材文件夹中的"化身孤岛的鲸—素材片段.wav"和"起风了—素材片段 2.wav"，并将其拖至轨道 1 和轨道 2。

　　(3) 对轨道 1 进行淡入、淡出效果处理。选择轨道 1 素材，单击编辑器下方控制台右侧的"缩小时间"按钮，调整素材宽度。执行"剪辑"菜单中的"淡入"和"淡出"命令进行效果处理。

　　(4) 对轨道 2 进行淡入、淡出效果处理。

　　(5) 衔接素材。移动轨道 2 的素材，与轨道 1 素材的结尾对齐，实现两首音乐的衔接。

　　(6) 调整淡入、淡出时间值。将鼠标移动至结尾附近灰色正方形"淡出"的标识上，此时按住鼠标左键向下移动，即可实现对淡出效果的调整。

　　(7) 保存并导出。保存项目文件，导出为轨道缩混后的音频文件"案例 4-14.mp3"。

　　2) 在波形编辑器中实现淡入、淡出

　　"淡化包络"效果器可以在歌曲开头或结尾位置实现淡化效果，流畅播放。

　　(1) 选择音频。在多轨模式下，双击其中一段音频素材，切换至波形模式。

　　(2) 设置淡化包络。选择"效果"菜单，执行"振幅与压限"子菜单中的"淡化包络(破坏性处理)"命令，弹出"效果—淡化包络"对话框；在预设中选择"脉冲"选项，在对话框中选中"曲线"复选框，此时音波上会出现对应曲线，单击"应用"按钮。

　　(3) 设置淡化包络。同理，对另一段素材采用"淡化包络"效果器。

　　(4) 调整位置。切回至多轨模式，调整两个片段在轨道中的位置。

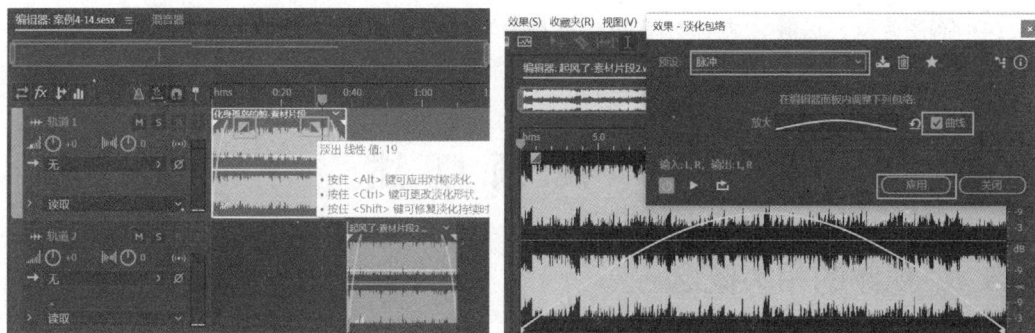

图4-30 淡入、淡出的两种实现方法

4.5.7 生成自制音效

在短视频、直播行业中，出色的音效能使内容更生动、更形象。同样，在教育行业中，音效的辅助能使教学内容中一些抽象的文字描述更逼真。

Adobe Audition 软件"效果"菜单下的"生成"选项提供了三种类型，包含生成噪声、语音和音调。下面，通过一个案例讲解生成一个自制语音音效的方法。

案例 4-15

自制语音音效

本案例结合"生成"和"时间与变调"效果，自制一个语音音效。具体操作步骤如下。

(1) 新建音频文件。新建一个空白音频文件，命名为"怪兽音效"。

(2) 生成语音音效。执行"效果"菜单中"生成"选项中的"语音"命令，弹出"效果—生成语音"对话框。在文本框中输入即将生成的语音文本，如图4-31所示，单击"确定"按钮，返回到"编辑器"面板中，可以看到生成的语音波形。

(3) 对语音进行伸缩与变调处理。在"效果"菜单中，执行"时间与变调"中的"伸缩与变调(处理)"命令，弹出"效果—伸缩与变调"对话框。设置"伸缩"的参数为188，"变调"的参数为-20，单击"应用"按钮，如图4-32所示。

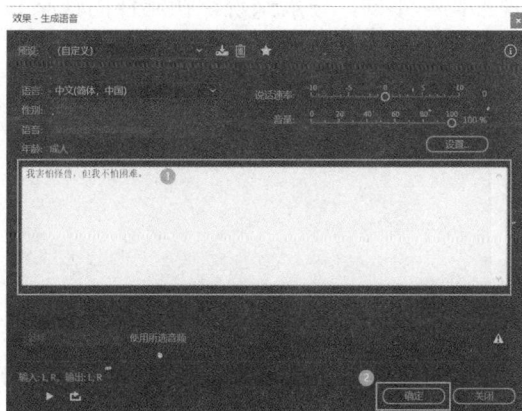

图4-31 输入文字生成语音音效

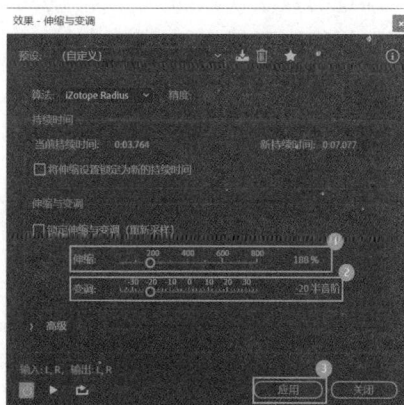

图4-32 设置伸缩与变调参数

(4) 保存音效。选择"文件"中的"另存为"选项，将文件命名为"案例4-15.wav"，保存到 E 盘的"案例"文件夹，完成自制语音音效的操作。

4.6 视 频 概 述

4.6.1 视频的相关概念

视频是指将一系列静态影像以电信号的方式加以捕捉、记录、处理、储存、传送与重现的各种技术。根据技术参数的不同，视频的质量会有很大的差异，而视频的质量主要指视频的播放流畅度、清晰度等方面。

1. 视频分辨率

视频是由一系列图像组成的，因此图像的分辨率就是视频的分辨率。图像的分辨率是以横向和纵向的像素数量来衡量的，表示图像画面的精细度。例如，1080p 视频分辨率有效的显示格式是 1920 像素×1080 像素。

2. 帧率

视频记录或者播放时，每秒钟记录或者播放的图像数就是视频的帧率。帧是指单幅图像。由于人眼暂留的生理特性，视频帧率通常需要大于等于 24 帧/秒，也就是说，视频通常需要每秒记录或者播放超过 24 帧画面。

电影院播放的电影帧率为 24 帧/秒或 30 帧/秒，甚至可以高达 120 帧/秒。比如，李安的电影《双子杀手》在电影院的播放帧率就达到 120 帧/秒。电视播放的画面通常只有 25 帧/秒和 30 帧/秒两种帧率。帧率过低，会感觉画面闪烁，画面动作不连续，画质整体偏暗、模糊，影响观感。视频文件的大小与帧率成正比，帧率越高，视频文件越大。

3. 码率

码率是指视频单位时间传输的数据流量。如果视频文件没有压缩，那么码率是固定的，而压缩过的数字视频因为压缩算法不同，则视频码率不同。一般来说，在同样的视频分辨率下，视频码率越大，压缩比越小，画面质量越高，要求播放设备的解码能力也就越高。视频码率过低，视频画质会比较模糊；视频码率过高，视频播放会因播放设备解码能力问题出现卡顿现象。

4.6.2 视频的常用格式

视频的常用格式包括视频文件格式、视频封装格式和视频编码方式三种。

视频文件格式是指视频在计算机中的保存格式。Windows 操作系统中的文件名都有后缀名，不同的后缀名由不同的应用程序打开。常见的视频文件格式有.avi、.mpg、.rmvb 等。

视频封装格式就是将已经编码处理的视频数据、音频数据及字幕数据按照一定的方式放到一个视频文件中。大部分视频文件除了视频数据以外，还包括字幕、音频、图片等数据。将这些数据信息按照合适的组合规则进行有机的组合，再用一个容器进行封装，这个容器就是视频封装格式。

与视频部分相关的信息组合方式就是视频编码方式。视频编码方式，是指通过视频压缩技术，将原始视频格式的文件转换成另一种视频格式文件的方式。原始视频文件通常有大量的冗余信息，通过压缩技术可以去除原始视频文件中的冗余信息。

视频封装格式来源于有关国际组织、民间组织及企业制定的视频封装标准。研究视频封装的主要目的是适应某种播放方式及保护版权的需要。编码方式与封装格式的名称有时是一致的，例如，MPEG、WMV、RMVB 等格式，既是编码方式，也是封装格式；有时却不一致，例如，MKV 是一种能容纳多种不同类型编码的视频、音频及字幕流的通用视频封装格式，同样以.mkv 为扩展名的视频文件，可能封装了不同编码方式的视频数据。视频、音频数据经过编码后还需要封装才能供普通用户使用，因此，普通用户接触到的视频格式，严格地讲，应当是视频的封装格式。

1. AVI

AVI 格式是由 Microsoft 公司开发的一种数字音频和视频文件格式。AVI 视频格式的优点是图像质量好，可以跨平台使用；其缺点是 AVI 格式允许视频和音频交错同步播放。AVI 文件没有限定压缩标准，导致 AVI 文件格式不具有兼容性。采用不同压缩标准生成的 AVI 文件，必须使用相应的解压缩算法才能将其播放出来。

2. MPEG

MPEG(Moving Pictures Experts Group)即动态图像专家组，由 ISO 和 IEC(国际电工委员会)于 1988 年成立，专门致力于为运动图像和语音压缩制定国际标准化工作。MPEG 采用有损压缩算法减少运动图像中的冗余信息，达到高压缩比的目的。MPEG 压缩的基本方法是在单位时间内采集并保存第一帧信息，然后只存储其余帧相对第一帧发生变化的部分，从而达到压缩的目的。

MPEG 家族包括 MPEG-1、MPEG-2 和 MPEG-4 等在内的多种视频格式。平均压缩比为 50∶1，最高可达 200∶1，压缩效率非常高。同时，图像和音响的质量也非常好，并且在计算机上有统一的标准格式，兼容性较好。

3. MOV

MOV，即 QuickTime 影片格式，是 Apple 公司开发的一种音频和视频文件格式。选择 QuickTime 作为保存类型时，视频将被保存为.mov 文件。QuickTime 因具有跨平台、存储空间小、图像质量高等技术特点，得到了用户的广泛认可。

4. WMV

WMV(Windows Media Video)是微软公司推出的一种流媒体格式，是一种独立于编码方式且能在 Internet 上实时传播音频、视频的技术标准。在同等视频质量下，WMV 格式的文件体积非常小，因此适合在网上播放和传输。WMV 的主要优点是本地或网络回放、可扩充的媒体类型、可伸缩的媒体类型、多语言支持、环境独立性、流的优先级化、丰富的流间关系及可扩展性等。

5. FLV/F4V 格式

FLV 是 Adobe 公司推出的一种视频流媒体格式。FLV 格式是压缩比最大的视频格式之一。由于 FLV 文件较小、加载速度很快，因此成了网络视频主要使用的视频格式。FLV 的主要优点是压缩比大，体积较小，图像质量尚可。缺点是由于压缩比过大，信息损失较多，用来做后期转换调节等处理时，容易失真。

F4V 是继 FLV 格式后 Adobe 公司推出的支持 H.264 的高清流媒体格式。F4V 和 FLV 的主要区别是 FLV 格式采用的是 H.263 编码，而 F4V 则支持 H.264 编码的高清晰视频。与 FLV 相比，F4V 在同等大小文件的前提下，能够实现更高的分辨率，支持更高比特率，因此更有利于网络传播。F4V 逐渐取代 FLV，被大多数主流在线视频网站使用。

F4V 是兼容格式，FLV 是 Adobe 公司独有的格式。FLV 也可以用来封装 H.264 编码，因此有些视频文件的后缀名虽然是.flv，但实际上不是 FLV 格式，而是 F4V 格式。这是视频编码方式与封装格式不一致的体现。

4.6.3　视频应用于教学的优势

视频应用于教学的优势具体如下。

1. 教师通过视频教学可以不断修正教学模式

对自己课堂教学的方式和教育体系有所了解是教师必须掌握的一种基本技能，而传统课堂教学必须在有限的时间内完成课程知识点的阐述，因此，课堂教学错漏在所难免，事后补救也不容易。而通过视频教学则能让教师清楚自己教学知识点上的错漏，学生也能对知识点掌握得更好。

2. 学生通过视频教学能更积极地学习

学生在课堂上通常会遇到无法理解的知识点，虽然课后可以通过与同学交流、询问老师等得到一定的解决，但是效率过低。通过视频教学，学生可以得到一种更加具象化的知识点讲解，也可以在线上进行交流答疑，或者通过直播教学在线询问，这种方式能让学生更好地理解知识点。

3. 教师通过视频教学可以实现自我价值

视频教学不仅能让教师的教学更加完善，而且能让学生上课更加积极。随着近年来网络课堂、网络直播的逐步成熟，视频教学也有了更加广阔的空间。如果一门视频课程非常实用，那么在全国甚至全世界范围内就会被更多人学习，教师能够通过视频教学实现更高的自我价值，也能获得更广泛的反馈来完善教学。

4.7　视频的获取

获取视频通常有视频拍摄、视频抠像、屏幕录制、网络下载四种方式。

4.7.1 视频拍摄

视频拍摄是通过手机、专业摄像机等摄录像设备来完成的。摄像机拍摄视频画质较好，但是其笨重，携带不便，参数较多，使用较为复杂；手机虽然拍摄画质一般，但是其轻巧、便捷，傻瓜式操作，可以作为摄像机拍摄的有益补充。教学视频拍摄时需要注意以下几个方面。

1. 镜头稳定

无论是拍视频还是拍照片，人们都倾向于观看清晰且稳定的画面。画面的清晰度也与稳定相关，所以拍摄时镜头稳定非常重要。要想拍摄时镜头稳定，需要用三脚架，调整好三脚架上的水平仪，再进行拍摄，会得到非常平稳的画面。如果拍摄设备不是特别沉重，那么三脚架不需要买太昂贵的，普通的三脚架就能起到非常好的稳定作用。

2. 运镜匀速

拍摄视频时，运动镜头需要拍摄者移动摄像机跟随被摄对象拍摄。教学拍摄通常不需要太复杂的运动镜头，但旋转摄像机时，跟随拍摄者的摇镜头还是经常会用到。旋转三脚架上的摄像机，跟随被摄者，需要稳定匀速地旋转拍摄，不匀速的镜头会给观看者一种突兀感，影响观看体验。

3. 弱光环境下注意光线

在弱光的环境下，拍摄的视频很容易出现被摄物体暗淡模糊的情况，影响观感。在没有专业灯光设备的情况下，可以借助已有的灯光和自然光，如打开室内灯光、拉开教室窗帘等加强光亮。如果是拍摄课堂教学，可以将摄像设备移动到教室顺光方向进行拍摄，通常是将摄像机置于室内靠近窗户的一侧，借用太阳光来照明。

4. 注意拍摄现场安静

拍摄课堂教学时，尽量使用指向性麦克风并对教师上课声音进行同期录音，教师一般很少有时间和精力进行后期录音，由于教室环境通常比较嘈杂，需要提前通知学生保持安静，特别是前排的学生，否则会将杂音录入，后期难以处理。

4.7.2 视频抠像

教学视频有许多类型，包括课堂实录型、实操示范型、录屏型、复合型等，其中，真人实拍虚拟背景模式既有真人讲课的感染力和亲和力，又有清晰灵动的虚拟背景广泛受到好评，因此是目前教学视频主要的类型之一。使用抠像技术可以把讲课教师从幕布背景中抠出，放在虚拟背景前，再结合课件及文字动画等元素，根据讲课内容调整以后，就能在保障课程教学内容的前提下，增强教学视频的趣味性，提高学生的学习效率。

1. 抠像技术

抠像技术是从早期电视制作中发展而来的一种技术，英文称作"Key"，意思是吸取画面中的某一种颜色作为透明色，将它从画面中抠除，从而使背景变得透明，以方便制作两层画面的叠加合成。

通常情况下，选择蓝色或者绿色背景进行抠像。首先，教师在蓝色背景或者绿色背景前讲课；其次，使用抠像技术将拍摄的视频背景变得透明；最后，将实拍人物和虚拟背景或其他场景进行叠加合成。在绿幕背景下进行拍摄，如图 4-33 所示。

图 4-33   绿幕背景的拍摄

2. 教学视频抠像

制作真人实拍虚拟背景的教学视频需要进行虚拟背景影像分析、摄影棚拍摄和后期处理三个过程。

1) 虚拟背景影像分析

虚拟背景影像应该与真人实拍相匹配，在摄影棚拍摄之前，先要对虚拟背景影像进行分析。虚拟背景影像通常是一幅图片、PPT 录屏视频、动画、动态背景等。进行虚拟背景影像分析时需要注意以下几点。

(1) 虚拟背景影像的灯光要与摄影棚拍摄的布光相匹配。

(2) 虚拟背景影像的相机设置要与摄影棚拍摄的相机设置相一致，包括 ISO、白平衡、快门、光圈、PP 值等参数设置。

(3) 注意虚拟背景影像的相机摆放的高度和倾斜度要与摄影棚拍摄的相机保持一致。相机的倾斜度可以在三脚架上事先用手机的水平仪 App 进行测试。

2) 摄影棚拍摄

为了保障抠像的视频效果，摄影棚拍摄要注意以下几点。

(1) 背景布最好使用标准的纯蓝色(PANTONE2635)或者纯绿色(PANTONE354)，背景布必须平铺展开，没有褶皱，褶皱会产生阴影，不利于后期的抠像，进而影响抠像以后的视频效果。

(2) 录课教师在背景布前不要穿与背景布颜色相近的衣服。录课教师不要离背景布太近，离太近会在教师身后的背景布上产生阴影，不利于后期的抠像。因此，录课教师与背景布的距离需要保持在不与背景布产生阴影为宜。

(3) 摄影棚拍摄布光既要符合虚拟背景影像的布光，又要在背景布上不产生阴影，尤其是录课教师身体周围的区域，尽可能保持无阴影，如图 4-34 所示。在摄影棚布光需要注意给背景布打光，尽可能均匀打光，避免阴影。最好使用 LED 灯，避免使用卤素灯和钨丝灯，因为这些灯容易在背景布上产生热点。背景布光照强度要保持在 50%～60%。利用色纸控制摄影棚的灯光色温，尽可能匹配虚拟背景影像的色温。

图 4-34　录课教师在背景上无阴影

3）后期处理

使用后期软件将摄影棚拍摄到的视频进行抠像，再与虚拟背景影像进行合成，达到真人实拍虚拟背景的讲课效果。

目前，有许多软件可以对视频素材进行抠像，如 Camtasia 的"移除颜色"、剪映的"智能抠图"等可以达到一键抠图效果。

如果一键抠图效果不好，尤其是遇到抠像目标边缘抖动，比如毛发反射绿幕、布料反射绿幕等比较粗糙的漫反射部分，一键抠图功能容易导致边缘抖动，因为其颜色过于混杂，噪点剧烈，拍摄时如果不注意，很容易为后期埋下隐患。此时可以使用 AE 的 Color Key、Key Light、Mask 跟踪等功能进行多次处理，以获得令人满意的效果。

4.7.3　屏幕录制

屏幕录制，是指将计算机屏幕的活动画面记录下来，并保存为视频格式文件。制作电子教程演示和多媒体作品时，将计算机屏幕的活动状况录下来并配上声音解说，可以帮助学生更好地理解操作内容；需要手写时也可以配合手绘板来录制，如图 4-35 所示。屏幕录制可以使用 Bandicam、Camtasia Studio 等软件，以及 PPT 录屏和手机自带"屏幕录制"。

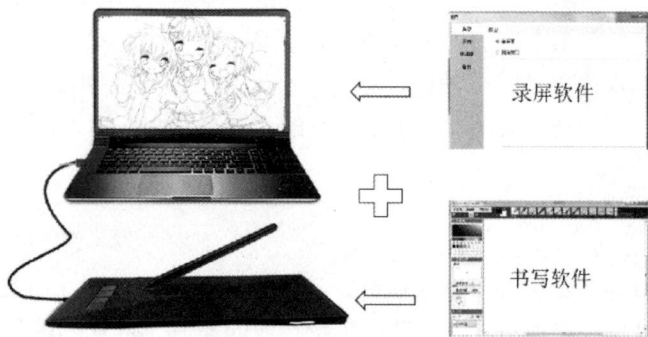

图 4-35　书写录屏

1. Bandicam

Bandicam 有多种屏幕录制模式，同时，音频、录像质量、截图质量都可以通过参数进行调节，包括视频格式、帧数、码率等，如图 4-36 所示。

图 4-36　Bandicam 的工作界面

2. Camtasia Studio

Camtasia Studio 是一款专门用于屏幕音影捕捉的工具，软件功能强大，可以进行屏幕录制、视频剪辑、视频制作等操作。此外，Camtasia Studio 还具有支持多种输出格式、及时播放和编辑压缩的功能。

3. PPT 录屏

微软办公软件 Office 中的 PowerPoint 软件也有一个简单的录屏功能，在亟须录屏又没有专业录屏软件时，也可以直接使用 PPT 录屏。PPT 录屏的优点是操作简单，可以自定义录制的视频大小；缺点是录制的视频帧率选择不多，格式较少，只有默认的 MP4 格式和 WMV 格式等几个少数视频格式。

4. 手机自带"屏幕录制"

iOS 录屏方法很简单，因为从 iOS11 开始已自带屏幕录制功能，但需要手动打开。首先打开"设置"中的"控制中心"，其次开启"自定义控制"，即可打开"屏幕录制"功能。如果结束录屏，可以单击上方的红色区域结束录屏。

安卓手机基本都内置了录屏功能，华为、小米、三星等品牌都有。以华为手机为例，手放在屏幕顶部往下滑动，使用"控制栏"中的"屏幕录制"进行录制。

4.7.4　网络下载

获取视频素材除了拍摄和屏幕录制外，还可以通过网络下载。下载视频相对文字和图片的难度在于通过哪些渠道可以下载获取免费专业的高清、超清、4K、8K 视频。下面，介绍几个下载视频素材的网站。

1. 视觉中国

视觉中国是优质正版图片、视频等视觉内容平台型互联网上市公司，旗下中文网站平台向用户提供来自全球范围的优质创意图片、影音素材和视觉服务。网站的图片和视频素材量非常庞大，但是下载素材需要支付一定的费用。视觉中国是目前国内最大的素材提供网站。

2. 千图网

千图网是一个免费的图片设计及视频素材下载的网站，其提供了几百万个免费素材方便下载，分类众多，种类齐全，基本上能够满足各种素材需求。

3. 包图网

包图网是一个起源于图片制作、素材质量高且分类丰富的素材网站，包括 AE(After Effects)模板、MG(Motion Graphic)动画、PR(Premiere)模板、实拍视频等。

4. Pixabay

Pixabay 是一个提供各类免费高清视频和图片素材库的网站，这个平台提供了数百万张高清图片和视频素材并提供下载，网站上的所有图像和镜头均在知识共享 CCO 下发布，免费用于商业用途，无须注明出处。

5. Pexels Videos

Pexels Videos 是高清的免费视频素材下载平台，这个网站的所有素材都经过 CCO 许可证授权，可以随意下载使用，即使是应用于商业。

6. PxHere

PxHere 是一家提供多国语言的免费素材下载网站，目前提供了超过 100 万张高质量的摄影作品，可免费用于个人和商业用途。

实践训练

1. 实验目的

(1) 熟悉 Adobe Audition 软件的基础操作。

(2) 学会音频的基本编辑方法。

(3) 学会不同模式下音频的录制。

(4) 学会音频的效果处理。

(5) 熟悉各种视频获取方式。

2. 实验环境

(1) 连接局域网的计算机。

(2) Windows 10 及以上操作系统。

(3) Adobe Audition 软件及相应的多媒体素材。

3. 实验内容

(1) 以毕业、青春、传统节日或祖国等为主题，制作一个 2～3 分钟的歌曲联排。

(2) 结合自己的专业特点，选择一个视频，完成 2～3 分钟视频配乐和配音(包括背景音乐和人声)。视频可以是微课或短视频或电影片段，背景音乐需调至低于人声，配音需进行降噪效果处理，可以尝试加入自制音效。

学习测评

1. 声音的三要素、影响声音质量的因素有哪些？
2. 音频文件通常包括哪两类？常见的音频文件的格式有哪些，它们各有什么特点？
3. 要将一款网络游戏中的效果声录成声音文件，用于其他多媒体文件中，应如何操作？简述操作过程。
4. 如果要将某一段旁白录制中出现的翻书声去掉，应如何操作？简述操作过程。
5. 想给某人清唱的歌曲录音配上伴奏，从网上下载了相应的伴奏曲子，发现伴奏的节奏比清唱的要快一些，请设法将两者合成一首完整的歌曲。
6. 如果你准备传一个视频到视频网站上去，你会选择什么视频格式？为什么？

学习资源

1. 文杰书院. Adobe Audition 2022 音频编辑基础教程(微课版)[M]. 北京: 清华大学出版社，2023.
2. 文杰书院. Adobe Audition 2022 音频编辑入门与应用(微课版)[M]. 北京: 清华大学出版社，2022.
3. 钱慎一，潘化冰. Audition 音频编辑标准教程(全彩微课版)[M]. 北京: 清华大学出版社，2022.

党的二十大报告指出，推进教育数字化，建设全民终身学习的学习型社会、学习型大国。教学动画可以提供丰富的学习资源、多样化的学习方式，提高学生的学习效果和参与度，提供模拟实验等方面的支持，可以有效地支撑教育数字化，促进教育的创新和发展。教学动画的数字化应用为教育数字化提供了更加丰富多样、更具趣味性的教学方式，不仅可以激发学生的学习兴趣，提升学生的参与度，提高学生的学习效率，同时也为教师提供了更加多样化的教学工具和资源。

第5章　动画制作技术

本章学习目标

➢ 了解动画基本类型和常用的动画制作软件。
➢ 结合自己所学的专业描述动画应用于本专业课程教学的优势。
➢ 熟悉动画的制作流程。
➢ 学会使用动画制作软件进行教学动画的制作。

5.1　动画概述

动画是通过连续播放一系列画面，让人的视觉产生动态变化的系列图画。从制作技术和手段上看，动画分为以手工绘制为主的传统动画和以计算机为工具的数字动画。动画的应用领域也很广泛，包括文化传播、知识普及、影视特效、广告制作、电子游戏等。随着计算机技术的快速发展，动画从制作方式到制作理念都发生了巨大变化。

5.1.1　动画的原理

现在所说的动画多指计算机动画。计算机动画是以计算机图形技术为基础，综合运用艺术、数学、物理学、生命科学及人工智能等学科领域的知识，借助编程或动画制作软件生成一系列的动态画面。计算机在动画制作过程中辅助或代替了传统颜料、画笔和制模工具。随着动画应用领域的拓宽，动画已不再单指传统意义上的带有一定剧情的影片或动画片，还包括在教育、工业、商业等领域用来演示的非实物拍摄的屏幕作品。

动画的艺术形式更接近电影和电视，而且它的基本原理与电影、电视一样，都是对人眼视觉暂留现象的应用。利用人的视觉生理特性可以制作出具有丰富想象力和表现力的动画影片。

视觉暂留原理是 1824 年由英国人彼得·马克·罗杰特(Peter Mark Roget)提出的。视觉暂留现象首先被中国人运用，走马灯便是历史记载最早的视觉暂留的运用。宋朝已有走马灯，当时称"马骑灯"。随后法国人保罗·罗盖在 1828 年发明了留影盘，它是一个被绳子从两面穿过的圆盘，圆盘的一面画了一只鸟，另一面画了一个空笼子，当圆盘旋转时，鸟在笼子中出现了。这证明了当眼睛看到一系列图像时，它一次保留一个图像，如图 5-1 所示。物体在快速运动时，人眼所看到的影像消失后，人眼仍能继续保留其影像 0.1～0.4 秒，这种现象被称为视觉暂留现象。

图 5-1　鸟入笼实验

5.1.2　常用的动画制作软件

根据视觉空间的不同，计算机动画制作软件分为二维动画制作软件和三维动画制作软件两大类。

1. 二维动画制作软件

二维动画，又称为平面动画，这类动画无论画面的立体感有多强，终究只是在二维空间模拟三维空间的效果，同一画面内只有物体的位置移动和形状改变，没有视角的变化。二维动画制作软件主要有万彩动画大师、来画、Adobe Animate 和 Ulead GIF Animator 等。

1) 万彩动画大师

万彩动画大师是广州万彩信息技术有限公司推出的一款电脑端的动画制作软件，操作简单，容易上手，适用于制作宣传动画、教学动画、微视频、演示演讲动画等。万彩动画大师的主要功能有以下几个。

(1) 大量动画模板。涵盖多个主题内容，下载并替换模板内容便可快速制作动画。

(2) 多镜头特效。缩放、旋转、移动等多镜头特效。

(3) 多种角色人物。提供多种角色人物，每个角色有各种动作，可以增加动画的趣味性，生动、形象地传递信息。

(4) 语音合成。输入文字即可转化为中文、英文等语音，为动画添加声音效果。

(5) 多种动画特效。可以为加入的元素(文字、图片等)设置进场、强调、退场等动画效果。

(6) 输出动画视频和.gif 动态图片。简单单击，自定义发布设置，可以将动画发布为视频文件或.gif 文件。

(7) 与其他软件兼容。可以导入和导出各种格式的文件，如图片、视频、SWF、声音等。

2) 来画

来画是深圳市前海手绘科技文化有限公司的动画和数字人智能创作平台，可以轻松地制作各种类型和风格的动画视频，无须下载安装，只需在网页上操作。来画的主要功能有以下几个。

(1) 数字人制作。来画推出的超写实数字人是基于真人录制形象、深度学习训练的真人数字替身，仅录制几分钟视频和音频作为训练素材，即可高精度还原真人外形、嘴型、表情、动作等。

(2) 数字人直播。来画数字人直播，不需要灯光、布景、场地、设备，可快速搭建虚拟直播间，一键开播；支持自动播、真人语音直播等多种方式。

(3) 口播视频。可以选择数字人主播，输入口播文本即可轻松将文本转换成视频，代替真人满足多场景口播的需求。

(4) 在线动画。支持仿真配音、一键抠图等技术，拥有上千万的动画模板和素材库，可以满足各个场景的视频需求。

(5) 在线设计。依托来画上千万正版可商用素材，普通人也可以在线轻松制作宣传海报、营销长图、公众号头图、活动邀请函等。

3) Adobe Animate

Adobe Animate 是一款专业的二维动画制作软件，它是 Adobe Flash 的继承者和升级版。Adobe Animate 可以设计 Web 的交互式动画，向学习内容和信息图中添加动作。Adobe Animate 支持多种动画类型，如逐帧动画、补间动画、形状补间、反向运动姿势等，并可以以多种格式将动画发布到多个平台。Adobe Animate 的主要功能有以下几个。

(1) 全面的绘图和动画工具。Adobe Animate 提供了全面的绘图和动画工具，可以自由地创作各种风格的二维动画。

(2) 强大的代码编辑和交互功能。Adobe Animate 不仅可以制作简单的动画，还可以制作交互式的内容，如游戏、模拟器、教程等。可以使用内置的代码编辑器编写 ActionScript 3.0 或 JavaScript 代码，为动画添加逻辑和行为，或者使用代码片段面板快速插入常用的代码。

(3) 灵活的输出和发布选项。Adobe Animate 叮以以多种格式输出和发布动画，以适应不同的平台和设备。可以将动画导出为视频文件，或者导出为 GIF 动画或序列帧图片，还可以将动画发布为 HTML5 Canvas、WebGL、Flash/Adobe AIR 等格式，以便在浏览器或桌面上播放。

(4) 与其他 Adobe 应用程序的无缝集成。Adobe Animate 与其他 Adobe 应用程序有很好的兼容性和集成性，可以轻松地在不同的应用程序之间导入和导出。

4) Ulead GIF Animator

GIF(Graphics Interchange Format)是 1987 年 CompuServe 公司为制定彩色图像传输协议而开发的图像文件格式。Ulead GIF Animator 是友立公司出版的动画 GIF 制作软件，内建的 Plugin 有许多现成的特效可以套用，可将 AVI 文件转成动画 GIF 文件，还能将动画 GIF 图片优化，让人更快速地浏览网页。

2. 三维动画制作软件

三维动画制作软件对计算机系统的性能要求较高，主要有 Autodesk 公司的 3ds Max 和 Maya 等。三维动画中不但有物体本身位置和动作的改变，还可以连续地展现视角的变化。

1）3ds Max

3ds Max 是 Autodesk 公司基于 PC 系统的三维建模和渲染软件，主要应用在游戏和建筑方面，且在这些领域有比较成熟和出色的表现，并且可以快速地渲染出高质量的效果。其主要功能有建模、动画、渲染、特效、后期等。比如《变形金刚》《冰河世纪》等均是用 3ds Max 开发制作的作品。

2）Maya

Maya 软件是 Autodesk 公司开发的一款专业的三维建模和渲染软件，主要应用在影视动画和特效方面，其开放的接口和自由度更高的平台化移植可以在不同的系统中运行，适合大型项目的协作和生产。其主要功能有建模、动画、渲染、特效、后期等。比如《阿凡达》《冰雪奇缘》《刺客信条》等均是用 Maya 开发制作的作品。

5.1.3 动画在教学中的应用

1. 动画应用于教学的优势

动画具有鲜明活泼的角色形象、艳丽丰富的色彩搭配及生动有趣的故事情节，动画应用于教学有以下几种优势。

1）创设教学情境，激发学生兴趣

动画能给学生提供广阔的想象空间，为学生创设特定的虚拟场景，激发学生的情感体验，引发学生的好奇心，符合儿童及青少年的心理特点，能有效地调动学生的学习兴趣和参与教学活动的主动性，从而提高教学效率。教师在课堂教学中恰当地利用动画能吸引学生的注意力，引发学生的情感共鸣，激发学生强烈的学习兴趣。如在地理教学中，可利用计算机三维动画模拟地势、地貌，通过动画情境的创设，让学生身临其境，激发学生的学习兴趣，引导其独立思考。

2）刺激视听感官，调动学生积极性

动画融合了多种表现形式，它通过连续的画面、悦耳的声音向学生传递丰富的视觉信息和听觉信息，变抽象为具体，调动学生各感官协同作用，刺激学生的视听感官，给学生以奇妙的视听感受，促使学生积极投身课堂学习，解决教师难以讲清、学生难以听懂的内容，从而有效地实现精讲，突出重点，突破难点。

3）增加课堂信息，丰富教学内容

动画运用在教学上，增加了课堂信息，丰富了教学内容。如在英语课堂上，精心制作的丰富多彩的会话情景可营造生动、活泼的氛围，通过语言、图像和声音等多种信息的结合，训练学生的视听能力。

4）演绎抽象过程，简化教学难题

动画可以通过夸张、比喻、拟人、示意等多种手法，使抽象问题形象化、复杂过程简单化，把事物的现象和本质生动地演绎出来，使学生获得直观且生动的感性认识，把书本知识和实际事物联系起来，加深对教学内容的理解，而不是死记硬背。在数理化等抽象思维要求高、实验性强的科目中，利用计算机动画对逻辑推理、实验原理、实验过程和现象进行合理抽象、动画模拟和演绎，把原本抽象、枯燥的文字讲解转化为具体、形象的演示，既简化了教学的难题，又充分调动了学生的兴趣。利用计算机动画的可控性和交互性，还可实现不同变量(实验条件改变等)下的对照演示、反复演示、逐步分解演示等，找出变化规律，细化操作过程，使学生能够透过现象看本质。

2. 动画应用于教学应注意的问题

动画应用在教学中有一定的优势，但也要注意以下问题。

(1) 动画应用应遵循教育原则和法律法规。不能使用含有暴力、色情、歧视等不良信息的动画资源。要尊重动画作者的版权和知识产权。

(2) 动画应用应适时适度。以课程整体设计为依据，重视课程整体教学，动画应用过多可能弱化以教师为主导、以学生为主体的教学方式，容易分散学生的注意力。

(3) 动画应用应充分考虑学生的实际。选择适合学生发展阶段，符合学生身心发展规律的具有时代性、知识性等内涵的动画资源。

(4) 动画应用不可以完全替代实验。动画只是对真实环境的模拟，不可能完全相同。

3. 制作教学动画应注意的事项

制作教学动画应结合教师自身的专业水平和技能水平，选择合适的动画制作软件和工具。教师在制作动画时应注意以下事项。

(1) 确定动画的目的和对象。制作教学动画应根据教学目的和对象，选择合适的动画类型，如 2D 动画、3D 动画等，教学动画的内容应精练、有逻辑、有重点，突出教学重难点。

(2) 控制动画的时间和质量。制作教学动画应控制动画的时间和质量，以保持学生的注意力和兴趣。遵循动画原理和规律，制作出简单而精美的动画作品。注意文件大小、图像清晰度、声音同步等技术细节，避免模糊或不协调。

(3) 设计合理的交互和反馈。制作教学动画应设计合理的交互和反馈，如问题、反馈、测试、游戏等，以激发学生思考，提升学生的参与感。提供及时和有效的反馈，如提示、评分、奖励等，以增强学生的自信心和成就感。

(4) 运用多媒体元素和创意。制作教学动画应运用多媒体元素和创意，以丰富动画的表现形式和效果。结合文本、图像、音效、音乐等多媒体资源，以增加动画的感染力、表现力和说服力。表达自己的创意，以夸张、比喻、拟人等手法深入浅出地把抽象概念形象化、复杂问题简单化。

5.2 万彩动画大师软件的基本操作

5.2.1 软件介绍

万彩动画大师是广州万彩信息技术有限公司推出的一款免费动画制作软件，使用该软件，需要到万彩动画大师官网 https://www.animiz.cn/下载软件，安装并注册后方可使用。

1. 工作界面

万彩动画大师的工作界面由菜单栏、场景缩略图、画布编辑区、工具栏、元素栏及时间轴等几部分组成，如图 5-2 所示。

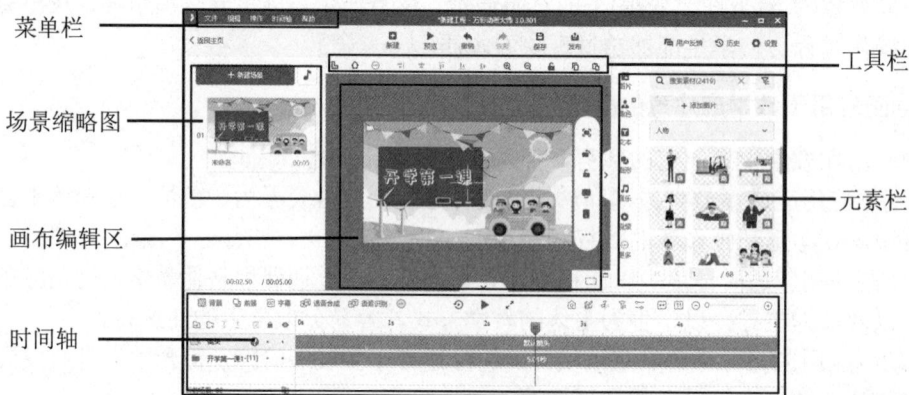

图 5-2　万彩动画大师工作界面

1) 菜单栏

工作界面顶部的菜单栏包括"文件""编辑""操作""时间轴"和"帮助"等菜单，每个菜单有相应的命令可供选择。

2) 场景缩略图

在场景缩略图中可以"新建场景"，使用"在线场景"或"新建空白场景"。可以对场景进行收藏、复制、删除、导入和导出等操作。

3) 画布编辑区

画布编辑区用来设计场景、布置策划，可以将其看作一个舞台，需要将所有出场的元素放到舞台最合适的位置呈现。

4) 工具栏

选择画布编辑区中的元素，可以使用上方工具栏的工具进行相应的操作。若设置画布则可以使用画布编辑区右边的工具进行操作。

5) 元素栏

元素栏可以一键添加图片、角色、文本、图形、音乐、素材、元件等。

图片：包括交通工具、人物、便签、办公用品等几十种素材。

角色：包括单人角色和群演角色，并且每一个单人角色有多种动作或表情等。

文本：包括商用字体、基础文字、特效字、气泡文字、动态图文等。

图形：包括常用箭头、特殊符号、学科图形、数理化符号、逻辑流程图等。

音乐：包括音效库和音乐库。

素材：包括动态图片、点线动画、SWF、特效、动画组件、SVG 等。

元件：是一种可编辑修改的、具有动态效果的素材，包括易动元件、骨骼元件、帧动画元件等。

"其他"：可以添加新幻灯片、工具(模糊/放大镜等)、公式、图表和田字格等。

"我的"：可以导入外部的多媒体素材。

6) 时间轴

时间轴用来组织和控制动画内容在一定时间播放的图层数和时间。可以在时间轴上添加背景、前景、字幕、语音合成、语音识别、特效、录音、滤镜等。

背景：包括背景颜色、图片背景、视频背景和飘浮背景等。

前景：包括爱心、天空、星光、植物、边框、灯笼等装饰物。

字幕：方便各种字幕的添加，可以批量导入、导出和删除字幕等。

语音合成：包括阿里云角色、微软角色、标贝角色和科大讯飞角色四类，每一类有多种声音选项可供选择，可以调节语音的语速、音调和音量等。

语音识别：可以导入音视频自动识别，分解为语音和字幕。

特效：包括烟花特效、闪电特效、光晕特效等。

录音：如果不想用一键生成机器人的声音，可以录制真人的声音。

滤镜：包括空白滤镜、黑白滤镜、颜色滤镜、模糊滤镜等。

2. 动画的制作流程

使用万彩动画大师制作动画的流程如下。

(1) 新建工程。明确动画的主题、目的及主要的受众群体，根据构思创建工程文件。

(2) 编辑场景。在左侧的场景缩略图中添加、删除、复制、导入和导出场景等，每个场景相当于一个视频片段，根据需要可以使用多个场景。

(3) 添加元素。在右侧的元素栏中选择想要添加的元素，比如角色、文本、图形、音乐等，然后在画布编辑区进行编辑，调整元素的位置、大小、角度、颜色等属性。

(4) 制作动画。给元素添加动画效果。

(5) 预览与发布。单击"预览"按钮，可查看动画效果。完成后单击"发布"按钮，选择输出格式和质量，发布动画作品。

5.2.2 基本操作

万彩动画大师软件的基本操作，包括新建工程、工程的保存与发布、场景的相关操作等。

1. 新建工程

在万彩动画大师软件中，可以创建三种类型的工程。启动万彩动画大师软件，可以根据需要创建空白工程，或基于情境创建工程，或基于模板创建工程。

1) 创建空白工程

单击"新建工程"按钮，在弹出的对话框中选择"新建工程"即可创建空白工程文件，如图 5-3 所示。

2) 基于情境创建工程

单击"新建工程"按钮，在弹出的对话框中选择某一情境，每个情境又包含多个场景，可以选择一种情境快速搭建自己的工程内容，如图 5-3 所示。

图 5-3　万彩动画大师启动界面

3) 基于模板创建工程

选择模板，可以基于在线模板进行修改或替换其中的内容，创建自己的工程内容。如选择"古诗鉴赏——《独坐敬亭山》"模板，画面如图 5-4 所示。

图 5-4　《独坐敬亭山》画面

2. 工程的保存与发布

1) 工程的保存

单击"文件"菜单，执行"保存工程"命令，或单击"保存"按钮，均可保存工程文件，万彩动画大师保存的工程文件格式为".am"。

2) 工程的发布

单击"文件"菜单，执行"发布"命令，或单击"发布"按钮，均可弹出"发布作品"对话框，如图 5-5 所示，可以发布为云视频、本地视频、本地 GIF 和 APNG 等多种方式。选择发布方式后，可以对帧率、清晰度等进行具体的参数设置，设置完成后，单击"发布"按钮即可。

3. 场景的相关操作

1) 新建场景

一个工程文件包含一个或多个场景，这里我们新建一个空白工程文件，单击"新建场景"按钮,在"在线场景"中执行"新建空白场景"命令创建一个空白场景来制作动画,也可以选择一个场景模板进行动画的修改,如选择"开学第一课"场景模板,如图 5-6 所示。

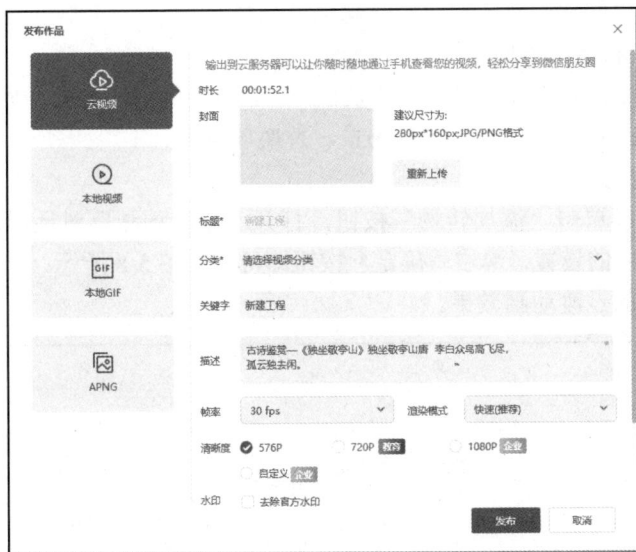

图 5-5 "发布作品"对话框

图 5-6 新建场景

2) 收藏场景

在场景缩略图中选择"开学第一课"场景,如图 5-7 所示,单击"收藏场景" ♡ 按钮可收藏当前场景,场景的文件格式为".sc",收藏的场景会在图 5-6 的"我的场景"中显示,方便以后制作动画时使用。

图 5-7 "开学第一课"场景

3) 复制、删除场景

在场景缩略图中选择"开学第一课"场景，如图5-7所示，单击"复制场景"按钮可复制当前场景，单击"删除场景"按钮可删除当前场景。

4) 导入、导出和替换场景

在场景缩略图中选择"开学第一课"场景，如图5-7所示，单击"更多"按钮，选择相应的命令，如可以选择导入场景、导出场景、替换场景等。

5) 添加场景转场

在两个场景之间单击"添加转场"按钮，打开"过渡动画"对话框，然后选择一种过渡效果，并进行相应的设置，单击"确定"按钮即可，如图5-8所示。同理，用同样的方式可以更改场景之间的过渡动画效果。

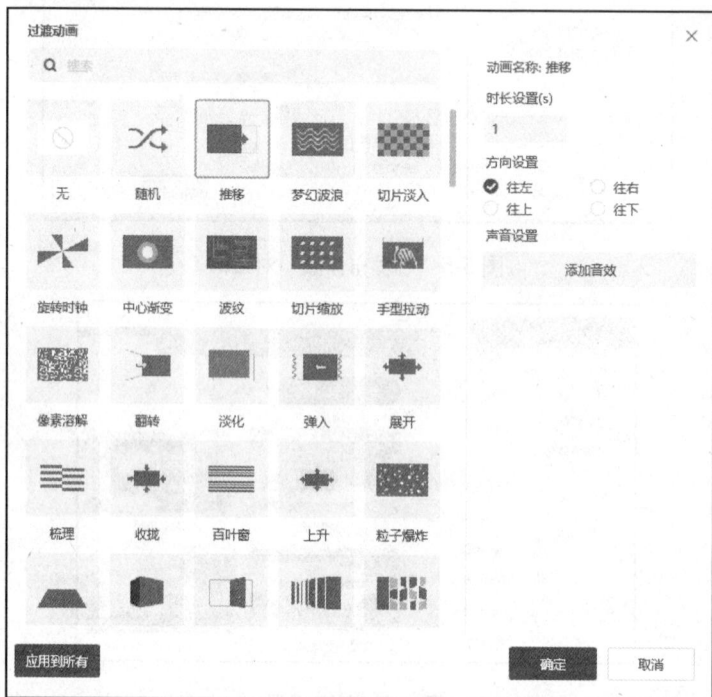

图5-8 "过渡动画"对话框

提示：两个场景之间的过渡动画效果只能设置一种，选择另一种过渡动画效果将替换前一种效果。

6) 修改场景时长

新建一个空白场景，默认时长为10秒，单击时间轴上方 − 00:10.00 + 中的"+"按钮可以增加场景的时长，单击"−"按钮可以删减场景的时长，此外，在中间的时长显示区输入数值也可以修改场景时长。

在画布编辑区中加入元素，可以单击时间轴上方的 ⬤ 按钮，自动增减时长。

5.3 多媒体素材的插入与编辑

万彩动画大师软件不仅为动画制作提供了大量的图片、图形、角色、音频等多媒体素材供插入和编辑，还可以方便地导入多种格式的外部素材进行动画制作。

5.3.1 背景的添加与设置

1. 背景的添加

添加背景的具体操作步骤如下。

(1) 新建一个空白工程文件。

(2) 单击时间轴上的"背景"按钮，在时间轴上添加"背景"图层，如图 5-9 所示。

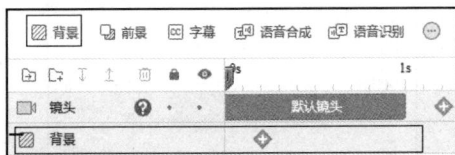

图 5-9 添加"背景"图层

(3) 单击"背景"图层的 ✦ 按钮，弹出如图 5-10 所示的背景选项，包括背景颜色、图片背景、视频背景和飘浮背景四种，其中，背景颜色有"预设颜色"和"自定义颜色"两类。单击所需要的颜色添加到时间轴的"背景"图层，并以滑块显示，在"背景"图层中双击该滑块，可以修改背景颜色。

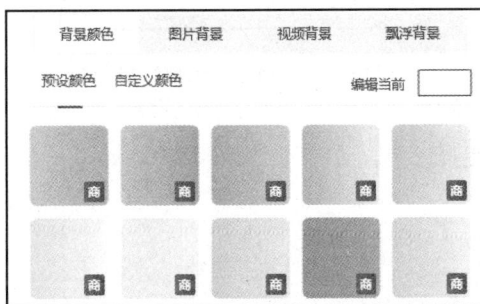

图 5-10 背景选项

(4) 单击"背景"图层的 ✦ 按钮，可以添加软件自带的"预设图片"背景，而单击"自定义图片"的"上传"按钮，则可以上传本地图片，如图 5-11 所示。

(5) 添加视频背景或飘浮背景的方法同上。

2. 背景的设置

1) 背景的时长和位置

将鼠标移动到时间轴"背景"图层的背景滑块左、右边缘并拖动，可改变背景显示时长。单击背景滑块并拖动可以改变滑块的位置，从而确定背景在该场景中出现的时间点。

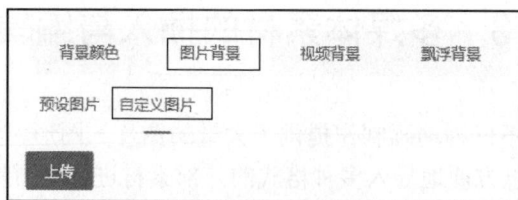

图 5-11 "自定义图片"选项

2) 背景的属性

单击时间轴"背景"图层的背景滑块，在元素栏显示"背景"的属性设置，如图 5-12 所示，其中，"背景动画"设置背景的进入动画效果；"背景强调效果"设置背景的强调动画效果，有对应的参数可以设置；"背景调节"设置拉伸方式、滤镜/裁剪的图像处理功能、替换背景等；"时间信息"设置背景的时长、开始时间和结束时间。

图 5-12 "背景"的属性设置

5.3.2 元素栏的使用

1. 图片的插入和编辑

1) 添加本地图片

单击元素栏中的"图片"选项，可弹出如图 5-13 所示的"图片"面板，接着单击"添加图片"按钮，然后选择需要的本地图片并添加到画布编辑区，此时，时间轴中会增加该图片的图层，同时元素栏显示图片的属性设置，可以设置图片的大小、透明度、滤镜等属性，也可以使用画布编辑区的图片快捷工具进行图片的编辑。

2) 添加软件自带图片

在如图 5-13 所示的图片面板中，单击需要的图片或拖动需要的图片到画布编辑区，此时，时间轴中会增加该图片的图层，同时元素栏显示图片的属性设置，可以设置图片的大小、透明度、设计 SVG 等属性，也可以使用画布编辑区的图片快捷工具进行图片的编辑。

图 5-13　"图片"面板

2. 角色的插入与编辑

在动画编辑的过程中，添加合适的动画角色能够使动画作品更具有吸引力。具体的操作步骤如下。

(1) 选择元素栏的"角色"选项，弹出"角色"面板，角色有单人角色和群演角色两类。

(2) 在"单人角色"选项中单击"添加角色"按钮，弹出"官方角色"对话框，如图 5-14 所示，可以选择角色的外形，有官方角色、简易角色、拟人角色、表情包角色、可编辑角色和自定义角色。

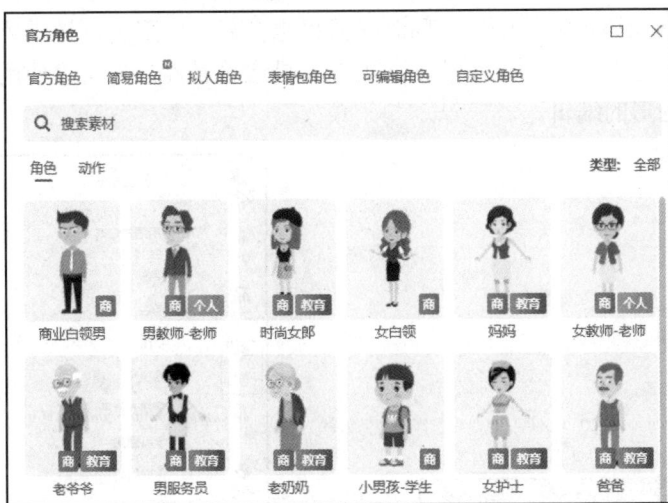

图 5-14　"官方角色"对话框

(3) 选择一个角色，如选择"女白领"，弹出"女白领"对话框，如图 5-15 所示，这里有非常多的动作可供选择，动作又包括对话、表情、走路、坐姿和肢体等。

(4) 选择"昂首挺胸-走"，将女白领添加到画布编辑区，和图片一样，可以对角色进行相应的属性设置。

(5) 在时间轴中选择"女白领"图层，单击如图 5-16 所示的"设置"按钮，可以对角色动作的播放方式进行设置和对角色进行编辑等。

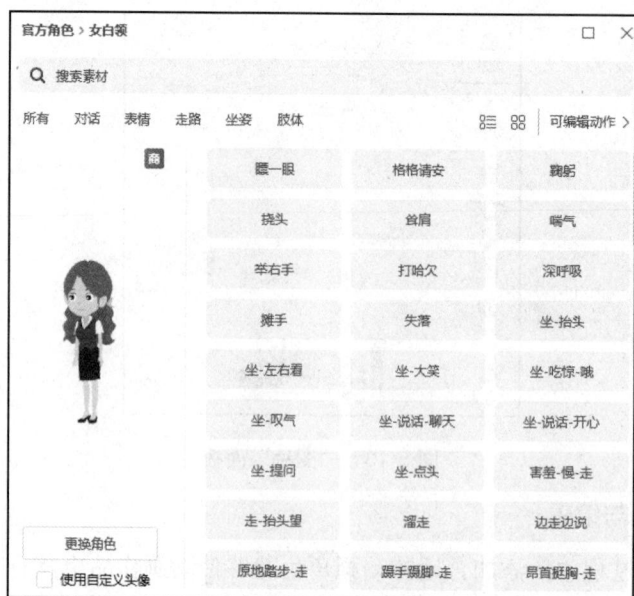

图 5-15　"女白领"对话框

3. 图形的添加与编辑

单击元素栏的"图形"选项，弹出"图形"面板，在面板中选择"常用图形"，弹出如图 5-17 所示的多种图形，根据类型选择所需要的图形，在画布编辑区拖曳即可插入图形。此时，时间轴中增加该图形的图层，同时元素栏也会显示图形的属性设置，可以设置图形的大小、透明度、遮罩、添加点线动画、填充、描边等属性，也可以使用画布编辑区的图形快捷工具进行图形的编辑。

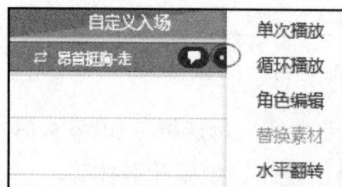

图 5-16　角色动作的播放方式

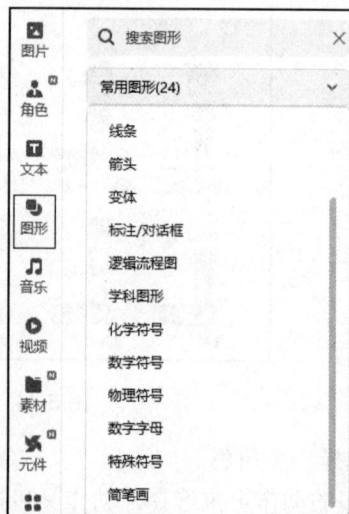

图 5-17　"图形"面板

4. 文本的添加与编辑

单击元素栏的"文本"选项，弹出如图 5-18 所示的"文本"面板，可以通过"添加文本"或选择某一类型的文字进行文本的添加。可选的文字类型有商用字体、基础文字、特效字、气泡文字、动态图文、卡通文字、炸裂文字等。

文本的属性在元素栏的文本属性中进行设置，如图 5-19 所示。

图 5-18 "文本"面板

图 5-19 文本的属性设置

5. 视频的插入与编辑

在制作动画的过程中，有时会根据内容的需要来添加视频。单击元素栏的"视频"选项，在"视频"面板中单击"添加本地视频"按钮，选择相应的视频文件即可插入场景。

单击场景中的视频，在视频面板中可以对视频的大小、透明度、遮罩、播放等进行编辑操作。

6. 素材的插入与编辑

元素栏的"素材"选项提供了 1 万多种素材，包括动态图片、点线动画、SWF、特效、动画组件、SVG 等，如图 5-20 所示，根据动画的需要，选择素材并添加至场景中进行编辑。

7. 元件的插入与编辑

元件，是一种可编辑的具有动态效果的素材。可以将图片、SWF、SVG 等素材进行二次编辑，添加动画效果，也可以进行组件编辑。

元素栏的"元件"选项提供了包括易动元件、骨骼元件和帧动画元件等元件类型，如图 5-21 所示，可以根据动画的需要，选择元件并添加至场景中。

单击每一种类型元件的"所有"按钮，对元件有两种操作方法：一是预设元件操作，如果不满意，可以在元件的基础上进行二次编辑调整组成新的元件；二是自定义元件操作，自己组建新元件。

8. 公式、图表的插入

元素栏的"其他"选项提供了添加新幻灯片、工具、公式、图表、田字格等功能，如

图 5-22 所示。

图 5-20　素材面板

图 5-21　"元件"面板

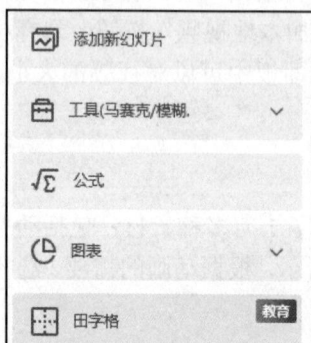

图 5-22　"其他"面板

9. 创建"我的"素材库

万彩动画大师有强大的素材库功能，用户可以快速添加元素到素材库，方便以后多次使用，省时又高效。具体的操作步骤如下。

(1) 选择画布编辑区中的元素，右击鼠标，在弹出的快捷菜单中执行"添加到素材库"命令，在弹出的对话框中输入素材的名称，并单击"保存"按钮。

(2) 选择元素栏中"我的"选项，在"我的"面板中找到添加的素材，供以后制作动画使用。

5.3.3 音频的添加与编辑

1. 背景音乐的添加与编辑

1) 背景音乐在教学动画中的作用

(1) 背景音乐可以增强教学动画的吸引力,使学生更愿意观看。可以根据动画的内容和风格为背景音乐选择合适的曲风、节奏、旋律和情绪,以增强动画的表现力和感染力。例如,如果动画是介绍科学知识的,可以选择轻快、明朗、活泼的背景音乐,以激发学生的好奇心和探索欲;如果动画是讲述历史故事的,可以选择庄重、悠扬、古典的背景音乐,以营造历史氛围和文化底蕴。

(2) 背景音乐可以辅助教学动画叙事,使学生更容易理解和记忆所学内容。背景音乐可以与动画的画面、文字、语言等元素相配合,形成声画同步的效果,以帮助学生抓住动画的主题和重点。例如,如果动画是讲解数学公式的,可以选择简单、清晰、规律的背景音乐,以突出数学的逻辑性和美感;如果动画是展示地理现象的,可以选择丰富、变化、多样的背景音乐,以反映地理的复杂性和多样性。

(3) 背景音乐可以调节教学动画的节奏,使学生适应和享受学习过程。背景音乐可以根据动画的内容和目的调整音乐的快慢、强弱、高低等,以控制动画的节奏和张力。例如,如果动画是演示实验操作的,可以选择平稳、均匀、稳定的背景音乐,以引导学生按照步骤进行操作;如果动画是展开问题讨论的,可以选择起伏、变化、有悬念的背景音乐,以激发学生思考和参与。

2) 背景音乐的添加方法

背景音乐的添加有两种方法,具体如下。

方法一:单击场景缩略图中的"添加背景音乐"按钮。单击 ♪ 按钮,弹出"请选择音乐文件导入"对话框,选择本地音乐文件并导入,所选音乐便出现在此工程文件的所有场景中。

方法二:选择元素栏中的"音乐"选项。单击"音乐"按钮,可弹出"音乐"面板,单击"添加音乐"按钮添加本地音乐。单击"音效库"或"音乐库",可以选择软件自带的音乐文件,单击 ⊕ 按钮。添加音乐分为"添加到当前场景"或"添加为背景音乐"两种,如图 5-23 所示,选择"添加为背景音乐",找到相应的音乐添加即可。

> 提示:"添加到当前场景":此音乐在场景的时间轴中显示,
> 只对当前场景起作用。"添加为背景音乐":此音乐出
> 现在工程文件的所有场景中,不在时间轴中显示。

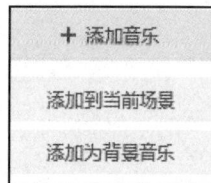

图 5-23 "添加音乐"选项

3) 背景音乐的编辑

(1) 添加背景音乐后,画布编辑区右上方会出现背景音乐 ♪ 按钮,单击该按钮,在弹出的工具栏中单击 ◎ 按钮,打开"背景音乐高级选项"对话框,如图 5-24 所示,对音乐的播放、停止、淡入和淡出进行设置。

(2) 单击 ◁ 按钮可以对音量进行调节。

(3) 单击 ☰ 按钮，在音乐列表中选择音乐，单击"编辑"按钮，可以打开"声音编辑"对话框，如图 5-25 所示，对声音进行静音、截取、删除等编辑操作。

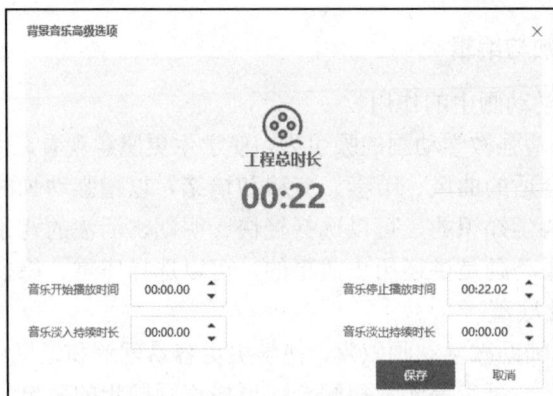

图 5-24 "背景音乐高级选项"对话框

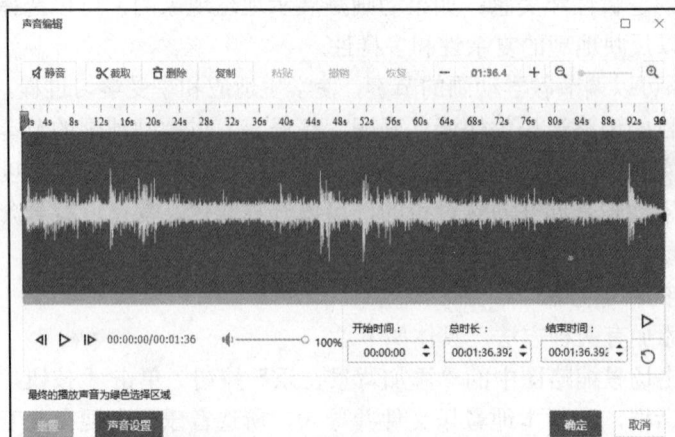

图 5-25 "声音编辑"对话框

(4) 单击"声音设置"按钮，打开"声音设置"对话框，设置声音的类型和输出增幅，如图 5-26 所示。

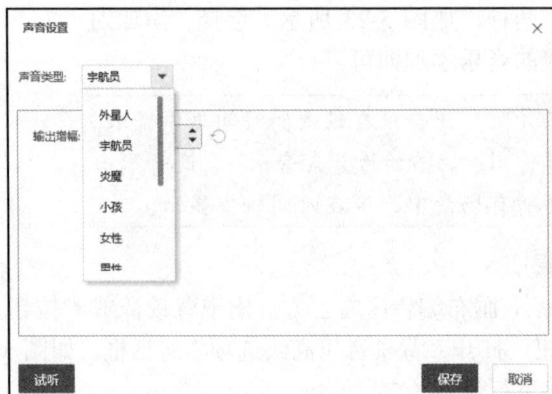

图 5-26 "声音设置"对话框

2. 场景音乐的编辑

在场景缩略图中选择需要添加音乐的场景，使用添加背景音乐的第二种方法，选择如图 5-23 所示的"添加到当前场景"，找到相应的音乐添加即可，此时添加到当前场景的音乐会显示在时间轴的音乐图层中。拖动音乐滑块的左、右边缘，可以对音乐进行裁剪。

双击时间轴中的音频波形滑块，打开"声音编辑"对话框，如图 5-27 所示，对声音进行淡入、淡出、降噪、音量、经典变音和特殊变音等编辑操作。

3. AI 语音合成

万彩动画大师具有语音合成功能，只要输入文本，就可以生成不同的语音。选择要添加 AI 语音的场景，单击时间轴上方的"语音合成"按钮，弹出"文字转语音"对话框，如图 5-28 所示，输入文字，选择相应的语音角色，调节语速、音调和音量，然后试听，单击"应用"按钮，即可将 AI 语音合成到场景中，可通过时间轴进行编辑操作。

图 5-27　"声音编辑"对话框

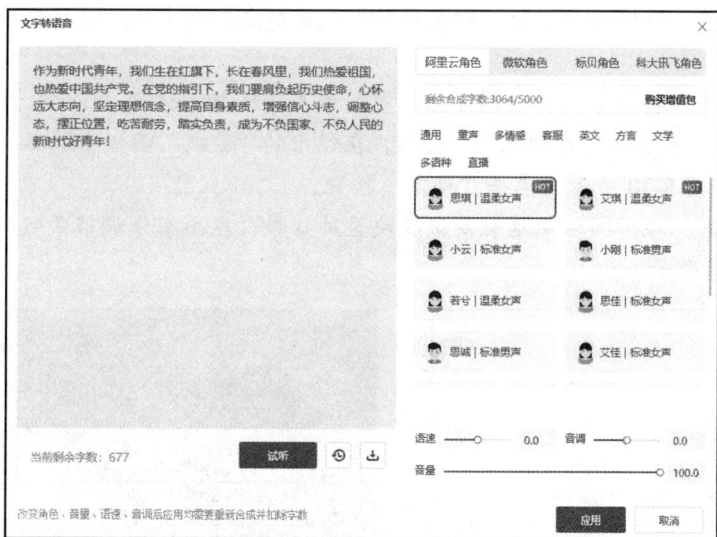

图 5-28　"文字转语音"对话框

5.3.4　特效、蒙版、前景的添加

1. 特效的添加

在动画里添加特效，有助力于渲染气氛。在时间轴的上方单击 特效 按钮，弹出"特效"面板，如图 5-29 所示，特效分为顶部特效和底部特效，顶部特效显示在最上层，底部特效显示在最底层，选择需要的特效，单击右侧的+按钮，在弹出的多种特效窗口中选择一种特效并添加，同时在时间轴中添加该特效图层，通过滑块调节特效出现的时间点和动画时长。

> **注意：** 如果需要将顶部特效作为底部特效，单击顶部特效列表上的 ⬇ 按钮即可。

顶部特效
- 🔘 烟花特效
- 🔘 光晕特效
- 🔘 闪电特效　　　⬇ +
- 🔘 雾气特效
- 🔘 雨雪特效
- 🔘 晕光特效
- 🔘 云彩特效

底部特效
- 🔘 背景特效

图 5-29　"特效"面板

2. 蒙版的添加

蒙版(或遮罩)是指选框的外部，可以对选框的内部进行保护，不对其进行操作，对选框的外部应用操作。万彩动画大师有场景蒙版和元素蒙版两种。设计场景时，如果需要将学生的焦点聚集在一个地方，可以使用场景蒙版；如果需要对场景中的某个元素进行修饰，可以使用元素蒙版。

📖 案例 5-1

蒙版的添加

本案例为学习场景蒙版和元素蒙版的添加方法，学会蒙版参数的设置，并理解两种蒙版的区别。具体操作步骤如下。

蒙版的添加.mp4

1) 场景蒙版

(1) 新建文件。新建一个空白工程文件，导入素材文件夹中的"保护野生动物.sc"场景文件。

(2) 添加蒙版。将播放头移动到开始位置，单击时间轴上方的 ⬚ 蒙版 按钮，此时时间轴出现蒙版图层，单击该图层中的 ◆ 按钮，在弹出的"蒙版"面板中选择一种图形并进行参数的设置，如图 5-30 所示，单击"确定"按钮。

(3) 调节蒙版。在时间轴中延长蒙版滑块至第 4 秒，在画布中调节蒙版的位置、大小和方向，如图 5-31 所示。

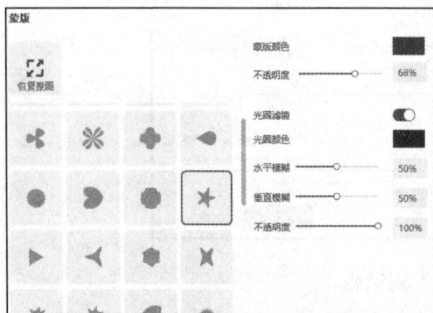

图 5-30　"蒙版"面板

图 5-31　场景蒙版效果

(4) 预览效果。

2) 元素蒙版

(1) 导入场景。在场景蒙版操作的基础上，再次导入素材文件夹中的"保护野生动物.sc"场景文件。

(2) 添加蒙版。将播放头移动至第 4 秒，选择画布中的大象，并在"图片"元素栏的选项中单击 ⌖ 遮罩/贴纸/效果 按钮，在弹出的面板中进行参数的设置，如图 5-32 所示，单击"确定"按钮。

(3) 大象的遮罩效果如图 5-33 所示，预览效果。

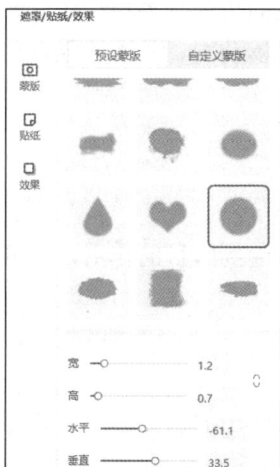

图 5-32　"遮罩/贴纸/效果"面板

图 5-33　大象的遮罩效果

3. 前景的添加

在元素蒙版的基础上导入素材文件夹中的"保护环境 人人有责.sc"场景文件，单击时间轴上方的 🗂 前景 按钮，时间轴上出现前景图层，单击图层中的 ◈ 按钮，弹出"前景"对话框，选择一种前景插入即可。

前景一定在场景的最上层，且其大小和方向不能进行设置和编辑，可以修改前景的进场效果、退场效果、动画的时长和动画出现的时间点。

5.3.5　字幕的添加

在动画里添加字幕，有助于传递信息，加深学生的印象。在时间轴的上方单击 🔤 字幕 按钮，在时间轴中添加字幕图层，同时弹出"字幕"对话框，在"字幕内容"选项中，使用每条字幕下方的 ⊙ 🖼 ✿ 吕 🖥 🗑 按钮对字幕进行相应的操作，单击下方的 + 添加字幕[Shift+Enter] 按钮可以添加多条字幕，单击右上方的 ◎ 按钮，可以批量导入字幕等。

如图 5-34 所示，在"字幕"对话框的"字幕样式"选项中，可以对文本字体、字号、样式、字幕背景、字幕位置、字幕边距等进行设置，单击"应用到全部场景"按钮即可将设置的样式应用到全部场景。如果要修改字幕，双击"字幕"图层的滑块，弹出"字幕"对话框即可进行字幕的修改。

图 5-34　"字幕"对话框

5.4 动画的制作

万彩动画大师的背景有视频背景和飘浮背景等，元素栏的角色有多种动作、元件有动态效果等，这里主要学习图片和图形的点线动画、元素的进场动画、元素的强调动画和元素的退场动画。

5.4.1 图片和图形的点线动画

在万彩动画大师中，为了让图片和图形呈现动态效果，起到醒目的作用，需要为图片和图形设置点线动画。添加点线动画的方法有以下两种。

方法一：选中画布中的图片或图形，在元素的属性栏单击 ✛ 添加点线动画 按钮，可添加点线动画。

方法二：在时间轴中的图片或图形图层上右击鼠标，在弹出的快捷菜单中执行"添加点线动画"命令，可添加点线动画。

为图片和图形添加点线动画后，此时为默认的点线动画效果，可以双击点线动画滑块，在打开的对话框中选择一种点线动画，并单击该动画右上角的 ◎ 按钮，打开如图 5-35 所示的对话框，进行点线动画的设置。

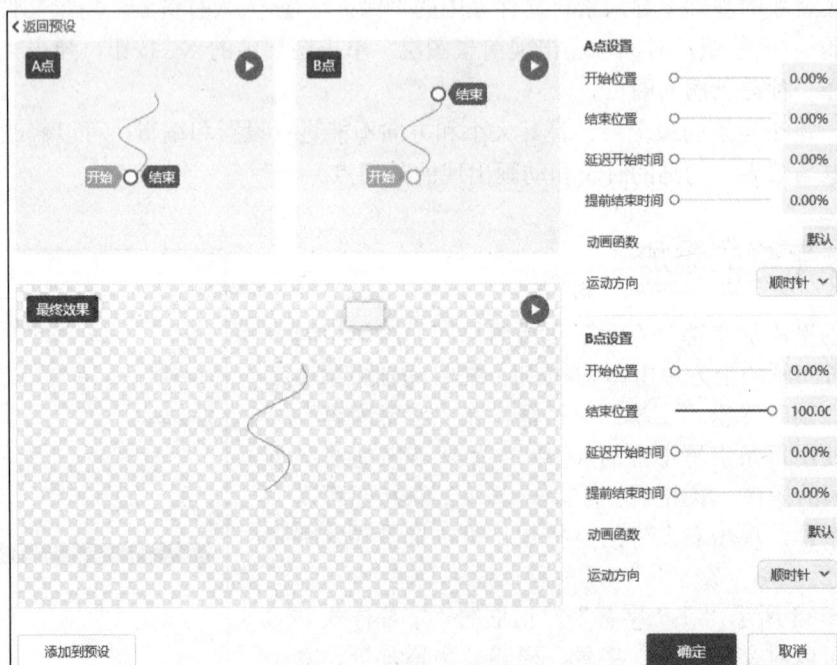

图 5-35 "编辑点线动画"对话框

如图 5-35 所示，A 点与 B 点是图片或图形点线动画对应的起点和终点。可以通过设置 A 点与 B 点的开始位置、结束位置、延迟开始或提前结束时间等编辑合适的点线动画效果。

案例 5-2

冒热气动画的制作

冒热气动画的
制作.mp4

本案例为学习如何进行场景的复制、曲线的绘制、点线动画的添加与设置、图层的复制、场景转场的添加。具体操作步骤如下。

(1) 打开文件。打开素材文件夹中的"冒热气动画.am"工程文件。

(2) 复制场景。在场景缩略图中选择"场景 01",单击"场景 01"右上方的 按钮,复制场景 02。

(3) 绘制热气线条。选择场景 02,在"图形"元素栏中单击"绘制曲线"按钮,在场景中从杯口开始单击,左上方单击,右上方单击,左上方右键单击,结束曲线的绘制。在线条的属性栏中关闭填充,描边设置为白色,粗细设置为 1。

(4) 制作冒热气动画。选择曲线,在元素的属性栏中单击 ➕ 添加点线动画 按钮,这时在曲线上添加了默认的"线条延伸"动画;单击时间轴曲线图层"点线动画"后的 ◈ 按钮,添加第二个点线动画,双击该滑块,在对话框中选择"线条收缩";再次单击 ◈ 按钮,添加第三个点线动画。调节滑块时长,预览效果。

(5) 复制曲线图层。选择画布中的曲线,或选择时间轴上的曲线图层,复制并粘贴两次,调整位置,如图 5-36 所示。

(6) 添加场景转场。单击场景缩略图中两个场景之间的"添加转场"按钮,在弹出的对话框中选择需要的转场效果,设置时间,单击"确定"按钮。

(7) 预览并保存文件。

(8) 发布作品。

图 5-36　热气线条

5.4.2　元素的进场动画

时间轴的作用有组织动画内容、控制画布所有元素显示、进退场时间、动画效果、播放时长等。

新建空白工程文件,导入素材文件夹中的"开学第一课.sc"场景文件,展开时间轴的"开学第一课"文件夹,通过时间轴上的工具栏 ，对图层进行文件夹导入、文件夹管理、上移、下移、删除、锁定、隐藏等操作,在每个图层中可以对本图层的元素进行动画设置,元素的动画分为进场效果、强调效果和退出效果,如图 5-37 所示。

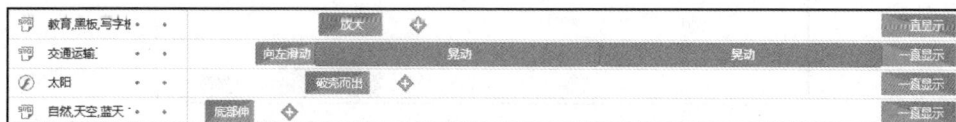

图 5-37　时间轴中的动画滑块

双击时间轴中图层的进场滑块,打开"进场效果"对话框,如图 5-38 所示,万彩动画大师软件提供了多种类型的进场,通过对话框进行进场效果的选择和相应动画效果的设置。

提示：每一个元素只能选择一种进场效果。进场效果可以修改，但不能为一个元素添加多种进场效果。

图 5-38　"进场效果"对话框

5.4.3　元素的强调动画

1. 强调效果

单击相应图层中进场效果后的 ⊕ 按钮，打开"强调效果"对话框，如图 5-39 所示，在对话框进行强调效果的选择和相应动画效果的设置。

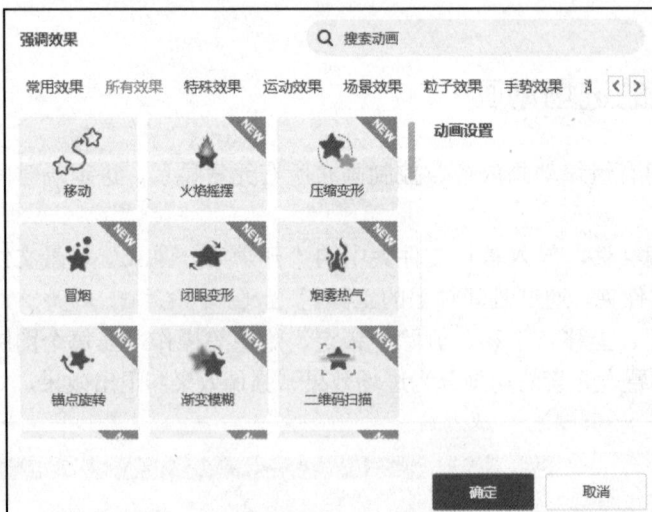

图 5-39　"强调效果"对话框

提示：每一个元素可以添加多种强调效果。

2. 强调效果中的"移动"动画

使用万彩动画大师制作动画的过程中，不仅可以给对象或物体添加直线移动效果，还可以通过拖动控制点实现动画的曲线移动，达到其动画效果。具体操作步骤如下。

1) 直线运动

(1) 新建空白工程文件，在画布中插入"图形"元素的圆角矩形。

(2) 单击时间轴中该图层中的 ◆ 按钮，打开"强调效果"对话框，添加"移动"效果，执行"匀速"命令，单击"确定"按钮。

(3) 在画布编辑区调节圆角矩形的起始位置、大小和旋转角度，如图 5-40 所示，箭头的方向为圆角矩形的运动方向。

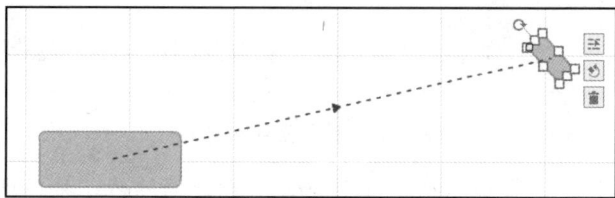

图 5-40　直线运动

(4) 调节时间轴"圆角矩形"的强调滑块，改变运动的时间点和时长。

2) 曲线运动

(1) 将鼠标移动到路径上，此时鼠标会变为钢笔形状，在路径上单击可添加一个圆点，拖动圆点可将路径变为曲线；可添加多个圆点对路径进行修改。

(2) 单击小圆点，执行"删除"命令，可删除因添加该圆点对曲线的修改，如图 5-41 所示。

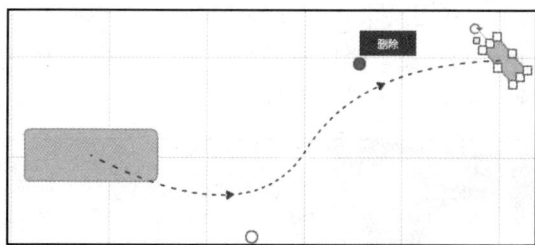

图 5-41　曲线运动

案例 5-3

角色的移动动画

本案例为学习如何进行背景图片的添加、角色的添加，学习进场动画、路径动画的制作和动画滑块的调节。具体操作步骤如下。

角色的移动
动画.mp4

(1) 新建工程。新建一个空白工程文件，将文件保存到 E 盘"案例"文件夹，并命名为"案例 5-3 角色的移动动画.am"。

(2) 添加背景。单击时间轴上方的"背景"按钮添加背景图层，在背景图层上单击 ◆ 按钮，在"图片背景"中选择"自定义图片"，上传素材文件夹中的"森林.jpg"图片，选择图片并添加到画布中。

（3）添加角色。选择"角色"元素栏官方角色中的"小男孩-学生"，在弹出的对话框中选择"走路"中的"昂首挺胸-走"，此时角色加入画布。

（4）添加进场动画。将小男孩移动到画布右边的中部位置，双击进场效果滑块，在"进场效果"对话框中选择"渐变效果"中的"渐变进入"，单击"确定"按钮。

（5）添加直线路径动画。在图层中添加"移动"强调效果，将小男孩移动的终点向左上方移动一段距离，并缩小一些，播放动画，此时小男孩移动的同时，脚步并没有走路的动作。时间轴中的滑块如图 5-42 所示。

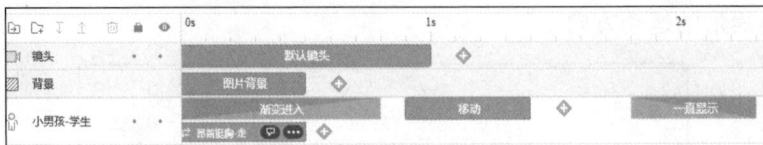

图 5-42　图层滑块调整前

（6）调整滑块。将"小男孩-学生"的进场滑块的时间缩短，将强调效果滑块左移，并延长滑块长度，将退场效果"一直显示"向右移动，延长"昂首挺胸-走"滑块，使其与"移动"强调滑块对齐，如图 5-43 所示。

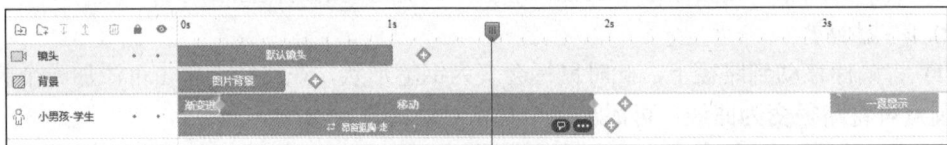

图 5-43　图层滑块调整后

（7）添加曲线路径动画。在图层中再次添加"移动"强调效果，将小男孩移动的终点向左下方移动一段距离，并放大一些，修改路径为曲线，如图 5-44 所示，延长"昂首挺胸-走"滑块，使其与第二个"移动"强调滑块对齐。

图 5-44　小男孩的移动路径

（8）预览效果，并保存文件。

（9）发布作品。

5.4.4 元素的退场动画

在图层中双击退场滑块，打开"退场效果"对话框，如图 5-45 所示，进行动画效果的选择和设置。

图 5-45 "退场效果"对话框

> 提示：每一个元素只能选择一种退场效果。退场效果可以修改，但不能为一个元素添加多种退场效果。

在每个滑块的左、右边缘单击鼠标并拖动改变进场、强调和退场所用的时长，拖动滑块可以改变滑块的位置，确定动画效果在该场景中的进场、强调和退场的时间点。

> 提示：滑块越长，动画时长越长；滑块越短，动画时长越短。

选择多个需要动画对齐的图层，单击 ⊢ 对齐 按钮或在时间轴上单击鼠标右键，在弹出的快捷菜单中执行"对齐"命令，对进场、强调、退场等动画进行对齐设置。

> 提示：使用 Alt+G 快捷键可以快速打开动画对齐功能。

案例 5-4

师生对话动画

本案例为"篮球——双手胸前传球"微课作品的师生对话动画内容，通过本案例，学习画布锁定、图层调整、语音合成、语音转字幕、字幕样式设置、进场动画、强调动画和退场动画的制作。具体操作步骤如下。

师生对话动画
的制作.mp4

(1) 打开并另存文件。打开素材文件夹中的"师生对话动画-初始.am"文件，将文件另存为"师生对话动画-完成.am"文件。为防止画布的移动，可单击 🔒 按钮锁定画布。

（2）调整图层。调整图层的顺序、元素的大小和方向，如图 5-46 所示。

图 5-46　调整后的画布效果

（3）老师的语音合成。单击时间轴上方的"语音合成"按钮，选择一种男生，输入文字"同学们，大家好。在上课之前，老师想请同学们思考一个问题 在篮球运动中获得胜利的关键是什么呀？"试听并应用。

（4）老师语音转字幕。调节语音滑块的位置，在滑块上单击鼠标右键，在快捷菜单中选择"语音识别(音频语言类型)"中的普通话，将语音转为相应的字幕。

（5）学生的语音合成。单击时间轴上方的"语音合成"按钮，选择男生输入"老师，我知道，是进球得分"，试听并应用。调节语音滑块的位置，用上面的方法将语音转为相应的字幕。

（6）老师的语音合成。内容为"进攻确实很重要，但真正能够得分进球的关键是，要有一个良好的团队配合。而团队配合中，传接球是必不可少的部分，所以，今天我们一起要学习的是双手胸前传球"。调节语音滑块的位置，也用上面的方法将语音转为相应的字幕。

（7）设置字幕样式。双击"字幕"图层滑块，打开"字幕"对话框，对"字幕样式"进行设置，并"应用到全部场景"，观看效果，不满意可以再次修改。

（8）制作"双手胸前传球"文字图层的动画。双击进场动画滑块，设置动画为"文本效果"中的"字符打印"。双击退场动画滑块，设置为"一直显示"，并拖动到语音的结尾处。

提示：避免误操作，可以将完成的图层锁定。

（9）调节静态图层的进场动画。将"黑板"图层的进场动画设置为"无"，并将其效果复制到"矩形""矩形 1"和"梯形"图层的进场动画中。

（10）调节静态图层的退场位置。按 Ctrl 键，单击"黑板""矩形""矩形 1"和"梯形"图层的退场滑块，并拖动到语音的结尾处。锁定这四个图层。

（11）制作"运动男生"的动画。将进场动画设置为"无"，退场动画设置为"一直显示"，并拖动到语音的结尾处。

（12）调整"运动男生"的说话和动作。延长说话和动作时长，并设置为"循环播放"，调整滑块。

（13）制作"小男孩"的动画。将小男孩的进场滑块移动到第 11 秒附近，将进场动画设置为"无",将强调动画设置为"移动",让小男孩从画布外进入,设置起点和终点,将退场动画设置为"一直显示",并拖动到语音的结尾处。

(14) 编辑"小男孩"的说话和动作。在说话图层再添加一个说话的角色。将前一个说话改为"昂首挺胸-走",调整时长。调整说话的时长并移动到声音对应的位置,将说话设置为"单次播放",并对角色进行编辑,使动作和语音同步。

(15) 同理,添加"运动男生"的说话动画。调整说话的时长,设置为"循环播放",并移动到声音对应的位置。

(16) 播放预览,进行微调,完成后的时间轴滑块如图 5-47 所示,保存文件。

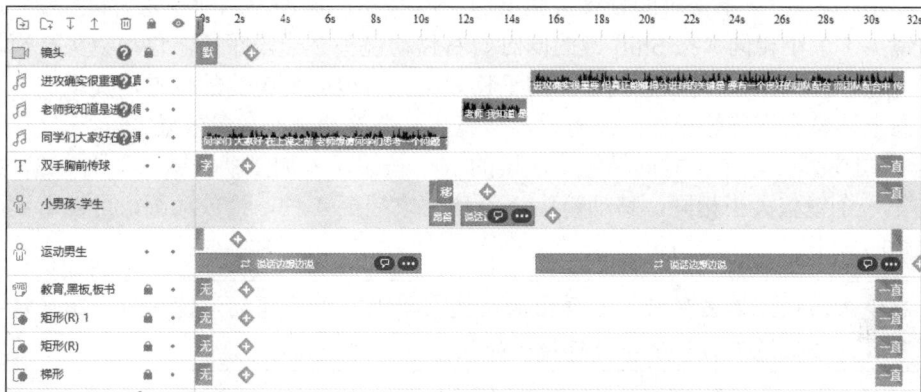

图 5-47　"师生对话动画"的时间轴

(17) 发布作品。单击"发布"按钮,弹出"发布作品"对话框,选择"本地视频"、mp4 格式,选择相应的位置发布作品。

5.5　镜头的应用

动画主要通过两种途径让画面"动"起来:一是通过动画中各元素的运动;二是通过不同的镜头进行切换,突出动画的主题,丰富动画的内涵。

1. 镜头的分类

镜头的应用,能够更好地突出场景内容,更容易吸引受众的注意力,提升学生的视觉体验。万彩动画大师的镜头有当前视角、默认规格、默认镜头和跟随镜头四种。

当前视角:在当前显示的区域添加镜头。

默认规格:添加一个比当前显示区域小一点的镜头。

默认镜头:新增一个和默认镜头一样大小、位置的镜头。

跟随镜头:强调对动画场景中移动物体的跟随,能给受众带来更加流畅的视觉体验效果。

2. 镜头的添加与设置

万彩动画大师可以添加多个镜头,并对镜头进行缩放、旋转、移动等操作,产生不一样的视觉体验。具体操作步骤如下。

(1) 新建工程。新建一个空白工程文件，导入素材文件夹中的"开学第一课.sc"场景文件，删除前一个空白场景。

(2) 添加镜头 1。将默认镜头缩短至 1.3 秒，单击时间轴镜头图层的 ◇ 按钮，添加"默认镜头"镜头 1，将镜头 1 缩小并移动位置与黑板大小一致，移动镜头 1 滑块，末端至 2 秒，播放动画，可以看到"开学第一课"文字的突出显示。

> 提示：镜头滑块长度越长，镜头切换速度越慢；反之，镜头切换速度越快。

(3) 添加镜头 2。单击时间轴镜头图层的 ◇ 按钮，添加"当前视角"镜头 2，此时镜头 2 与镜头 1 大小相同，按 Shift 键的同时向右移动镜头 2 一段距离，移动镜头 2 滑块，末端至 3 秒，播放动画，可以看到画面的平移效果。可以改变镜头的位置，实现左上移、左下移、右上移、右下移等操作，还可以旋转镜头，播放动画，观看效果。

(4) 添加镜头 3。单击时间轴镜头图层的 ◇ 按钮，添加"默认镜头"镜头 3，此时镜头 3 与第一个镜头大小相同，移动镜头 3 滑块，末端至 4 秒，播放动画，可以看到画面回到了原始的大小。

> 提示：在镜头滑块上右击鼠标，在弹出的快捷菜单中可以选择插入镜头为、删除镜头、重命名、修改镜头为等命令进行镜头的设置。

🅰 案例 5-5

片头制作

片头制作.mp4

本案例为"化作春泥更护花"微课作品中开头几秒的动画效果，通过本案例熟悉多媒体元素的添加方法，学习场景音乐的添加和编辑、镜头的添加与设置、文字进场动画的制作。具体操作步骤如下。

(1) 打开文件。打开素材文件夹中的"案例 5-5 片头制作.am"文件，场景 1 中所需对象已从元素栏中选择并插入，这里要完成场景 2 的效果。

(2) 添加 SWF 元素的进场动画。将两个 SWF 元素的进场效果设置为渐变进入，并将进场滑块向右移动 0.2 秒。

(3) 添加镜头。单击时间轴镜头图层的 ◇ 按钮，添加"默认镜头"镜头 1，镜头滑块设置为 1.2 秒至 2 秒，调节镜头的位置和大小，使文字突出显示。

(4) 添加文字的进、退场动画。将文字的进场滑块分别移动到 2.1 秒和 2.5 秒开始进场，并将效果改为波浪入场；将文字的退场滑块移动到 6 秒结束，这样文字出现后，显示一定的时间便于阅读。默认镜头的画面如图 5-48 所示，镜头 1 的画面如图 5-49 所示。

(5) 添加场景音乐。选择"音乐"元素栏的"音乐库"中的"轻音乐"，单击音乐右边的 + 号添加到场景；拖动音乐滑块的左、右边缘，可以对音乐进行裁剪，根据需要裁剪时长为 6 秒。双击时间轴中的音频波形滑块，打开"声音编辑"对话框，勾选淡入、淡出，单击"保存"按钮。时间轴中的滑块如图 5-50 所示。

(6) 预览效果，并保存文件。

(7) 发布作品。将不需要的场景删除，发布作品。

图 5-48　默认镜头的画面

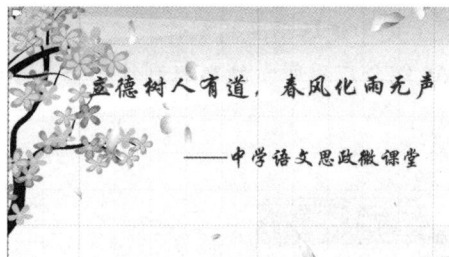

图 5-49　镜头 1 的画面

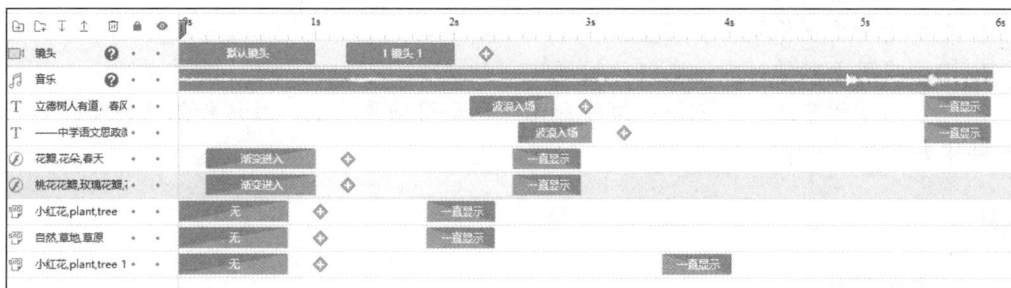

图 5-50　时间轴中的滑块

实践训练

1. 实验目的

(1) 熟悉万彩动画大师软件的基本操作。

(2) 学会多媒体素材的插入与编辑方法。

(3) 学会使用动画软件进行动画的制作。

(4) 学会文件的发布及格式的设置。

2. 实验环境

(1) 连接局域网的计算机。

(2) Windows 7 以上操作系统。

(3) 万彩动画大师软件及相应的案例素材。

3. 实验内容

(1) 完成案例 5-1,学习场景蒙版和元素蒙版的添加方法,并理解两种蒙版的区别。

(2) 完成案例 5-2,学习场景的复制、曲线的绘制、点线动画的添加和场景转场的添加。

(3) 完成案例 5-3,学习背景图片的添加、角色的添加、进场动画和路径动画的制作。

(4) 完成案例 5-4,学习图层调整、语音合成、语音转字幕、字幕样式设置、进场动画、强调动画和退场动画的制作。

(5) 完成案例 5-5,熟悉多媒体元素的添加,学习场景音乐的添加和编辑、镜头的添加与设置、文字进场动画的制作。

(6) 综合应用所学的知识制作一个与本学科相关的动画作品。

学习测评

1. 根据视觉空间的不同，计算机动画分为哪两类？
2. 常用的动画制作软件有哪些？
3. 动画应用于教学时应注意哪些问题？
4. 结合所学的专业，举例说明哪些知识点适合用动画表现，且该知识点的动画如何设计和制作更有利于教学。

学习资源

1. 万彩动画大师官网. https://www.animiz.cn/.
2. 中国大学MOOC，南宁师范大学，杨上影，龚彦，韦永圣，等.《教学动画制作与实战》课程.

党的二十大报告首次将"推进教育数字化"写入报告,凸显了数字化在教育工作中的战略地位,为教育系统的信息化工作提出了行动指引。课件是教育数字化的一种具体表现形式和工具,通过文字、图片、视频、音频等多种媒体元素辅助教学与知识传递,为教与学提供了更加丰富多样的教学资源和学习材料。课件将教学内容以多种媒体元素呈现,有助于将抽象的知识具体化,有利于学生理解和接受;与此同时,课件是数字化的教学资源,便于教师对教学内容进行编辑、更新与调整,有助于提高教学的灵活性。

第6章 课件的设计与制作

本章学习目标

➢ 了解课件的特点与分类。
➢ 掌握课件的设计原则。
➢ 理解课件的开发流程和常用的课件制作软件。
➢ 能够结合自己所学的专业使用 PPT 制作具有交互功能的课件。
➢ 能够灵活地设置 PPT 课件的放映。

6.1 课件概述

6.1.1 课件的特点与分类

课件是在一定的教学理论的指导下,根据教学大纲的要求和实际教学的需要,进行严格的教学设计,并以多种媒体的表现方式和超文本结构制作而成的课程软件。课件不同于一般的计算机软件,其主要强调教育性,是教师辅助教学的重要工具。

1. 课件的特点

1) 表现力丰富

课件中多种媒体相互协调,优势互补,不仅可以更加自然、逼真地表现多姿多彩的视听世界;还可以对宏观事物和微观事物进行模拟,对抽象、无形事物进行生动、直观的表现;对复杂过程进行简化、再现等。

2) 交互性良好

课件提供了友好的人机交互界面和强大的交互功能,不仅可以在内容的学习使用上提供良好的交互控制,而且可以运用适当的教学策略,指导学生学习,更好地体现个别化教学。

3) 共享便利

网络技术的发展使教育在全世界共享成为可能。以网络为载体的课件，使知识的传授不再受时间、地点的限制，为教学资源的共享提供了便利。

因此，课件在教学中的使用，增强了教学媒体的表现力和交互性，不仅促进了课堂教学内容、教学方法、教学过程的全面优化，也提高了教学效果。

2. 课件的分类

课件有多种不同的分类方法，根据使用对象、教学环境、教学模式的不同，课件分为不同的类型。具体的分类如下。

(1) 根据课件的使用对象，可将课件分为助教型课件和助学型课件。

① 助教型课件：辅助教师更好地完成课堂教学任务。

② 助学型课件：帮助学习者在课上或课下自主学习，如课前预习、课后复习、课下练习等。

(2) 根据教学环境，可将课件分为单机型课件和网络型课件。

① 单机型课件：指独立运行在计算机上的课件。

② 网络型课件：以网络为载体，人机对话功能强，有利于学习者进行探究性学习和合作学习。此类课件一般由专业人员设计和维护，在网页中展示大量的学习内容，甚至是全套课程。学习者可以掌控学习进程，可以在线讨论、完成作业和参加考试等，同时教师也可以在网上授课、辅导和答疑等。

(3) 根据教学模式，可将课件分为演示型课件、练习型课件、游戏型课件和模拟型课件。

① 演示型课件：教学中使用比较多的课件一般是演示型课件。这种模式的课件以讲解或展示教学内容为主，主要应用于课堂教学中，在多媒体教室或多媒体网络环境下，教师向全体学生将教学的重点、难点用合适的多媒体表现出来，演示教学过程，创设教学情境或进行示范操作等，将抽象的教学内容用形象、具体的形式表现出来，注重对学习者的启发和提示，可以反映问题解决的全过程。

② 练习型课件：主要是通过练习的形式来训练、强化学习者掌握或巩固某个知识点，以辅助完成教学任务。这种模式的课件一般在多媒体网络教室的环境下使用，由学生自己操作答题，计算机会进行判断并给出题目答案。

③ 游戏型课件：与一般游戏软件有很大的不同，主要基于学科的知识内容，寓教于乐，通过游戏形式，帮助学生提高学习知识的能力，并激发学生对学习的兴趣。这种模式的课件趣味性较强。

④ 模拟型课件：也称仿真型课件，是使用计算机来模拟真实的自然现象或科学现象。这种模式的课件主要提供学生与模型间某些参数的交互，从而模拟事件的发展结果。

6.1.2 课件的设计原则

课件是利用多种媒体形式实现、用以支持计算机辅助教学的软件。课件的制作必须服务于教学，设计课件应遵循以下基本原则。

1．教育性

课件是为了更好地向学生传授某门学科的基础知识，提高学生的学习能力，培养学生的思想品德，促进学生的全面发展而设计的。

(1) 明确课件设计目标，即明确制作这个课件需要解决什么教学问题，希望学生在知识、能力、思想品德方面有什么变化。

(2) 切合教学大纲，突出教学重点、难点。在课件的设计过程中，教学课件是教学内容的一部分，必须符合教学大纲的要求。设计的教学课件要有助于解决教学的重点、难点问题。

(3) 适合学生接受能力。设计课件不仅要考虑学生的年级、年龄和发展情况，还要适合学生原有的知识基础和接受能力。

2．科学性

设计的课件要具有很强的科学性，能正确展现科学基础知识和现代科学技术的发展水平。

(1) 教学媒体符合科学原理。教学媒体要生动、有趣，但不能违背现代科学的基本原理。

(2) 选材符合实际。选用的材料、例证和逻辑推理都必须是科学的，符合客观实际的，经得起实践检验的。

(3) 操作准确、规范。各种实际操作必须准确、规范。

(4) 素材真实、科学。所表现的图像、声音、色彩都要符合科学的要求，不能片面追求图像的美观、声音的悦耳、色彩的鲜艳而破坏素材的真实性。

3．技术性

课件要图像清晰、声音清楚、色彩逼真、声画同步，要保障课件的技术质量。

(1) 设备状态良好。制作课件使用的设备，要处于良好的状态。

(2) 制作技术熟练。要熟练掌握课件的制作技术，要有处理多媒体素材的能力，并能使用某种制作软件进行课件的设计，从而制作出符合要求的课件。

4．艺术性

设计的课件要有丰富的表现性和感染力，能激发学生的情感和学习动机，提高学生的学习兴趣和审美能力。

(1) 内容真实。课件的内容，要反映大自然和社会生活中真、善、美的事物。

课件中的文字主要是向学习者传达教学内容及各种辅助信息，文字的内容不能太多，应简明扼要，突出重点；常用的字体有宋体、黑体、微软雅黑、隶书和楷体等，在课件中采用不同的字体修饰文字，有较好的呈现效果，采用混合字体的文字更容易识别，但版面中的字体一般不超过四种；课件中的字号要保证中后排的学习者能看清楚；文字颜色的作用是使学习者学习能轻松、愉快，课件的文字颜色一般不超过三种，而且要根据主画面的颜色来选择，在背景上能够清晰地显示。

课件中的图像可以是教学内容中涉及的对象，也可以是用于美化、修饰教学内容的背景图或插图。

课件中的动画和视频要具有综合的表达力，表现知识灵活方便，自由度高，能够浓缩时间，展现空间，使课件更具动感和活力，在教学中的实用性极强。

(2) 画面流畅。画面构图要清晰匀称、变换连贯、流畅合理。

课件中的背景图像应该简洁、明了，不能影响学习者对主要教学内容的阅读，同时，课件呈现的教学内容要具有较强的易读性，且有利于缓解眼睛的疲劳和学习者对主要教学内容的感知、理解和记忆。

(3) 光线与色彩搭配合理。在光线与色彩上，要明暗适度、调配适当，使学习者感到舒适。

课件中比较经典的颜色组合有黑白组合、蓝白组合、黑黄组合、红黄组合、绿白组合、绿黑组合和黄绿组合等。

(4) 语音优美。语音要避免噪声，音乐要与景物、动作相协调。

课件中单凭视觉元素传递信息，会让人感觉枯燥和单调，合理地加入语音能够辅助画面更好地表达教学内容，吸引学习者的注意力，增强学习者的学习兴趣。语音居主要位置，用于表意，音乐和音效是对讲解和画面形式的补充和照应，只有三者相互结合才能达到良好的教育效果。

6.2　课件的开发

6.2.1　课件的开发流程

课件的基本功能是教学，课件的教学内容及呈现方式、教学过程及其控制的设计应基于教学设计，同时课件又是一种计算机软件，其开发过程应遵循软件工程的思想和方法，因此，课件开发的一般流程为需求分析、教学设计与艺术设计、脚本编写、采集与编辑素材、合成与输出，如图6-1所示。

图 6-1　课件的开发流程

1. 需求分析

需求分析是指分析教材，找出知识点；分析教学目标，找出教学重点；分析学生学习特性，找出学习难点。

2. 教学设计与艺术设计

在教学设计的过程中，主要任务是选择合适的教学模式，尤其是教学策略，选择合理的教学媒体，以与教学目标相适应为原则。在艺术设计上，颜色搭配、布局要协调，图文排版要美观，突出教学内容，适当进行艺术处理以收到过渡效果。与此同时，所选择的艺术风格应与教学主题相符合。

3. 脚本编写

脚本编写是课件开发不可缺少的一部分。先确定课件的总体结构，再进行分页脚本的编写。图 6-2 所示为小学数学《圆的认识》的课件结构。

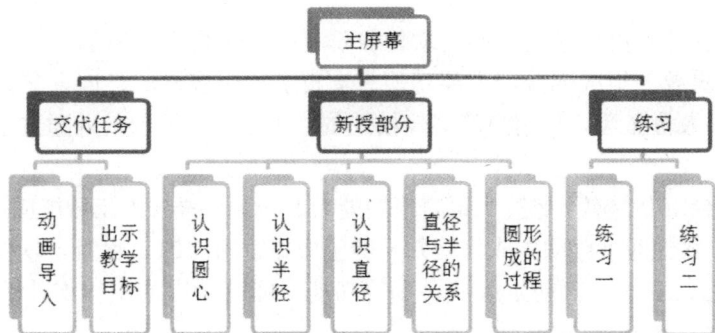

图 6-2　小学数学《圆的认识》的课件结构

分页脚本的编写，可参考的格式有很多，这里选择一种比较典型的脚本卡片。对每一页要显示的教学信息内容进行呈现，并说明呈现的方式、交互方式、设计说明等，其格式如图 6-3 所示。

图 6-3　脚本卡片的基本格式

4. 采集与编辑素材

文字素材的使用频率最高，如标题、概念、计算公式等；图像素材，是很常用且学习者也很容易接受的信息形式，如背景、人物、界面、按钮等；声音素材也是英语、语文等学科教学中常常用到的一类素材，在课件中合理地加入声音，能更好地表达教学内容，吸引学习者的注意；视频与动画素材，用于表达微观世界的内容、仿真性的内容及情境的创设，且都能起到很好的作用。这些素材的采集和编辑在前面的章节已进行了详细的讲解，不再赘述。

5. 合成与输出

合成与输出是运用课件制作软件，即将准备好的各种媒体素材进行合成，并反复调试，制作成课件，最后输出使用。

6.2.2 常用的课件制作软件

1. WPS

WPS 办公软件是由北京金山办公软件股份有限公司自主研发的一款办公软件套装。WPS 演示是其重要的组成部分，主要功能有支持多种内容格式、内置丰富的动画效果与切换效果、可多人协作等，使用户能够轻松地制作出精美的课件，并通过多种方式展示与共享。

WPS AI 是金山办公旗下具有大语言模型能力的一款生成式人工智能应用。用户只需输入主题和页数，软件即可自动生成大纲并一键生成完整的 PPT，而且，软件还提供了一键切换模板、配色、字体，自动生成演讲稿等功能，能有效提高制作课件的效率与质量。WPS AI 的网址为 https://ai.wps.cn/。

2. PowerPoint

PowerPoint 是微软公司的 Office 办公套装软件之一，是一款制作多媒体演示文稿的专业软件，其优点是比较稳定、成熟，操作简单，容易上手，支持交互功能，可以对同一对象添加多个动画效果。PPT 的触发器的功能虽然有限，但可以较方便地对一个对象添加触发效果，用户使用 PPT 配合相关的插件、软件，能够制作出精美的交互式课件。

3. 101 教育 PPT

101 教育 PPT 全面兼容 PowerPoint，特色是有丰富的基础习题、趣味习题及强大的资源库和课堂互动工具、学科工具，资源库中有与各版本相配套的 PPT 课件，另外，还有一些 VR 和 3D 资源，但缺少声音素材。101 教育 PPT 的工作界面如图 6-4 所示。

图 6-4　101 教育 PPT 的工作界面

4. Focusky 动画演示大师

Focusky 动画演示大师是广州万彩信息技术有限公司推出的一款免费、高效的动画 PPT 演示制作软件，其优点是操作简单，容易上手，通过 3D 无限缩放/旋转/移动的切换方式，使演示生动、有趣。Focusky 与 PowerPoint 幻灯片一张接一张演示的单线条的时序不同，它是采用整体与局部相结合的演示方式，为演示内容建立更清晰的逻辑结构，此外，它还可以配字幕、配音，导出为各种格式，甚至可以导出为.exe 文件。Focusky 动画演示大师的工作界面如图 6-5 所示。

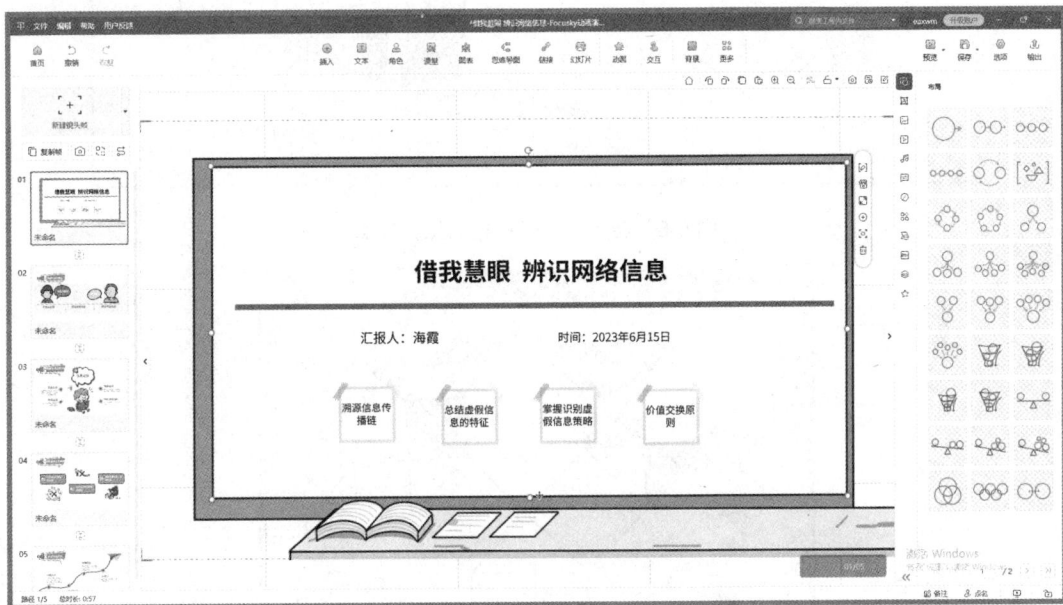

图 6-5　Focusky 动画演示大师的工作界面

5. 希沃第五代白板

希沃第五代白板软件是一款由希沃(Seewo)自主研发的针对信息化教学需求设计的互动式多媒体教学平台，它以多媒体交互白板工具为应用核心，并提供云课件、素材加工、学科教学等多种备课、授课的常用功能。学科工具还在不断完善，配套软件如班级优化大师、希沃授课助手也在不断更新，教师比较容易上手。该软件支持课件云同步，习题有一定的趣味性。希沃第五代白板的工作界面如图 6-6 所示。

6. 几何画板

几何画板是数学教师的首选课件制作软件，它具有准确地绘制几何图形、在运动中保持给定的几何关系、使用简便易于学习及占用内存小等诸多优点。几何画板提供了丰富且方便的创造功能，教师可以随心所欲地编写自己需要的教学课件，此外还提供了充分的手段帮助教师实现其教学思想，教师只需要熟悉软件简单的使用技巧即可自行设计和编写应用课件。几何画板是小学数学教学最出色的教学软件之一，其工作界面如图 6-7 所示。

图 6-6 希沃第五代白板的工作界面

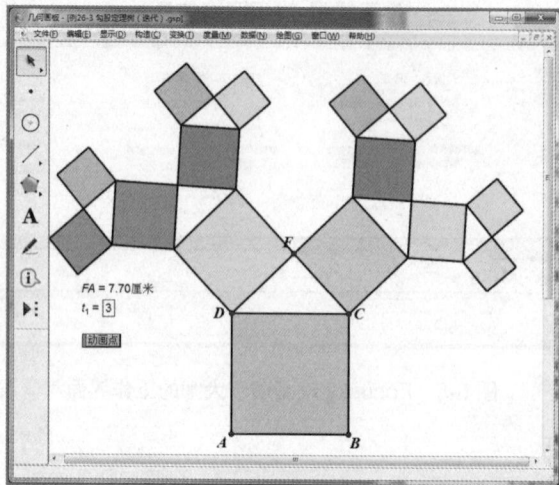

图 6-7 几何画板的工作界面

7. 其他课件制作软件

课件制作软件还有很多，如第 2 章介绍的思维导图软件 MindMaster、第 5 章介绍的万彩动画大师软件、来画等，每种软件各有其优点、缺点，用户可以根据课件的制作需求选择合适的制作软件。

6.3 PPT 课件的制作

PowerPoint 具有强大的多媒体展示功能，演示的内容可以是文本、图形、图表、图片、音视频等，其具有较好的交互功能和演示效果。媒体的多样性为教学提供了丰富的选择，使用 PowerPoint 制作课件时要遵循多媒体教学理论。

6.3.1 多媒体教学理论

多媒体教学理论.mp4

多媒体教学是指用多种媒体元素共同呈现教学信息，以促进学习者的学习。而对多媒体教学理论的理解则能有效地指导课件的制作，多媒体教学理论的具体内容如下。

1. 多媒体认知原理

课件中语词和画面组成的呈现比只有语词呈现的学习效果好，要求在课件制作中最好是图文结合，特别是要描述复杂的关系或某些事物复杂的原理时，语词和画面共同呈现，学习者学习时比较容易形成语言和图像的心理模型并为二者建立联系。

2. 时空接近原理

课件中相关联的语词和画面应在空间和时间上接近。具体来说，空间接近要求文本的相关插图不能离文本太远，应在一个屏幕上显示；时间接近要求相应的语词和画面同时呈现。例如，在用声音和画面说明某一事物时，对应的画面和解说需要同时呈现。时空接近使学习者更有可能在言语表征和视觉表征之间建立心理联系，因此，课件制作中多媒体信息在位置和时间上尽量接近是必要的，将相关内容在一个屏幕上显示，声画同步，采用同步交流等。

3. 通道原理

通道，是指学习者获取外界信息的感觉系统。多媒体学习是学习者使用两种或两种以上的感觉系统进行学习。由动画和解说组成的呈现比由动画和屏幕文本组成的呈现能使学习者学得更好，这是因为画面和语词都是以视觉形式呈现的，这会增加视觉通道的认知负荷，而听觉通道的认知负荷处于闲置状态。当语词材料以声音的形式呈现时，学习者可以在视觉通道加工图像信息，同时也可以在听觉通道加工语词信息。因此，制作课件时应尽可能多地使用不同通道，避免在相同的通道里放入重复的教学内容，增加学生的认知负荷。

4. 冗余原理

冗余信息，是指用于表达所传递的信息内容但又是多余或重复的信息。学习者学习由动画和解说组成的呈现材料比学习由动画、解说和屏幕文本组成的呈现材料有更好的效果，这里的解说和屏幕文本所呈现的是同样的语词信息，这样会增加学习者视觉通道信息负荷。冗余信息量过大会造成重点不突出、主题不鲜明。因此，制作课件时要将冗余信息删除，将重复性质的冗余信息优化。

5. 一致性原理

一致性原理，是指媒体内容要与教学目标相一致，删除课件中无关的文本、画面和声音等，因为无关的信息会分散学习者对重要信息的注意力，干扰信息的加工。因此，制作课件时，知识和信息的结构应与学习者的认知加工保持一致，删除无关的文本、画面和声音等与教学内容无关的内容，做到简洁、明了地传递教学信息。

总之，课件是使用多媒体来表现其教学内容和教学环境的，利用多媒体教学理论来指导课件的制作，有利于学习者信息加工，促进学习者有意义的学习。

6.3.2　设计母版

前文介绍了多种课件的制作软件，下面，主要学习演示型课件制作软件 PowerPoint 的高级应用，为制作优秀的 PPT 课件打下基础。

1. 母版

在制作 PPT 课件的过程中，需要在不同的幻灯片中使用相同的背景、导航结构、提示信息、字体格式等，可以利用母版进行统一设计。母版是一种特殊的幻灯片，能控制基于它的所有幻灯片；母版具有编辑、修改功能，如统一修改字体风格、占位符的大小和位置、背景和配色方案、插入标识等。

母版中的一次更改，能够更改所有基于该母版设计的幻灯片上对应的项目。例如，制作者需要在有 60 张 PPT 课件的每一张幻灯片底部插入某学校的 Logo，并不需要在每一张幻灯片中重复 60 次插入 Logo 的操作，只要需在母版视图下进行一次插入 Logo 的操作即可。

在 PPT 中有幻灯片母版、讲义母版和备注母版三种母版类型，如图 6-8 所示。幻灯片母版决定了幻灯片的外观设计，讲义母版提供打印讲义的版面布局设置，备注母版提供幻灯片备注文本的默认样式。

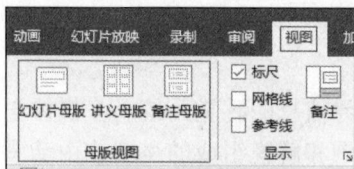

图 6-8　"视图"功能区

2. 幻灯片母版

幻灯片母版的视图下会呈现一组幻灯片。这组幻灯片的各自作用不同，最上面一张为主题页，下面为版式页。主题页的修改体现在版式页中，但版式页的修改不会影响主题页或其他页。因此，可以单独设计标题幻灯片、标题和内容、节标题、两栏内容等。编辑完成后，在"幻灯片母版"功能区单击"关闭母版视图"按钮，如图 6-9 所示，可以退出母版视图。

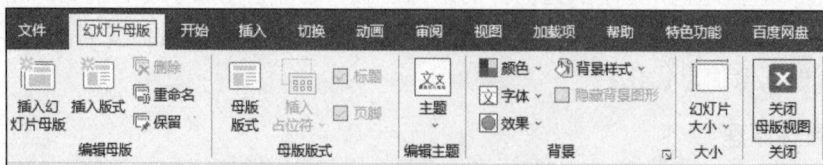

图 6-9　"幻灯片母版"功能区

图 6-10(a)所示为一个纯白背景的英语教学课件，图 6-10(b)为在页面插入背景和 Logo 标识符后的效果。若要美化图 6-10(a)显示的课件，首先需要提前准备背景图片和统一的标识符素材，然后进入幻灯片母版视图，在母版的第一张插入背景图片和标识符图片，编辑

完成后关闭母版视图，此时发现课件中的所有页面具有了统一的风格，有同样的背景和标识符。

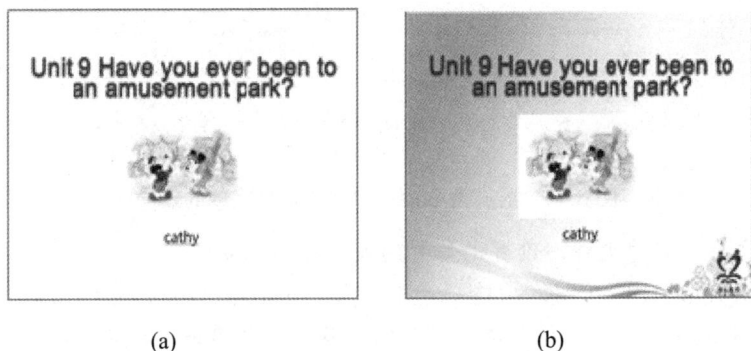

(a)　　　　　　　　　　(b)

图 6-10　设置幻灯片母版前、后的效果

3. 使用母版的优势

(1) 高效。页数越多，版式越复杂，应用母版越高效。

(2) 安全。在母版中设置的版式，在普通视图中无法编辑或删除。

(3) 便捷。在幻灯片的母版里可以一键更换母版。

提示：在母版中对文本属性的设置，只适用于占位符中的文本。比如，通过文本框输入的文本是无法使用母版进行属性设置的，所以，对母版中占位符的修改是无法影响到文本框的。

6.3.3　插入和修饰多媒体素材

1. 插入和美化 SmartArt 图形

1) SmartArt

SmartArt 图形是信息和观点的视觉表示形式，可以快速、有效地传达文本结构的信息。SmartArt 有列表、流程、层次结构、关系、循环、矩阵、棱锥图、图片等图形类型，每种类型有不同的布局，可以根据文字数量或关系来决定布局的选择。比如，层次结构可以用来设计组织结构图，流程适用于设计流程图等。

2) 使用 SmartArt 需要注意的问题

(1) 文字量不能太大。文字量太大会分散 SmartArt 的视觉吸引力，难以直观地传达信息。

(2) 在形状个数和文字量仅限于表示要点时，使用 SmartArt 图形最有效果。

(3) 文字内容尽量与图形布局相吻合。如"关系"类型中的"分叉箭头"布局用于显示从一个中心源延伸而来的观点或概念，"箭头"倾向于表示某个方向上的移动或进展。

案例 6-1

层次型 SmartArt 图形的制作

本案例为学习如何制作层次型 SmartArt 图形，制作完成的效果如图 6-11

smartart 图形的制作.mp4

所示。在这个示例中，共分为三个层级，具体操作步骤如下。

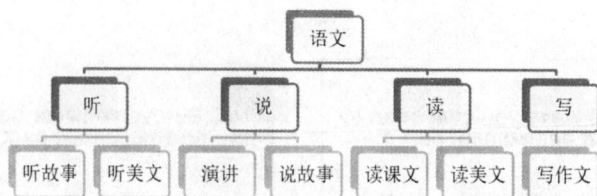

图 6-11　层次型 SmartArt 图形制作完成的效果

（1）新建文件。新建文件，设置幻灯片的大小为 16∶9。

（2）插入层次结构图。在"插入"选项卡中单击"SmartArt"按钮，在弹出的"选择 SmartArt 图形"对话框中选择"层次结构"类的"层次结构"，并单击"确定"按钮。

（3）添加分级文字。单击图形框左侧的箭头，打开文字输入区，分层级输入文字，可以单击"回车"键增加分支，单击 Tab 键降级，单击 Backspace 键升级，如图 6-12 所示；也可以在"SmartArt 工具"的"设计"选项卡中单击"创建图形"组的功能按钮来改变层次结构，如图 6-13 所示。

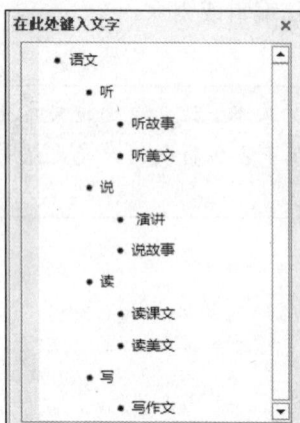

图 6-12　分层次输入文字

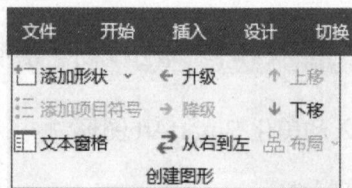

图 6-13　"创建图形"组

（4）修改版式、样式。在"SmartArt 工具"选项中，单击"SmartArt 设计"功能区中的相应功能按钮，可以修改版式、更改颜色、修改样式或重置图形等，如图 6-14 所示。

（5）保存文件。将文件保存到 E 盘"案例"文件夹，命名为"案例 6-1 层次型 SmartArt 图形的制作.pptx"。

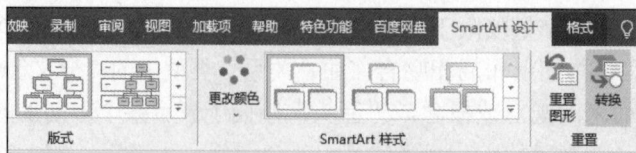

图 6-14　"SmartArt 设计"选项中的部分功能

提示：将 SmartArt 图形转换为文本，可以使用如图 6-14 所示的"重置"组中的"转换"功能，将 SmartArt 图形转换为文本。

3) 将文本转换为 SmartArt 图形

将文本转换为 SmartArt 图形的具体操作步骤如下。

(1) 在幻灯片中输入文字。

(2) 将文字按缩进级别排列。

(3) 选中需要转换的文字，选择"开始"选项，单击"段落"组中的"转换为 SmartArt"按钮，选择一种图形，即可实现文本到 SmartArt 图形的转换。

2. 插入和美化图表

在制作 PPT 课件的过程中，经常会插入一些数据，数据用图表显示会更加直观。图表包括图形化的表格、图标、数字、图片及它们之间的相互组合，共同呈现数据的内容。将数据用图表的形式进行可视化呈现，可以让学习者快速理解图表中数据所表达的含义、内容及图表中展示的逻辑和变化趋势。

1) 插入图表

选择"插入"选项卡，单击"插图"组中的"图表"按钮，弹出"插入图表"对话框，对话框中有多种图表可供选择，如图 6-15 所示。

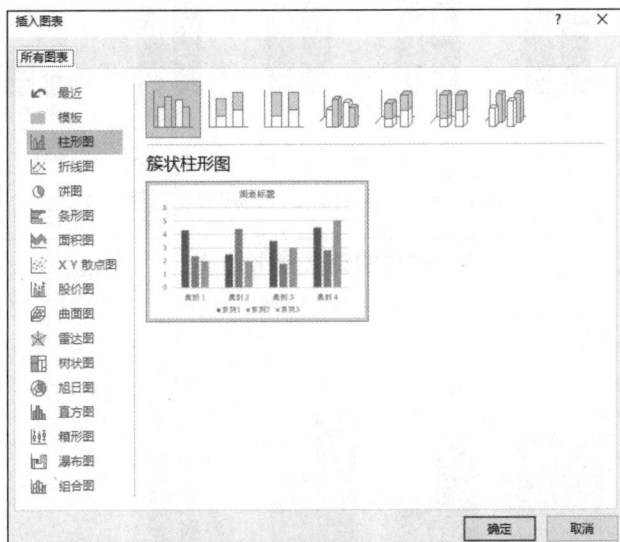

图 6-15　"插入图表"对话框

制作课件时，尽量将课件中的文字转换成表、图或图表，对于数字表示的信息，用清晰、简洁的表格呈现，更有助于教学内容的呈现和表达。表 6-1 所示为某两个班学生的语文成绩分布情况，可以看出，用表格的方式比用文字说明效果要好。

表 6-1　学生的语文成绩分布　　　　　　　　　　　单位：%

班级	优秀	良好	中等	及格	不及格
301 班	23	24	35	15	3
302 班	25	15	20	35	5

接下来，我们将学生的语文成绩分布信息改用图显示，如图 6-16 所示，可以看出，用

図比用表格更能直观地反映数据之间的对比情况。

2）美化图表

美化图表主要借助"图表工具"选项卡中的"图表设计"和"格式"功能区来完成。在"图表设计"功能区可以对图表布局、图表样式、数据、图表的类型等进行修改；在"布局"功能区可以对图表中的所选内容、标签、坐标轴、背景等进行修饰；在"格式"功能区可以对图表中的所选内容、插入形状、形状样式、艺术字样式等进行美化。

在图 6-16 的基础上对簇状柱形图进一步美化，将簇状柱形图改为三维簇状柱形图，然后给图加上标题，在上方显示图例，给背景墙和底板分别加上填充颜色，在三维簇状柱形图上加上数据标签等，如图 6-17 所示。

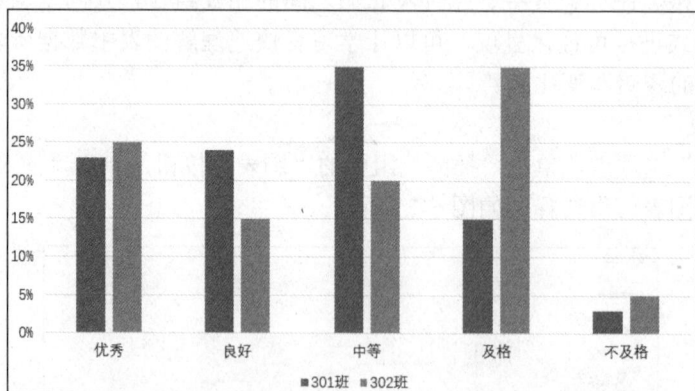

图 6-16 学生的语文成绩簇状柱形图

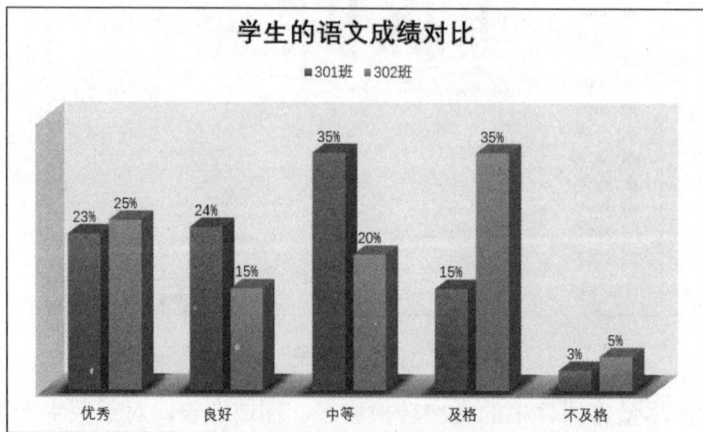

图 6-17 美化后的三维簇状柱形图

3. 插入对象

使用 PPT 课件时，如果还要插入如其他 PPT 文件、Word 文档、Excel 工作表等，有多种方法，可使用任务栏切换窗口、插入对象、设置超链接等，这里介绍插入对象的方法。

在"插入"选项卡中单击"文本"组的"对象"按钮，弹出"插入对象"对话框，如图 6-18 所示，可以插入的对象类型有多种。在"插入对象"对话框可以选择"新建"插入对象，也可以选择"由文件创建"插入对象。

图 6-18 "插入对象"对话框

案例 6-2

图像放大和缩小效果的制作

本案例为学习如何在 PPT 课件中插入 PPT 文件,完成幻灯片页面内容的制作,效果如图 6-19 所示。当放映此幻灯片时,单击下方的任意一张图表会放大显示,再次单击会还原。具体操作步骤如下。

图像放大和缩小
效果的制作.mp4

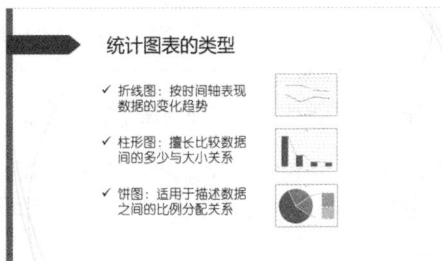

图 6-19 统计图表的类型

1) 完成作为对象插入的三个 PPT 文件的制作

(1) 新建文件。新建一个 PPT 文件,在"设计"选项卡的"页面设置"中将幻灯片的比例设置为 16 : 9。

(2) 折线图的制作。在"插入"选项卡中单击"图表"按钮,插入折线图,并修改折线图的样式,单击"确定"按钮。将幻灯片中的折线图放大,比幻灯片页面小一点,添加边框,保存文件到 E 盘"案例"文件夹,命名为"折线图.pptx"。

(3) 柱形图的制作。将"折线图.pptx"另存为"柱形图.pptx",选择幻灯片中的折线图,在"图表设计"功能区中单击"更改图表类型"按钮,选择一种柱形图样式,单击"确定"按钮,这样制作的效果是柱形图的大小和折线图的大小保持一致,并保存文件。

(4) 饼图的制作。将"柱形图.pptx"另存为"饼图.pptx",选择幻灯片中的柱形图,在"图表设计"功能区中,单击"更改图表类型"按钮,选择一种饼图样式,单击"确定"按钮,保存文件。

2) 完成"统计图表的类型" PPT 文件的制作

(1) 输入文字。将"饼图.pptx"另存为"统计图表的类型.pptx",删除饼图,在幻灯片中输入文字,文字的排版效果如图 6-19 所示。

(2) 插入对象。在"插入"选项卡中单击"文本"组中的"对象"按钮，弹出"插入对象"对话框，选中"由文件创建"单选按钮，如图 6-20 所示。

不勾选"链接"复选框，插入对象后，原文件是可以删除的，不影响"统计图表的类型.pptx"的运行。

不勾选"显示为图标"复选框，插入 PPT 文件时，显示的是插入 PPT 文件的第一张幻灯片，否则显示为 PPT 图标。

单击"浏览"按钮，选择"案例"文件夹的"折线图.pptx"文件，单击"确定"按钮。

(3) 插入另外两个对象。同理，将"柱状图.pptx"文件和"饼图.pptx"文件作为对象插入当前幻灯片，调整 3 个对象的位置和大小，保存文件。

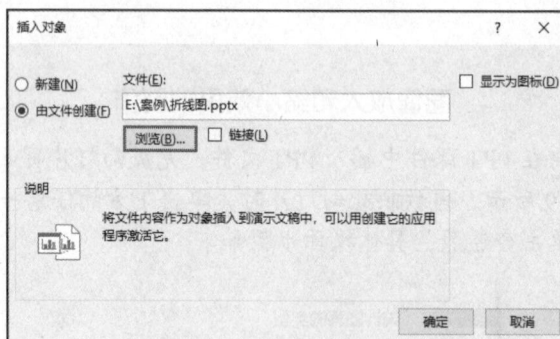

图 6-20　选中"由文件创建"单选按钮

(4) 放映观看效果。放映"统计图表的类型.pptx"文件，单击每个图表会放大图像，再次单击会还原，实现了图像放大和缩小的效果，并且可以多次单击实现图像的放大和缩小。

(5) 保存文件。

4. 插入视频和添加视频封面

1) 插入视频

课件的制作通过单击"插入"选项卡"媒体"组中的"视频"按钮，可以从"此设备"中插入视频文件到幻灯片中。

> **提示：** 当视频文件不能插入 PPT 文件时，可以用视频格式转换软件进行转换，转换为 PPT 文件支持的格式。

2) 编辑视频

选中插入的视频，在"视频工具"选项卡中使用"播放"功能区进行简单的编辑处理和相应的播放设置，如图 6-21 所示。

图 6-21　视频的"播放"功能区

3) 添加视频封面

选中插入的视频，在"视频工具"选项卡中单击"格式"功能区的"海报框架"按钮，在弹出的下拉菜单中选择"文件中的图像"选项，如图 6-22 所示。选择一张与该课件中视频内容相匹配的图片作为视频封面。

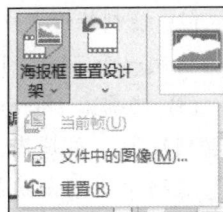

图 6-22　选择"海报框架"中的"文件中的图像"选项

5. 合并形状

制作课件时，使用 PPT 中的"合并形状"功能所提供的多种合并模式，可以"拼"出各种需要的图形。图 6-23 所示为使用两个相交圆实现的"合并形状"功能的模式效果。

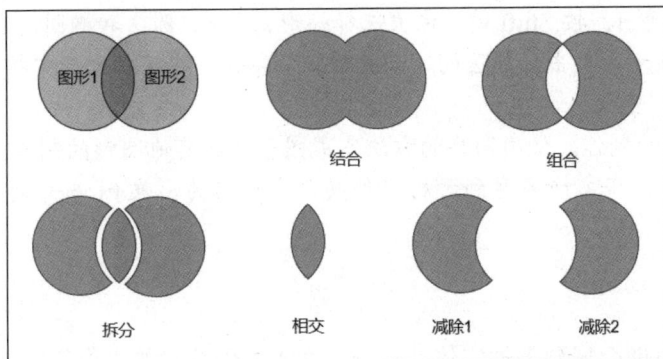

图 6-23　"合并形状"功能的模式效果

案例 6-3

简易 VR 头显的制作

本案例为微课作品"VR 知多少"拓展活动"制作简易 VR 头显"的内容，完成后的效果如图 6-24 所示。通过本案例学习"合并形状"的功能，完成简易 VR 头显基本结构的制作。具体操作步骤如下。

简易 VR 图显的制作.mp4

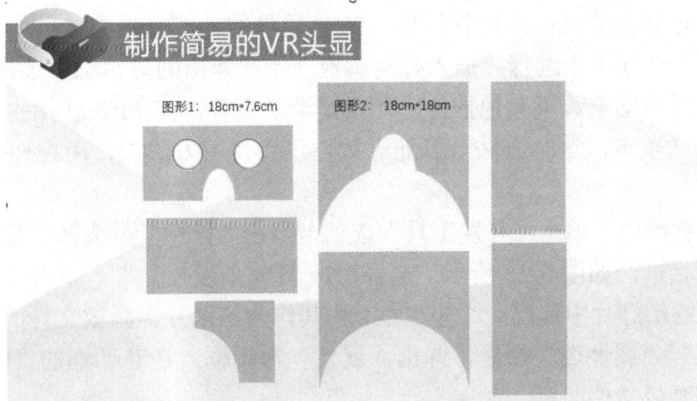

图 6-24　简易 VR 头显的基本结构

(1) 打开文件。打开素材文件夹中的"案例 6-3 简易 VR 头显的制作-初始.pptx"文件。

(2) 绘制矩形 1。插入一张新幻灯片，在"插入"选项卡中使用"形状"中的"矩形"工具绘制一个 24cm×16cm 的矩形，并给矩形进行纹理填充。

(3) 切割出 18cm×7.6cm 的矩形。复制矩形 1，得到矩形 2，将矩形 2 调整为 18cm×7.6cm，移动到矩形 1 区域内；选择矩形 1，按 Shift 键，选择矩形 2，在"绘图工具"的"形状格式"选项卡中单击功能区中"合并形状"按钮，在下拉列表中执行"相交"命令，切割出 18cm×7.6cm 的矩形。

(4) 绘制圆和椭圆。使用"圆"工具，按 Shift 键，绘制圆 1，大小为 3.2cm×3.2cm，复制圆 1，得到圆 2；使用"圆"工具，绘制椭圆，大小为 3.2cm×6cm；调整圆 1、圆 2 和椭圆到相应位置，位置如图 6-24 所示。

(5) 切割出图形 1。按 Shift 键，依次选择矩形、圆 1、圆 2 和椭圆，在"绘图工具"的"形状格式"选项卡中单击功能区的"合并形状"按钮，在下拉列表中执行"减除"命令，切割出图形 1。

(6) 其他图形的制作。使用同样的方法完成图形 2 和其他图形的制作。

(7) 保存文件。将文件另存到素材文件夹，文件名为"案例 6-3 简易 VR 头显的制作.pptx"。

6. 替换字体

制作课件时可能会用到多种字体，且分布在不同幻灯片的占位符或文本框中。若要修改其中的字体，使用"替换字体"可以一键完成字体的统一替换。具体操作步骤如下。

在"开始"选项卡中执行"编辑"组"替换"下的"替换字体"命令，打开"替换字体"对话框，"替换"下拉列表会列出所有在该 PPT 中被使用的字体，选择需要被替换的字体，然后在"替换为"下拉列表选择需要替换为的字体，如图 6-25 所示，单击"替换"按钮，完成该字体的一键替换。

7. 插入几何画板文件

几何画板是中小学数学教学的辅助软件，有时需要将几何画板文件插入 PPT 课件，动态展示几何对象之间的关系，下面介绍两种操作方法。

方法一：在电脑安装几何画板软件后，PPT 软件的功能选项中会出现"加载项"选项卡，在"加载项"选项卡中选择"插入几何画板"，在弹出的对话框中选择文件即可插入。

方法二：有时电脑安装了其他插件，如"雨课堂"等，在 PPT 软件的功能选项中会出现"雨课堂"的选项卡，这时方法一可能无效，可以使用方法二，用控件的方式插入。具体操作步骤如下。

(1) 在 PPT 软件中，单击"开发工具"选项卡，在"控件"组选择"其他控件"，弹出"其他控件"对话框，如图 6-26 所示，选择"1x 几何画板控件"，单击"确定"按钮。

(2) 在 PPT 的幻灯片中拖出一个矩形框，将其作为显示几何画板文件的区域，在矩形框上右击鼠标，执行"属性表"命令，弹出"属性"对话框，在对话框的"GspFile"中浏览需要插入的几何画板文件即可。

(3) 放映 PPT 可显示几何画板文件，并能实现几何画板的交互功能。

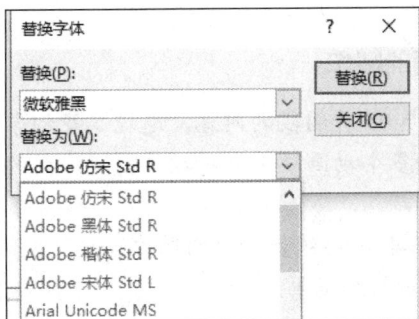

图 6-25　"替换字体"对话框

图 6-26　"开发工具"中的"其他控件"

另外，也可以使用插入超链接，在放映状态下链接到几何画板文件。

6.3.4　设置动画

1. 动画在 PPT 课件中的作用

(1) 动画能把 PPT 中独立的素材联系起来，让课件的表达更准确。文字、图像、图表、视频等都是独立的多媒体元素，这些元素是分散的，而动画能使这些元素相互配合，共同强化课件的主题，以线性的动画表达逻辑呈现，动画的显隐决定了分量，动画的松紧决定了关联，动画的方向决定了注意力。

(2) 动画能够突出或强调 PPT 中的特定内容。PPT 课件中有些内容需要提醒学习者特别注意，比如，教学中要突出重点，一般可以通过字体、色彩、排版等手段来强调内容，与以上手段相比，使用动画效果来表现更容易吸引学习者的注意力，实现强调突出内容的作用。

(3) 动画是 PPT 课件的"调味品"。再美的画面观看 10 分钟也会厌倦，PPT 动画让内容的演示更加形象、生动，充满趣味，更能聚焦眼球，加深记忆。精心设计的转场动画能够让演示更加顺畅、自然。

总之，PPT 动画能够较好地实现教学内容的分层可视化呈现，是教师实现教学内容有序、有层次呈现的有效方式。

2. 动画效果的类型

PPT 中的动画主要有进入动画、强调动画、退出动画和路径动画四类。其中，进入动画是最常用的动画，是对象进入画面过程中的动画效果；强调动画起强调作用，能加深学习者的印象和理解；退出动画可以满足一张幻灯片中多个相似内容的显隐，解决页面空间不足的问题；路径动画是 PPT 动画中最自由的一类，可以使对象沿着路径运动，还包含自定义路径。

PPT 中的对象不仅能添加单一的动画效果，还能添加多个动画效果，通过使用"高级动画"组里的"添加动画"即可实现，通过"计时"组和"动画窗格"调节动画的播放方式和顺序等。

🎯 **案例 6-4**

观察纸板动画的制作

本案例为微课作品"VR 知多少"中 4:48～5:05 时间段的内容，通过本案例学习使用"选择窗格"进行对象的选择，为一个对象添加多个动画效果和对动画出现方式的设置方法。具体操作步骤如下。

(1) 打开文件。打开素材文件夹中的"案例 6-4 观察纸板动画的制作.pptx"文件，第 1 张幻灯片已为对象加动画，第 2 张幻灯片没有为对象加动画。

(2) 观看动画。放映第 1 张幻灯片观看动画效果；或在"动画"选项中打开"动画窗格"进行预览。

(3) 使用"选择"窗格。选择第 1 张幻灯片，在"开始"选项卡中使用"编辑"组的"选择"下拉列表，打开"选择"窗格。通过单击"选择"窗格中对象的名称在幻灯片中认识对象，将对象名称与对象对应起来；也可单击"选择"窗格中对象名称后的"显示"或"隐藏"按钮辅助操作，为制作动画做准备，如图 6-27 所示。

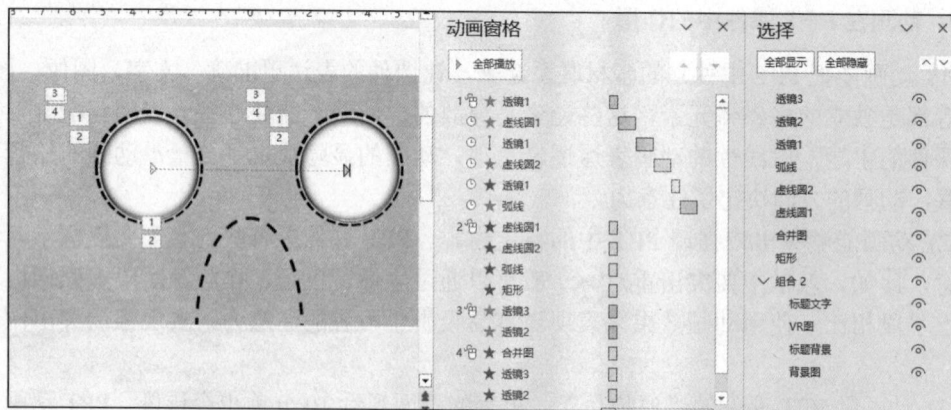

图 6-27　对象的"动画窗格"和"选择"窗格

(4) 动画制作。选择第 2 张幻灯片，模仿第 1 张幻灯片进行动画制作，观察纸工板动画的顺序和开始方式如表 6-2 所示。

表 6-2　观察纸板动画的顺序和开始方式

动画顺序	开始方式	透镜 1	透镜 2	透镜 3	虚线圆 1	虚线圆 2	弧线	矩形	合并图
1	单击	淡化进入							
2	上一动画之后				轮子进入				
3	上一动画之后	直线运动							
4	上一动画之后					轮子进入			
5	上一动画之后	淡化退出							
6	上一动画之后						擦除进入		
7	单击				淡化退出				

续表

动画顺序	开始方式	透镜 1	透镜 2	透镜 3	虚线圆 1	虚线圆 2	弧线	矩形	合并图
8	与上一动画同时					淡化退出			
9	与上一动画同时						淡化退出		
10	与上一动画同时							淡化退出	
11	单击			淡化进入					
12	与上一动画同时		淡化进入						
13	单击								淡化退出
14	与上一动画同时			淡化退出					
15	与上一动画同时		淡化退出						
16	与上一动画同时	淡化退出							

(5) 保存文件。放映第 2 张幻灯片，观看动画效果，保存文件。

3. 使用触发器

触发器是 PPT 中的一项功能，它可以是图片、文字、段落、文本框等，相当于一个"开关"按钮。在 PPT 中设置好触发器功能后，单击触发器会触发一个操作，该操作可以是音乐或影片的播放、某个对象动画的发生等。也就是说，使用触发器可以在放映状态下通过单击某个对象来控制幻灯片中已设定动画的发生。

案例 6-5

抽题抢答效果的制作

本案例为学习触发器的设置和"动画刷"的使用方法，在放映状态下单击题号，可以看到相应的题目，具体操作步骤如下。

抽题抢答效果
的制作.mp4

(1) 打开文件。打开素材文件夹中的"案例 6-5 抽题抢答效果的制作.pptx"文件。

(2) 观看效果。放映文件，观看抽题抢答效果。

(3) 输入文本。插入第 2 张幻灯片，在幻灯片中输入如图 6-28 所示的文本，并将图中的 9 个文本框使用"绘图工具"选项卡中的"对齐"功能对齐排列。

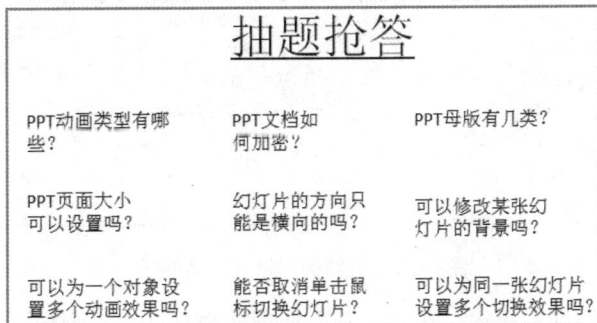

图 6-28　插入文本的效果

技巧： 在 PPT 中要选择多个对象，可按 Shift 键加选或框选。

(4) 插入矩形。在第 2 张幻灯片中插入 9 个圆角矩形，分别在矩形上添加数字，进行对齐排列，如图 6-29 所示。

图 6-29　插入矩形的效果

(5) 添加动画。选择矩形 1，在"动画"选项卡中单击"添加动画"按钮，执行"退出"组中的"消失"命令；在"动画"选项卡中单击"触发"按钮，在下拉列表框中选择"通过单击"中的第 1 个圆角矩形。

(6) 使用动画刷。选择第 1 个圆角矩形，在"动画"选项卡中双击"动画刷"按钮，依次单击另外 8 个圆角矩形，单击"动画刷"按钮，取消动画刷的功能，这样 9 个圆角矩形的消失动画设置就完成了。

(7) 放映并保存文件。放映第 2 张幻灯片，单击任意一个圆角矩形查看效果，保存文件。

4. 跨幻灯片播放音频

制作课件时，添加的音频文件默认为只在当前幻灯片播放，可以根据需要设置为单击播放或自动播放。要想将添加的音频文件在连续的几张幻灯片中播放，可以将音频设置为跨幻灯片播放。具体操作步骤如下。

(1) 插入音频。打开要插入音频的 PPT 课件，选中需要播放音频文件的幻灯片，插入音频文件，此时幻灯片中央显示音频图标 。

(2) 编辑音频。选中音频图标，在"音频工具"的"播放"选项功能区中，对音频进行剪裁、渐强、渐弱等编辑，对音量的大小、放映时是否隐藏音频图标等进行设置，如图 6-30 所示。

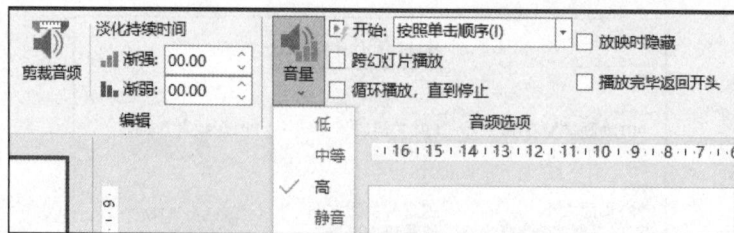

图 6-30　音频的"播放"功能区

(3) 设置音频跨幻灯片播放。在"动画"选项卡中打开"动画窗格"。在"动画窗格"中选择需要设置的音频文件，在其下拉列表框中选择"效果选项"，如图 6-31 所示。弹出"播放音频"对话框，并在对话框中设置"停止播放"为"在 3 张幻灯片后"即可，如图 6-32 所示。

(4) 放映文件，观看效果。

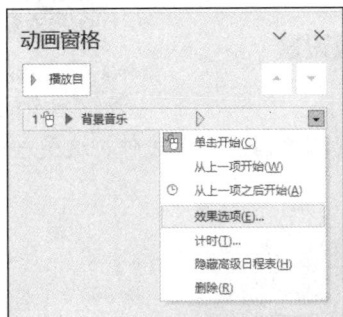

图 6-31　"动画窗格"的选择

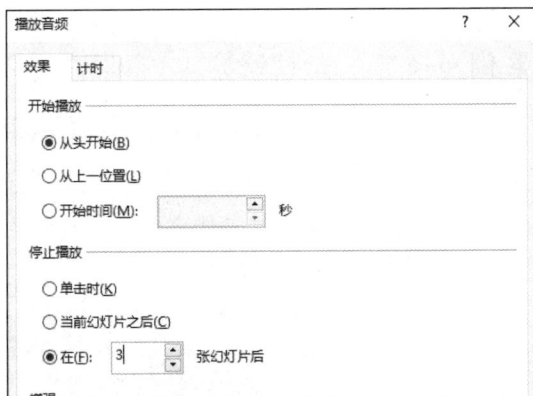

图 6-32　"播放音频"的设置

6.3.5　设置交互

交互式课件在教学中可以激发学生的学习兴趣，使学生主动参与到课堂教学中。科学、合理的交互设计既能使学生学习起来轻松，又能使教师教起来容易，极大提高了教学效率。

常用的交互设置，可以通过超链接来实现。用于设置超链接的对象可以是文字或图形，也可以是动作按钮；超链接的目的地址可以是现有文件或网页，也可以是本文档中的某一页，如图 6-33 所示。

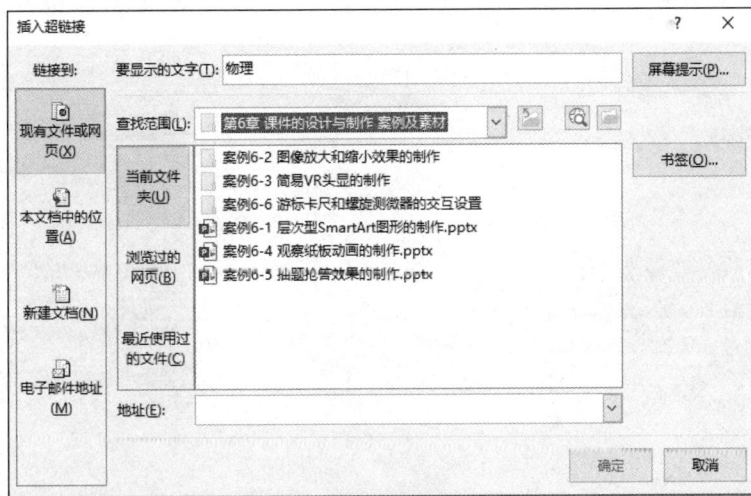

图 6-33　"插入超链接"对话框

设置超链接有两种方式：一是通过"插入"选项卡中的"超链接"来实现；二是通过"插入"选项卡中"形状"下的"动作按钮"来实现，如图 6-34 所示。

图 6-34　动作按钮

案例 6-6

游标卡尺和螺旋测微器的交互设置

游标卡尺和螺旋测微器
的交互设置.mp4

本案例为学习课件的交互设置方法，具体操作步骤如下。

(1) 打开文件。打开素材文件夹中的"游标卡尺和螺旋测微器.pptx"文件，这是一个物理课件，课件的结构如图 6-35 所示。

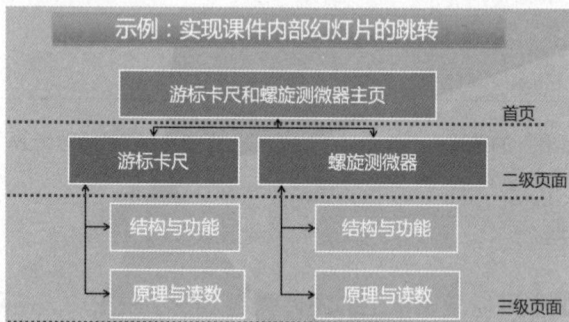

图 6-35　课件的结构

(2) 观看课件。课件包括两个主要内容，游标卡尺和螺旋测微器，且每个部分都讲解其结构与功能、原理与读数。以下分别称为首页(第 1 张幻灯片)、二级页面(第 2 张和第 5 张幻灯片)、三级页面(第 3 张、第 4 张和第 6 张、第 7 张幻灯片)，如图 6-36 所示。

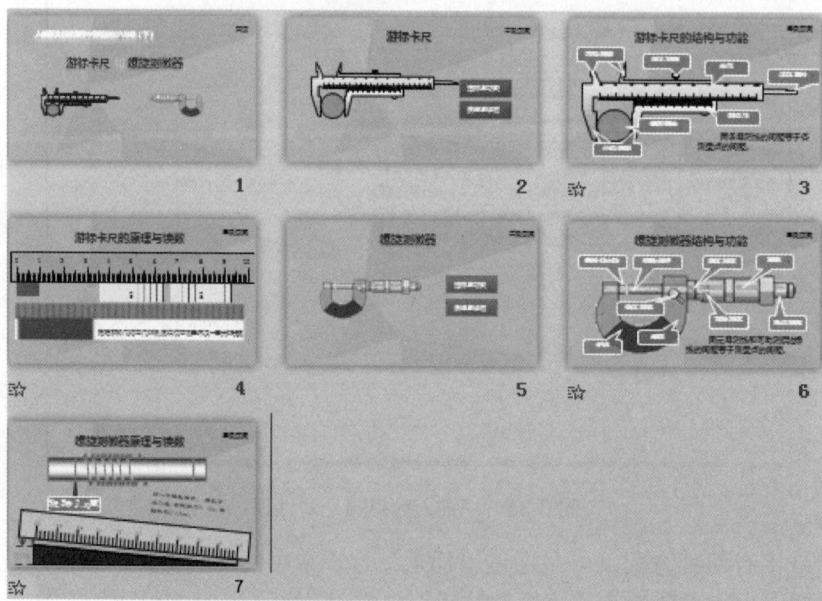

图 6-36　课件中的 7 张幻灯片

　　(3) 完成首页到二级页面的跳转。通过插入"超链接"，分别完成首页到两个二级页面的跳转。在首页中选择"游标卡尺"文字，然后在"插入"选项卡中单击"超链接"按钮，弹出"插入超链接"对话框，在对话框中选择"本文档中的位置"中的第 2 张幻灯片，单击"确定"按钮。同理，在首页中选择"螺旋测微器"文字，插入超链接到第 5 张幻灯片。

　　(4) 完成二级页面到首页的跳转。通过插入"动作按钮"，分别完成从两个二级页面到首页的跳转。在第 2 张幻灯片"游标卡尺"文字的右方插入"动作按钮"中的第 3 个"转到开头"按钮，即可链接到首页。复制该动作按钮，粘贴到第 5 张幻灯片即可。这样，实现了首页与两个二级页面之间的自由跳转。

> **提示**：在 PPT 课件中，可以直接将已完成超链接的对象复制到其他地方，超链接也会一起复制。

　　(5) 完成二级页面到三级页面的跳转。选中第 2 张幻灯片中的"结构与功能"文本框，在"插入"选项卡中，选择"超链接"，链接到第 3 张幻灯片，选中第 2 张幻灯片中的"原理与读数"文本框，链接到第 4 张幻灯片；使用同样的方法完成第 5 张幻灯片中的两个文本框分别到第 6 张和第 7 张幻灯片的链接。

　　(6) 完成三级页面到二级页面的跳转。选中第 3 张幻灯片，插入一个形状，如"左箭头"，插入"超链接"到第 2 张幻灯片，并将已完成链接的左箭头复制到第 4 张幻灯片；使用同样的方法完成第 6 张和第 7 张幻灯片到第 5 张幻灯片的链接。这样，实现了二级页面与三级页面之间的自由跳转。

　　(7) 另存文件。将文件另存到 E 盘"案例"文件夹，命名为"案例 6-6 游标卡尺和螺旋测微器的交互设置.pptx"。

6.4　PPT 课件的放映

　　放映课件前，要先进行排练计时、幻灯片的录制与处理、设置放映方式等。

1. 排练计时

　　排练计时是对幻灯片的放映进行排练，并对每个动画和每张幻灯片所使用的时间进行控制，以满足特定的时间要求，最后在实际的放映过程中，按照此时间自动放映。幻灯片的排练计时通过"幻灯片放映"选项卡中的"排练计时"来实现。完成后，幻灯片浏览视图下显示放映每张幻灯片所需要的时间。

> **提示**：排练计时只能从第 1 张幻灯片开始。

2. 幻灯片的录制与处理

1) 录制幻灯片

　　录制幻灯片，教师可以根据幻灯片的内容直接录制语音，这样更灵活、更方便。录制幻灯片可通过"幻灯片放映"选项卡中的"录制"来实现，如图 6-37 所示；也可通过"录制"选项中的"录制"来实现。

录制幻灯片可以选择"从当前幻灯片开始"或"从头开始"，选择后会弹出"录制幻灯片演示"对话框，如图6-38所示，然后根据需要进行选择，单击"开始录制"按钮，进行录制。录制幻灯片的右下方有一个喇叭图标，可以选中该图标播放。

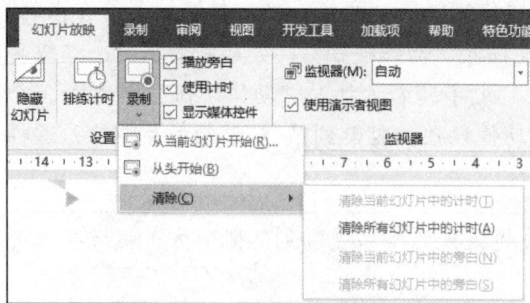

图6-37　"录制"下拉菜单　　　　图6-38　"录制幻灯片演示"对话框

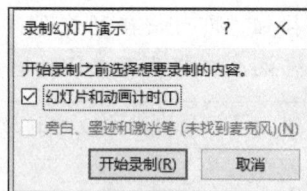

2) 清除计时或旁白

录制幻灯片后，不需要的计时或旁白可以使用图6-37中"清除"选项下的命令来清除，然后重新录制。

3) 录制屏幕

通过"录制"选项中的"屏幕录制"来实现屏幕的录制功能。

3. 设置放映方式

播放课件之前，可以根据教师的不同需要设置不同的放映方式。在"幻灯片放映"选项卡中，单击"设置幻灯片放映"按钮，然后在打开的"设置放映方式"对话框中进行设置，如图6-39所示。

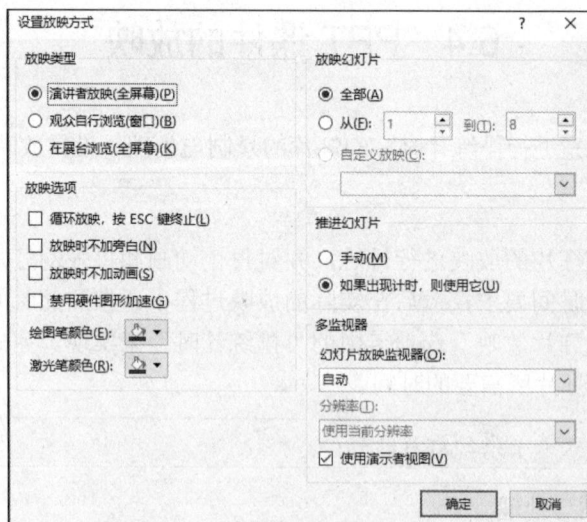

图6-39　"设置放映方式"对话框

一般来说，"放映类型"选择"演讲者放映(全屏幕)"；"放映选项"为多选框，默认情况下都不选中，实际应用中可根据需要进行选择；"推进幻灯片"默认情况下是"如果出现计时，则使用它"，如果放映时不需要计时，可改为"手动"。

当计算机外接有投影仪时，可以选中"使用演示者视图"。使用的前提是需要将计算机设为扩展模式，按住 Windows 键+P 键，出现如图 6-40 所示的对话框，选择"扩展"即可。

图 6-40　多功能显示面板

放映课件时，计算机的显示器与投影仪会有不同的显示效果。在计算机的显示器中，教师可以同时看到当前放映的幻灯片、当前幻灯片前后的幻灯片及当前幻灯片的备注内容，如图 6-41 所示，而投影仪仅显示当前放映的幻灯片内容。

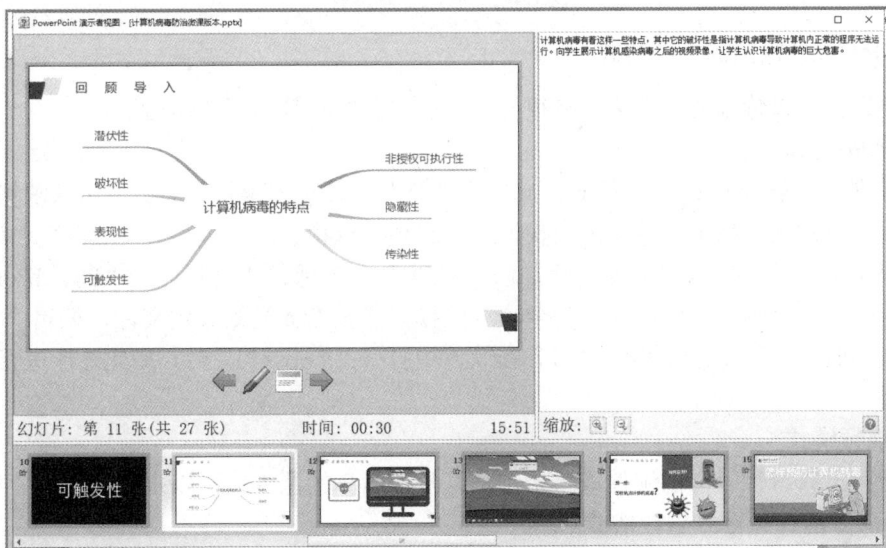

图 6-41　计算机的显示效果

6.5　PPT 课件的输出

1. PPT 课件输出的注意事项

PPT 课件输出时要注意以下事项。

1) 课件在其他设备上能正常使用

在播放课件的过程中，有时会遇到插入的多媒体素材及外部文件无法正常播放的问题。此时将素材文件和课件放在同一文件夹中，复制课件时复制课件文件夹即可。

2) 字体在课件中能正常显示

对于课件中字体无法正常显示的问题，最好的解决方法是保存课件时选择嵌入字体。在 PPT 课件中，可以选择"文件"菜单，并单击"选项"按钮，弹出"PowerPoint 选项"

对话框，在"保存"中选中"将字体嵌入文件"选项，如图 6-42 所示。

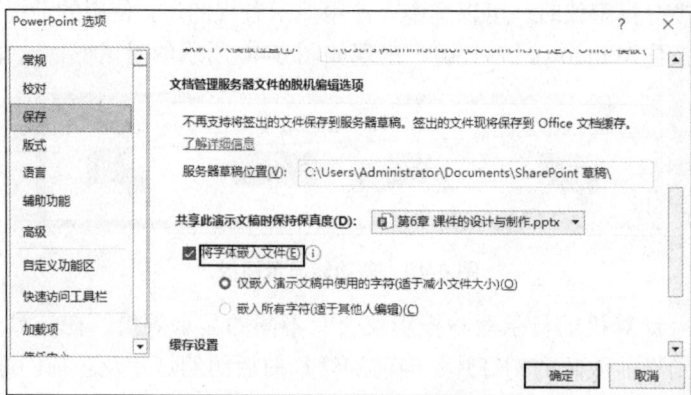

图 6-42　嵌入字体设置

2. PPT 课件输出的文件格式

PPT 课件可以输出的文件格式有很多，下面，介绍几种常用的输出格式。

1) 放映格式

PPT 课件一般为.pptx 文件格式，此类文件打开后便进入编辑界面，单击放映快捷键或放映按钮进行放映，按 Esc 键退出放映模式，回到编辑状态。

如果希望打开 PPT 文件直接进行放映，可以将 PPT 课件"另存为""PowerPoint 放映(.ppsx)"格式。此格式文件打开后为全屏放映模式，按 Esc 键则关闭文件。编辑"*.ppsx"类型的文件时，必须先打开 PPT 软件，在软件中打开"*.ppsx"文件，如此才能进行文件的编辑。

2) 视频格式

设置了"排练计时"的课件或"录制幻灯片演示"的课件，可以直接导出为"*.mp4"或"*.wmv"的视频格式进行播放。

3) 图像格式

用户可以根据需要，将演示文稿中的每张幻灯片导出为图像，也可以将当前的幻灯片导出为图像。

4) PDF 文档

PDF 文档是 Adobe 公司开发的跨平台文件格式，是专门用于阅读或打印的文档格式。如果想将制作完成的课件上传到网络供用户阅读，则可保存为 PDF 格式。

实践训练

1. 实验目的

(1) 学会 PPT 中母版的设计。

(2) 学会多媒体素材的插入和修饰。

(3) 学会动画的设置。

(4) 学会课件的交互设置。

(5) 学会将 PPT 文件输出为其他格式。

2. 实验环境

(1) 连接局域网的计算机。

(2) Windows 7 以上操作系统。

(3) Office 软件及相应的多媒体素材。

3. 实验内容

(1) 完成案例 6-1 至案例 6-3 的制作，学习多媒体素材的插入和修饰。

(2) 完成案例 6-4 的制作，学习动画的添加与设置。

(3) 完成案例 6-5 的制作，学习触发器的设置和"动画刷"的使用方法。

(4) 完成案例 6-6 的制作，学习课件的交互设置方法。

(5) 综合利用所学知识制作一个内容丰富，色彩、图片搭配合理且美观的具有交互功能的课件。

学习测评

1. 根据教学模式的不同，课件分为哪几类？

2. 课件的设计应遵循什么原则？

3. 常用的课件制作软件有哪些？

4. 结合所学的专业，说明课件的开发流程。

学习资源

1. 中国大学 MOOC. 成都信息工程大学. Office 高级应用. https://www.icourse163.org/.

2. 中国大学 MOOC. 延安大学. 多媒体课件因"理"而精彩. https://www.icourse163.org/.

3. 我要自学网. PowerPoint2019 视频教程. https://www.51zxw.net/list.aspx?cid=995.

4. 国家高等智慧教育平台. 佳木斯大学. 多媒体课件设计与制作. https://higher.smartedu.cn/course/6439d47baf1f1b5d3ed16c9d.

党的二十大报告指出，要坚持以人民为中心发展教育，加快建设高质量教育体系，发展素质教育，促进教育公平。加快推进教育数字化，其中微课应用于教学使教育资源得到更加公平的分配，同时提供了更加个性化的学习体验，不仅促进高质量教育体系的建立，也促进个性化学习及终身学习体系的建立。因此，微课的设计与制作是新时代教师的一项必备技能，也是师德师风和教学能力的展示。

第7章　微课的设计与制作

本章学习目标

➤ 了解微课的组成、特点和类型。
➤ 清楚微课的开发流程。
➤ 熟悉常用的微课制作软件。
➤ 能够使用喀秋莎(Camtasia)软件录制和编辑视频。
➤ 能够结合自己所学专业进行微课的设计和制作。

7.1　微课概述

微课是以视频为主要载体，围绕某个学科知识点或教学环节，运用信息技术，并按照认知规律，基于信息化教学设计开发的一种情境化、可视化的数字化学习，支持翻转学习、混合学习、移动学习、碎片化学习等多种学习方式。对于学习者而言，可以根据自身需求选择学习的内容和学习的节奏，能够提高学习效率和学习动力；对教师而言，微课可以提高教师的教学水平，使教学更加生动、有趣。微课在信息化教学中扮演着重要角色，为教育的创新和提高提供了新的途径和可能性。

1. 微课的组成

微课的核心资源是微视频，同时还包含与该教学视频内容相关的微教案、微课件、微习题、微反思等辅助性教学内容。具体介绍如下。

(1) 微视频：时长一般不超过 10 分钟。

(2) 微教案：是指微课教学活动的简要设计和说明。

(3) 微课件：是指微课教学过程中所用到的教学课件等。

(4) 微习题：根据微课教学内容而设计的练习测试题目。

(5) 微反思：是指教师微课教学活动之后的体会、反思、改进措施等。

2. 微课的特点

微课具有以下特点。

(1) 时间短，可使学生集中注意力学习。

(2) 以知识点为单元，满足新时代的碎片化学习需求。

(3) 信息化教学设计，调动学生的学习积极性。

(4) 针对性强，围绕某个知识点进行突破和讲解。

(5) 可反复看、跳跃看，适合学生个性化学习。

(6) 容量小，便于教师和学生快速交流传播。

(7) 制作简便，可以采用多种途径和设备制作，以实用为宗旨。

3. 微课的类型

1)按照教学方法分类

按照教学方法，微课划分为讲授型、讨论型、演示型、启发型、练习型五类。

(1) 讲授型。讲授型微课是最常见、最主要的一种微课类型，以学科知识点及重点、难点、疑点的讲授为主，适用于教师通过口头语言向学生传授知识，如描绘情境、叙述事实、解释概念、论证原理和阐明规律等。

(2) 讨论型。讨论型微课适用于在教师的指导下，由全班或小组围绕某一个中心问题发表各自意见和看法、共同研讨、相互启发，集思广益地进行学习。

(3) 演示型。演示型微课适用于教师进行课堂教学时，把实物或直观教具展示给学生看，或者做示范性的实验，或借助现代教学手段，通过实际观察获得感性知识以说明和印证所传授的知识。

(4) 启发型。启发型微课是以启发式教学为基础的微课。它通过提出问题、引导思考、激发兴趣等方式，让学生在学习过程中自主探究，从而达到获取知识和提升能力的目的。

(5) 练习型。练习型微课是一种以实践和练习为中心的在线教学模式。它通过提供学习材料、引导学习者进行实际操作和练习，并提供反馈和评估来提升学习效果。

2) 按照制作方法及所使用的媒体素材分类

按照制作方法及所使用的媒体素材，微课分为拍摄型、录屏型、动画型、复合型、交互型五类。

(1) 拍摄型。拍摄型微课是用摄像机拍摄教师讲课、演示、示范等教学过程，并运用后期编辑软件对其进行处理而制作的微课。

(2) 录屏型。录屏型微课是用录屏软件或 App 将屏幕演示过程和教师授课声音同步录制，并通过后期处理生成的微课。

(3) 动画型。动画型微课是运用动画制作软件呈现教学内容的微课。它可以形象地还原场景，表现形式生动灵活，直观易学，具有趣味性，给学生一种引人入胜的学习感受。

(4) 复合型。复合型微课是将拍摄、录屏和动画等多种形式进行结合制作而成的微课。

(5) 交互型。交互型微课是通过专业开发工具或 H5 技术，根据教学策略和教学设计安排，将视频、动画、图片、语音、文本等素材进行整合，添加互动、提问、测试等交互效果形成的微课。

7.2 微课的开发

7.2.1 微课的开发流程

微课强调丰富的媒体化，通过对文本、图像、声音和视频进行设计和包装呈现教学内容，微课的开发需要引入工程项目开发的思想。微课的开发流程如图 7-1 所示，主要包括前期分析、方案设计、素材准备、开发制作和测试评价五个阶段。

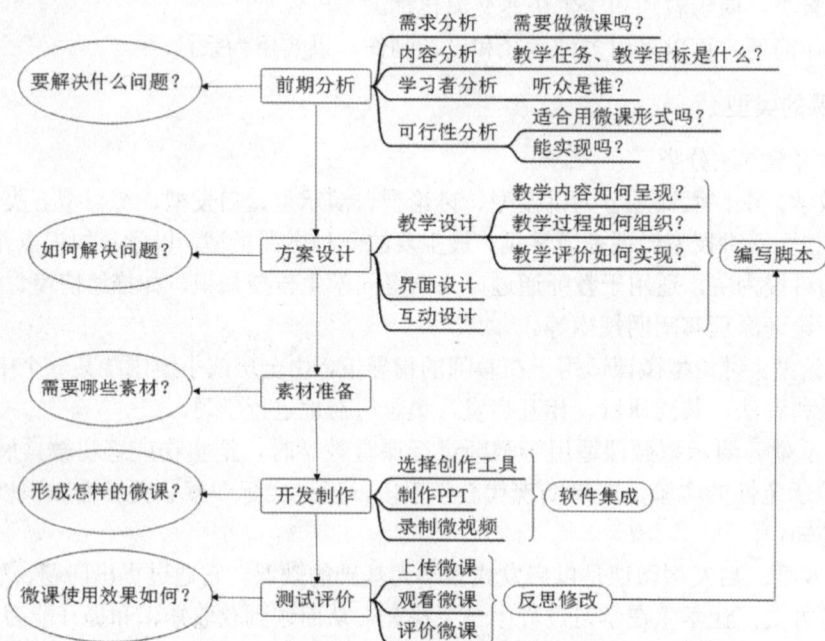

图 7-1 微课的开发流程

1. 前期分析

前期分析包括需求分析、内容分析、学习者分析和可行性分析，其中涵盖了学情分析。微课以解决教学问题为主要目标，具有很高的教学价值。因此教师根据教学问题设计制作微课的类型。

2. 方案设计

方案设计包括教学设计、界面设计和互动设计。教学设计包括教学内容的呈现方式、教学过程的组织和教学评价的实现；界面设计包括风格设计、配色方案、内容呈现方式等；互动设计包括微课采取的互动方式、加入互动的时间点等。最后完成脚本的编写，脚本的编写包括解说词的编写、互动脚本的编写、界面脚本的编写等。

3. 素材准备

微课内容的呈现需要多媒体素材，因此，收集文本素材、图片素材、声音素材、动画素材和视频素材等有助于微课的开发和制作。在微课设计中，要依据可视化设计原则选择合适的素材。

4. 开发制作

根据准备的素材，选取合适的工具进行微课的开发和制作，这包括使用各种软件集成和处理多媒体素材资源，根据教学设计、界面设计和互动设计完成微课的制作。

5. 测试评价

微课制作完成后，需要在教学实践中应用，通过测试评价了解微课的使用效果。测试评价包括上传微课、观看微课和评价微课，通过测试评价的反馈结果对微课的方案设计进行调整，修改脚本。

7.2.2　常用的微课制作软件

1. 剪映

剪映是一款由北京奇幻飞船科技有限公司开发和推出的视频编辑软件，具有全面的剪辑功能，为用户提供了剪辑、裁剪、合并、添加滤镜、添加音乐和文字等操作，支持变速调整，同时也具备色彩调整、预设特效、多样滤镜和美颜效果、丰富的曲库资源等功能，是微课开发的常用工具。

2. 爱剪辑

爱剪辑是一款面向中国用户的免费视频剪辑软件，操作简单，且支持多种视频、音频格式。对电脑的配置要求不是很高，使用普通的主流电脑剪辑视频不会出现卡顿。官方网站页面的"特效中心"提供爱剪辑软件和多种特效的下载，如常用的字幕特效、片头特性、动景特性、炫光特效和版权特性等，可以快速剪辑视频。爱剪辑的工作界面如图 7-2 所示。

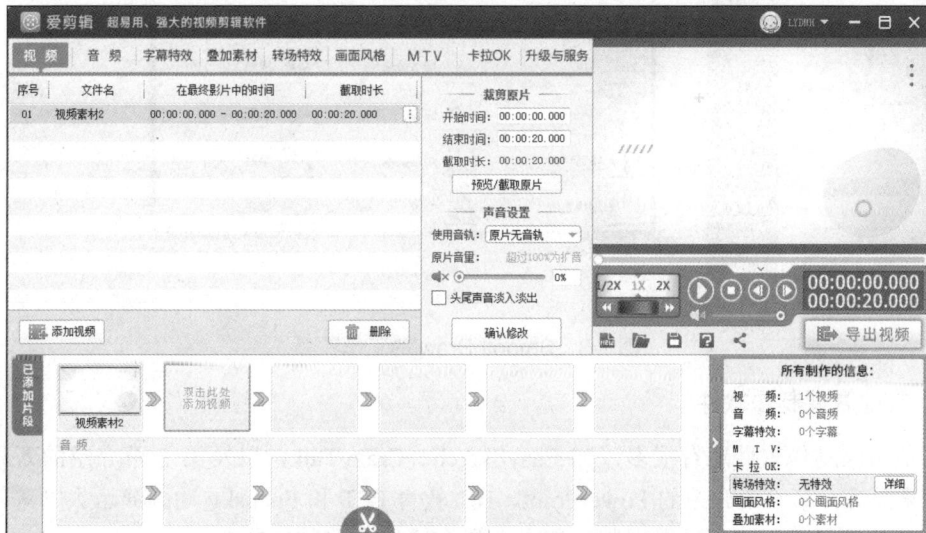

图 7-2　爱剪辑的工作界面

3. Camtasia

Camtasia 中文名为喀秋莎，是一款由 TechSmith 公司研发的屏幕录像、视频编辑和视频分享的软件。软件提供了强大的屏幕录像、视频的剪辑和编辑、视频转场和视频播放等功能，可以完成微课素材的录制、剪辑和编辑，也能给视频配音和添加字幕等，输出的视频容量小，是微课开发的主要工具。

4. Premiere

Premiere 是 Adobe 公司推出的一款专业视频编辑软件，广泛应用于电影制作、广告制作和电视节目制作领域，可以完成从视频采集、剪辑、调色、美化音频、字幕添加、输出到 DVD 刻录的全部工作。该软件对计算机的配置要求相对较高。

5. SmoothDraw

SmoothDraw 是一款媲美专业绘画软件的免费绿色演示软件，具备众多可调画笔，纸张材质模拟，具有图像处理和添加特效等功能。支持外接手写板、数字笔等功能，教师可以根据书写需要来选择，同时绘图窗口可以将背景色设置为黑色，模拟教师在黑板上书写公式的效果。其工作界面如图 7-3 所示。

图 7-3　SmoothDraw 的工作界面

6. 其他微课制作软件

其他微课制作软件还有很多，如 EasySketch、CrazyTalk，以及第 5 章介绍的万彩动画大师、来画等，第 6 章介绍的 PowerPoint、101 教育 PPT 和 Focusky 动画演示大师等，每款软件各有其特点，用户可以根据制作需求选择合适的微课制作软件。

7.2.3 微课制作的注意事项

按照微课的开发流程，根据选题准备素材，选择合适的制作软件就可以动手制作微课。下面，从创意创新、选题设计、教学内容、作品规范、教学效果五个方面阐释微课制作的注意事项。

1.创意创新

(1) 凸显创意。在微课设计和构思方面具有奇思妙想，充分体现了教师的创意，引人入胜。

(2) 设计有趣。微课作品具有趣味性，寓教于乐，激发学生的学习热情。

2. 选题设计

(1) 选题简明。将教学环节中的某一知识点、例题、习题、专题、实验活动等作为选题，尽量做到"小而精"，建议围绕某个具体的点，而不是抽象、宽泛的面，具备独立性、完整性和示范性。

(2) 重点突出。突出教学中常见、典型、代表性的问题或内容，有效解决教与学的重点、难点、疑点、考点等。选题大小合适，宜于用微课呈现。

3. 教学内容

(1) 内容科学。教学内容严谨充实，无政治性、科学性错误，反映社会发展和学科特点。

(2) 逻辑清晰。教学内容的组织与编排要符合学生的认知规律，教学过程主线清晰，重点突出，逻辑性强，明了易懂。

4. 作品规范

(1) 结构完整。微课的视频结构具有独立性和完整性，有片头和片尾，教学环节完整，体现教学设计的针对性。同时，微课制作过程中使用的辅助扩展资料(可选)也具有针对性，如微教案、微习题、微反思等，以便其他使用者借鉴与使用。微教案要围绕所选主题进行设计，要突出重点，注重实效；微习题设计要有针对性与层次性，设计难度合理的主观习题、客观习题；微反思应在微课拍摄制作完成后进行观摩和分析，力求客观真实、有理有据，富有启发性。

(2) 技术规范。微课视频支持 MP4、FLV/F4V、WMV、RM、SWF 等格式，视频不超过 500MB，时长一般不超过 10 分钟；视频图像清晰稳定、构图合理、声音清楚、与画面同步，主要教学环节有字幕提示等，满足在一定范围推广交流的要求，有利于分享优秀教师的教学经验；视频片头应显示标题、作者、单位；鼓励简明易懂的微课作品。

(3) 教师风采。教学语言规范、清晰，富有感染力。如教师出镜，需要仪表得当，教态自然，展现良好的教学风貌和个人魅力。

5. 教学效果

(1) 目标达成。微课必须服务教学，能完成设定的教学目标，有效解决实际教学问题，促进学生思维的提升、能力的提高。

(2) 教学特色。教学方式新颖，教学过程深入浅出，形象生动，启发性强，浓厚的教学氛围有利于提升学生学习的主动性。

(3) 形式新颖。构思新颖，教学方法富有创意，不拘泥于传统的课堂教学模式。制作方法与工具可以自由组合，如用手写板、电子白板、黑板、白纸、PPT、Pad、录屏软件、动画软件、手机、摄像机等制作。

7.3　Camtasia 软件的基本操作

7.3.1　软件介绍

打开 Camtasia 软件，进入如图 7-4 所示的开始界面，界面包括"新建项目""新建录制"和"打开项目"三个选项。

图 7-4　Camtasia 的开始界面

单击"新建项目"按钮，进入 Camtasia 的工作界面，如图 7-5 所示，包括菜单栏、功能选项、媒体箱、时间轴、画布窗口及属性面板等。

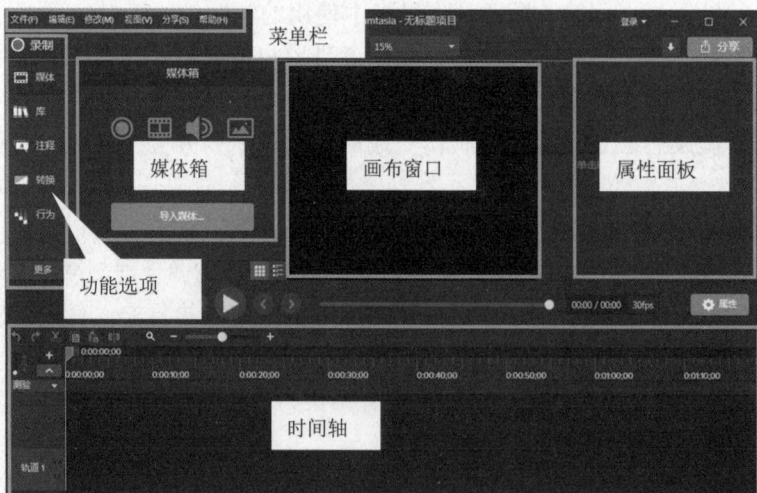

图 7-5　Camtasia 的工作界面

1．菜单栏

菜单栏包括"文件""编辑""修改""视图""分享"和"帮助"等选项。

2．功能选项

功能选项显示 Camtasia 的常用功能，如录制、媒体、库、注释、转换和行为等。使用音效、视觉效果、光标效果等其他效果时，单击"更多"选项选择相应功能，对应功能就会出现，方便使用。

3．媒体箱

媒体箱是管理媒体素材的，包括录制的素材和导入的素材。媒体箱的显示方式有详细信息和缩略图两种。

4．时间轴

时间轴包括时间轴刻度、时间轴缩放、播放头、工具栏和轨道。通过观察时间轴上的时间，可以确定轨道上素材的持续时间和播放头的位置；播放头类似于视频播放器上的进度按钮，可以拖动来快速浏览编辑效果，拖动左、右滑块可以进行区域的选择；工具栏中有撤销、恢复、剪切、复制、粘贴、拆分、显示时间轴上的所有媒体和缩放等按钮。

轨道是用来编辑和处理媒体箱中素材的区域，只有将媒体箱中的素材拖曳到轨道上才可以进行编辑和处理。轨道可以增加和移除，单击轨道上方的"+"号可以增加轨道；在相应轨道上单击鼠标右键，执行"删除轨道"命令，可以将轨道删除。

5．画布窗口

画布窗口显示的是播放头在时间轴上所处位置的画面。单击画布窗口下方的"播放"按钮，画布窗口便播放轨道上的素材内容。

6．属性面板

属性面板显示的是当前选中媒体素材的属性，主要包括视觉属性、音频属性和光标属性。图像素材只可以设置视觉属性；音频素材只可以设置音频属性；视频素材则可以设置视觉属性、音频属性和光标属性三种。

7.3.2　常用快捷键

为了提高操作效率，可以使用快捷键。执行"帮助"菜单中的"键盘快捷键"命令，可以查看 Camtasia 的所有快捷键。Camtasia 的常用快捷键如表 7-1 所示。

技巧：画布窗口可以使用鼠标并配合 Ctrl 键、Shift 键和 Alt 键缩放。按住 Ctrl 键拖动控制点，沿中心等比例放大，此操作适用于图片、视频；按住 Shift 键拖动控制点，解除比例锁定，此操作适用于图片、视频；按住 Ctrl+Shift 快捷键拖动控制点，沿中心非等比例缩放；按住 Ctrl+Shift 快捷键不拖动控制点，拖动对象显示三维旋转效果；按住 Alt 键，进入裁剪模式，松开则退出裁剪模式。前两种操作对象若是标注，则正好相反。

表 7-1　Camtasia 的常用快捷键

功　能	Windows 快捷键	功　能	Windows 快捷键
开始录制	F9	复制	Ctrl+C
结束录制	F10	剪切	Ctrl+X
新建项目	Ctrl+N	粘贴	Ctrl+V
打开项目	Ctrl+O	缩小时间轴	Ctrl+Shift+-
保存项目	Ctrl+S	放大时间轴	Ctrl+Shift+=
导入素材到媒体箱	Ctrl+I	组合	Ctrl+G
撤销	Ctrl+Z	取消组合	Ctrl+U
恢复	Ctrl+Y	静音音频	Shift+S

7.3.3　录制屏幕

1. 录制准备工作

使用 Camtasia 录制屏幕时，为避免干扰，保证视频的清晰度和录制效率，录制前要做好以下几方面的准备。

1) 清理电脑桌面

关闭 QQ、微信等，也关闭其他应用程序相关浮动的小图标，全屏录制时将任务栏隐藏。这样录制出的界面干净、美观，录制的视频中没有干扰。

2) 设置屏幕分辨率

录制屏幕前先设置好屏幕分辨率。在桌面空白区域单击鼠标右键，执行“屏幕分辨率”命令，对屏幕分辨率进行设置。视频的宽高比有 16：9 和 4：3 两种，若需要录制 16：9 的视频，可将屏幕分辨率调整为 1280 像素×720 像素及以上；如果需要录制 4：3 的视频，可将屏幕分辨率调整为 1024 像素×768 像素及以上。

3) 在 Camtasia 中进行项目设置

执行“文件”菜单中的“项目设置”命令，或在画布窗口中单击鼠标右键，执行“项目设置”命令，弹出“项目设置”对话框，如图 7-6 所示。将画布的宽度和高度设置得与屏幕分辨率一样，这样可以保证全屏录制的视频在画布中刚好满屏，且不需调整。选中“自动标准化响度”，可以对录制的多个不同视频中的音量进行自动调整。

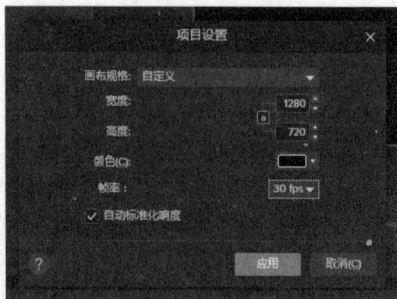

图 7-6　“项目设置”对话框

4) 准备录制素材

录课前打开需要录制的素材，如 PPT 课件、仿真实验软件、操作软件等，做好录制准备工作。

2. "录制"工具箱的使用

单击 Camtasia 功能选项中的"录制"按钮，并打开"录制"工具箱，如图 7-7 所示。"选择区域"包括"全屏"和"自定义"两种方式，其中，"自定义"方式可根据实际需求选取录制区域的范围。

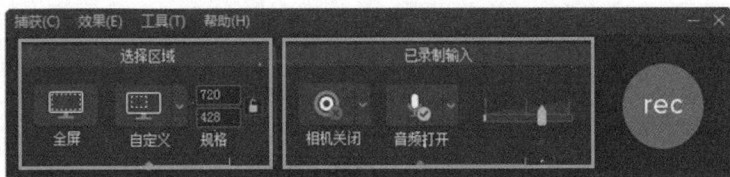

图 7-7　"录制"工具箱

提示：在实际录制的过程中，不管是使用"全屏"录制还是使用"自定义"录制，均可通过拖曳绿色蚂蚁线来改变录制区域。

"已录制输入"包括相机设置和音频设置。其中，相机默认为关闭状态，如果计算机自带(或外接)摄像头，打开摄像头可以录制人像画面。图 7-8 所示为 PPT 课件和教师同时被录制的画中画效果；音频设置如图 7-9 所示，选择需要录制的声音。

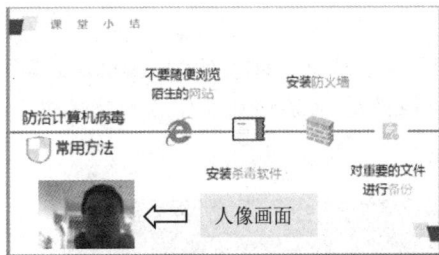

图 7-8　录制屏幕时加入人像画面

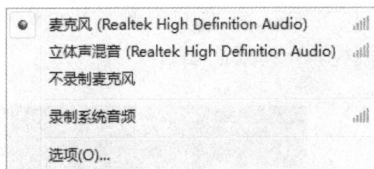

图 7-9　音频设置

提示：录制过程中如果需要录入单击鼠标的声音，可以执行"效果"菜单中的"选项"命令，在效果选项对话框中，选择声音选项卡，调节鼠标单击时"咔哒"声音的大小。

"rec"为录制按钮，单击该按钮，倒计时 3 秒后开始录制。按 F10 键结束录制或单击"录制"工具箱中的"停止"按钮，如图 7-10 所示，录制完成后自动进入 Camtasia 工作界面。如果对录制的内容不满意，可以单击"删除"按钮重新进行录制。

图 7-10　录制过程中的"录制"工具箱

> **技巧：** 开始录制的快捷键为 F9，结束录制的快捷键为 F10。如果该快捷键与其他应用程序的热键相冲突，可以在"工具"下拉菜单中选择"选项"，在弹出的工具选项对话框中选择热键选项卡，重新定义一个热键。

> **提示：** 如果只录制 PPT 课件，也可以在 PowerPoint 中打开 PPT 课件，选择"加载项"选项卡，进行相关的设置并录制。

案例 7-1

PPT 录屏

通过本案例熟悉 Camtasia 的录制功能，掌握"录制"工具箱的使用方法。具体操作步骤如下。

PPT 录屏.mp4

(1) 录制准备工作。将任务栏设置为自动隐藏，提前打印"PPT 录屏解说词.docx"。

(2) 新建项目。运行 Camtasia 软件，单击"新建项目"按钮新建项目，在画布窗口中单击鼠标右键，执行"项目设置"命令，弹出"项目设置"对话框，将画布的宽度和高度设置为 1280 像素×720 像素，选中"自动标准化响度"。

(3) 录制设置。单击 Camtasia 功能选项中的"录制"按钮，打开"录制"工具箱，选择全屏、相机关闭、音频打开并选择录制麦克风。

(4) 开始录制。单击"录制"工具箱的 rec 按钮，倒计时 3 秒后开始录制，按照准备好的解说词讲解。

(5) 结束录制。讲解完成后，按下快捷键 F10 结束录制，此时回到 Camtasia 工作界面，如图 7-11 所示。录制的视频"Rec 07-21-23_001.trec"自动添加到媒体箱和轨道中，同时在画布窗口显示视频画面。

图 7-11　全屏录制后的工作界面

(6) 保存项目。将文件保存到 E 盘"案例"文件夹,命名为"案例 7-1 PPT 录屏.tscproj"。

提示:Camtasia 项目文件名的后缀为".tscproj",录制的视频源文件的后缀为".trec",录制完成后自动命名,在"Rec 07-21-23_001.trec"中,07-21-23 代表录制日期为 2023 年 7 月 21 日,后面编号自动添加。复制项目文件不能直接复制后缀为".tscproj"的文件,需要在"文件"菜单中执行"导出"命令,选择".zip"格式后再复制.zip 文件。

技巧:进行屏幕录制时,不要频繁地晃动鼠标,而是根据需要移动鼠标。讲解过程中如有读错的部分,不用停止重录,可以适当地停顿一会儿继续录制,方便后期对读错的部分进行剪辑。

7.4 微课的编辑

在 Camtasia 中新建项目后,首先进行项目设置,其次对首选项中参数进行设置。项目设置和首选项中参数的设置可以提高视频的编辑效率。

执行"编辑"菜单中的"首选项"命令,弹出"首选项"对话框,在对话框中选择"计时"选项卡,如图 7-12 所示,便可以查看转换、图像、注释、动画、生成预览和字幕的默认持续时间,根据制作微课的需求,在编辑前修改相应的持续时间。

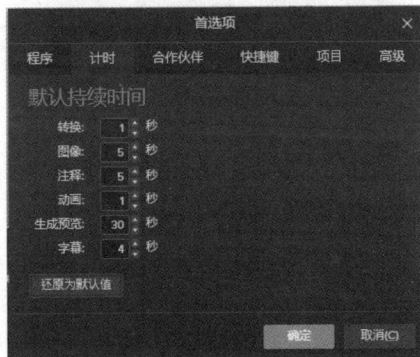

图 7-12 "首选项"对话框

制作高质量的微课,需要使用 Camtasia 的常用编辑功能,包括导入素材、剪辑素材、添加注释、添加转场和动画、添加光标效果、添加音效与视觉效果及添加交互性等。

7.4.1 导入素材

1. 导入外部素材

素材只有导入到项目中才可以使用。素材导入的方法有如下三种。

方法一:单击"媒体"选项,在"媒体箱"中右击鼠标,在弹出的快捷菜单中执行"导入媒体"命令导入素材。

方法二：单击功能选项"更多"右侧的"+"，执行"导入媒体"命令。

方法三：执行"文件"→"导入"子菜单中的"媒体"命令。

导入的素材有图像文件、音频文件、视频文件和演示文件，如图 7-13 所示。其中，视频文件包含录制的视频；当导入 PPT 课件时，每一张幻灯片为一张.png 的图像文件。

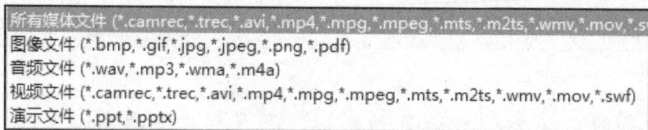

所有媒体文件 (*.camrec,*.trec,*.avi,*.mp4,*.mpg,*.mpeg,*.mts,*.m2ts,*.wmv,*.mov,*.s
图像文件 (*.bmp,*.gif,*.jpg,*.jpeg,*.png,*.pdf)
音频文件 (*.wav,*.mp3,*.wma,*.m4a)
视频文件 (*.camrec,*.trec,*.avi,*.mp4,*.mpg,*.mpeg,*.mts,*.m2ts,*.wmv,*.mov,*.swf)
演示文件 (*.ppt,*.pptx)

图 7-13　导入素材的类型

2. 使用"库"中的素材

"库"，是指 Camtasia 自带的媒体资源，包括片尾、前奏、图标、下三分之一、音乐曲目和运动背景等多种类型，如图 7-14 所示。"前奏"内置了多种模板用于制作微课的片头，"片尾"内置的模板用于制作微课的片尾。

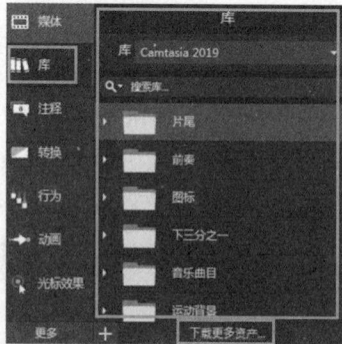

图 7-14　"库"中的素材

如果想往"库"里添加更多的资源，具体操作步骤如下。

(1) 单击"下载更多资产"跳转到官网，进入资产的下载页面，选择自己需要的资产进行下载，并记住保存位置。

(2) 在下载完成之后，单击如图 7-14 所示的"Camtasia 2019"后的下拉三角符号，选择"管理库"中的"导入压缩库"，在弹出的窗口中找到下载的资产。需要注意的是，Camtasia 官网下载的资产都是.libzip 格式的。

(3) 可以将资产导入已有的"库"中，也可以创建新的"库"。

案例 7-2

快速制作微课片头

快速制作微课
片头.mp4

本案例为"胡克定律"微课作品的片头，通过本案例熟悉"库"中媒体素材的应用，并掌握微课片头的快速制作方法。具体操作步骤如下。

(1) 选择合适的片头素材。在"库"媒体素材中选择"前奏"文件夹中的"Stationary"模板，并将其拖曳到轨道 1 的开始位置，播放观看效果。

(2) 修改片头文字内容。移动播放头至时间轴 3 秒的位置，画布内容显示如图 7-15 所示，双击画布中间的文字，将其修改为"胡克定律"微课名称和副标题，选择相应的文字，在右侧属性面板修改文字的相关属性，显示结果如图 7-16 所示。

图 7-15　"Stationary"模板　　　　图 7-16　修改模板文字后的效果

提示：将媒体素材拖曳到"画布窗口"，此时媒体素材会自动添加至时间轴中播放头所在位置的轨道上。在轨道上移动素材，单击拖动即可。

（3）添加音乐。在"库"媒体素材中选择"音乐曲目"文件夹中的"Firefly"，并将其拖曳到轨道 2。

（4）保存项目文件。将文件保存到 E 盘"案例"文件夹，命名为"案例 7-2 快速制作微课片头.tscproj"。

提示：在 Camtasia 中，除了可以设置文字的常规属性之外，还可以对文字的"垂直间距"和"水平间距"进行调节。如果对调节的参数不满意，可以单击图 7-17 右上方的"重置"按钮恢复到原始状态。

图 7-17　"文本"属性面板

7.4.2　剪辑素材

剪辑素材是微课制作的一项基本技能，可以对素材进行拖拉、分割、删除、块选择和扩展等操作。

1. 拖拉素材

拖拉素材，是用鼠标拖拉剪辑素材的方法，通常用来裁剪视频素材的头部和尾部。如案例 7-1 中录制视频时，需要将开头和结尾多录的部分删除，可以将鼠标移动到轨道素材开始的地方，指针变成左右箭头，按住鼠标左键向右拖动便可以删除素材头部不需要的部分，如图 7-18 所示。使用同样的操作方法剪辑素材的尾部。

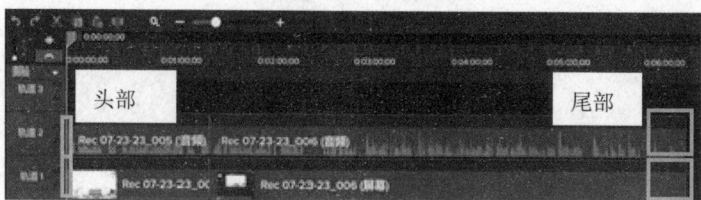

图 7-18　拖拉素材示意

对于图像、字幕等静态的素材可以使用拖拉的方法将素材延长或缩短。

2. 分割素材

分割素材，是对素材进行分段、删除或添加内容的方法。首先选择轨道上需要剪辑的素材，将播放头定位到要分割视频的时间点，然后单击"拆分"工具，将所选素材一分为二，如图 7-19 所示，这样一个素材就变为了两段独立的素材，可以分别对它们进行编辑，如复制、删除等，还可以在分割处使用拖拉的方法将素材还原为原来的时间长度。

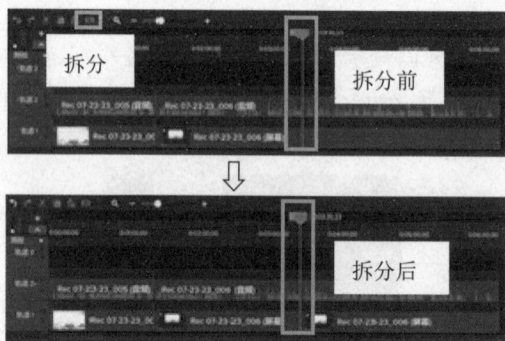

图 7-19　分割素材示意

当多个轨道需要在同一个时间点分割时，有以下两种情况。

(1) 同一个时间点中的多个轨道是所有轨道的一部分，将播放头移动到需要分割的时间点，按住 Shift 键加选多个轨道素材，实现多个轨道同时分割。

(2) 同一个时间点中的多个轨道是所有轨道，将播放头移动到需要分割的时间点，执行"编辑"菜单中的"全部拆分"命令，或使用 Ctrl+Shift+S 快捷键实现多个轨道同时分割。

3. 删除素材

删除轨道上的素材分删除和纹波删除两种，二者是有区别的。

(1) 删除。选择轨道上需要删除的素材，使用"剪切"工具、按 Del 键或在素材上右击，在弹出的快捷菜单中执行"删除"命令进行删除。素材被删除后，原素材在时间轴轨道上的区域仍然保留。

(2) 纹波删除。选择轨道上需要删除的素材，按 Ctrl+Backspace 快捷键或在素材上右击，在弹出的快捷菜单中执行"纹波删除"命令进行删除。素材被删除后，原素材在时间轴轨道上的区域也会被删除，其后的素材自动跟进。

4. 块选择素材

块选择素材，是使用播放头左边的绿色滑块和右边的红色滑块来选定区域进行素材选择的一种方法，对多个轨道的视频同时进行编辑非常方便，如复制、删除、插入时间、静音、输出等，如图 7-20 所示。

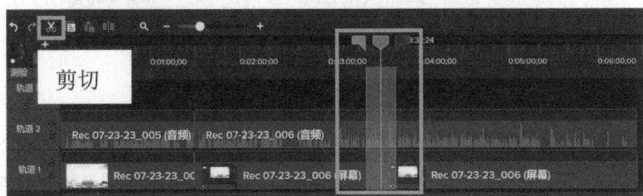

图 7-20　块选择素材示意

块选择素材后，需要删除块的素材，使用"剪切"工具的结果只有纹波删除，将不需要的素材删除，删除后剩下的素材会自动拼接。

播放头左边的绿色滑块和右边的红色滑块被拖动选择块后，若取消块的选择，可双击播放头，将左、右滑块还原回默认状态。

5. 扩展素材

扩展素材，是将视频素材中的某一帧延长一定的时间，延长的部分为静态帧，这样操作是为了获得更多的编辑时间。具体操作步骤如下。

(1) 延长视频素材的开始帧和结束帧，方法是按住 Alt 键，将鼠标移动到轨道中开始帧或结束帧的位置同时进行拖动，增加的时间将会自动添加至视频中。

(2) 延长视频素材中间的某一帧，将播放头移动到需要延长帧的位置，在素材上单击鼠标右键，在弹出的菜单中执行"扩展帧"命令，或按 Shift+E 快捷键，弹出如图 7-21 所示的对话框，设置持续时间，单击"确定"按钮，完成素材的扩展。

图 7-21　扩展"持续时间"设置

(3) 设置扩展后，可以对扩展的持续时间进行修改。在扩展素材上右击鼠标，在弹出的快捷菜单中执行"持续时间"命令，修改持续时间，单击"确定"按钮，完成修改。

6. 其他操作

在时间轴的素材上右击鼠标，利用弹出的快捷菜单中的命令实现分开音频和视频、静音、编辑音频、调节速度等操作。

7.4.3　添加注释

在制作微课的过程中，添加注释起到解释说明的作用，可以更清晰地向学习者展示教学内容。Camtasia 内置很多类型的注释，如图 7-22 所示。

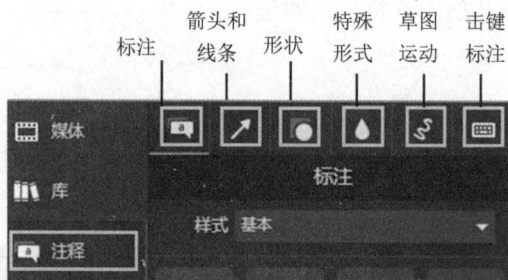

图 7-22　"注释"工具箱

选中"标注"选项，会出现"标注"的样式，如图 7-23 所示。选中想要添加的标注样式，然后将其拖曳到时间轴上需要添加注释的时间点，此时默认持续时间是 5 秒，当然，也可以根据视频中需要标注的时间，拖拉素材调节注释的持续时间。

图 7-23　"标注"的样式

选中添加轨道媒体素材上的注释，右侧"属性"面板"图"为文本属性，"图"的左边为视觉属性，"图"的右边为注释属性。文本属性在案例 7-2 微课片头的制作中已作介绍，在"注释属性"面板中可以修改注释的形状、填充、不透明度、轮廓等属性值，如图 7-24 所示；在"视觉属性"面板中可以修改注释的缩放、不透明度、旋转、位置等属性值，如图 7-25 所示，也可以在画布窗口按住鼠标左键对注释进行缩放、旋转和位置变化等操作。

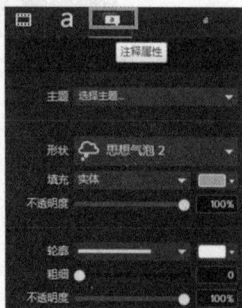

图 7-24　"注释属性"面板

图 7-25　"视觉属性"面板

技巧：选中"注释"后，在画布窗口中按住 Shift 键的同时移动鼠标可以按比例调整大小。

7.4.4 添加转场和动画

1. 给视频添加转场

一个微课的视频文件是由多个素材片段组成的，且片段之间的衔接使用转场效果可以增强视频的艺术感染力。转场的作用是使片段与片段衔接得更加自然，主要用于两个不同片段之间及单个素材开始或结束部分，包括视频转场和图片转场。单击"转换"选项，可以看到 Camtasia 提供了多种转场效果，如图 7-26 所示。具体操作步骤如下。

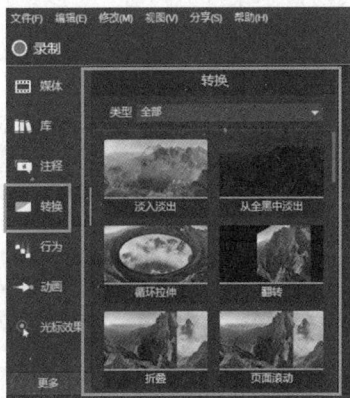

图 7-26　"转换"工具箱

(1) 在项目文件中导入多个素材，并将素材拖曳到轨道上相互连接。

(2) 选中"转换"选项，选择一个合适的转场效果，并按住鼠标左键拖到时间轴上两个片段之间，此时，时间轴上添加转场的位置变成蓝绿色发亮的区域，转场效果添加成功，如图 7-27 所示。

图 7-27　添加转场效果

（3）按住鼠标左键拖动播放头，此时可以在画布窗口预览转场效果。

（4）转场效果的持续时间通过按住鼠标左键拖曳双向箭头调整。转场默认持续时间为1秒，如果默认持续时间不符合自己的时间要求，则可以执行"编辑"菜单中的"首选项"命令，在"首选项"对话框中的"计时"选项卡中进行修改。

（5）若对使用的转场不满意，可以选择另一个转场并拖入素材的连接处，替换当前的转场效果。若不需要转场效果，可在转场处单击鼠标右键删除。

2. 给视频添加动画

制作微课时，为了强调或突出显示某部分内容，可以给视频添加动画，操作步骤和PPT课件中添加动画的类似。Camtasia"动画"选项下有"缩放与平移"和"动画"两个工具箱，如图7-28所示。

图7-28 "动画"功能选项

1）缩放与平移

"缩放与平移"工具箱用于快速创建缩放或平移动画。单击"实际尺寸"按钮，将播放头处的画面还原为100%的缩放比例；单击"自适应缩放"按钮，使播放头的所有媒体适应画布的大小。拖动"缩放"按钮，用鼠标拖动带有8个句柄的矩形框，调整需要放大的画面部位，同时媒体素材上会出现两个控制点的箭头图标，如图7-28所示，缩放结束后，再单击"实际尺寸"按钮，媒体素材上也会出现箭头图标，回到实际尺寸画面，每添加一次，增加一个箭头图标，如图7-29所示。箭头图标上的控制点可以左右拖动来改变动画的持续时间。两个控制点间的距离越长，则动画的持续时间越长，画面的缩放变化就越平缓。最后根据预览效果调节箭头长短以达到想要的效果。

2）动画

"动画"工具箱包含了多种动画效果，如图7-30所示，可以实现画面透明度变化、向左向右倾斜变化、按比例放大或缩小等效果，通过运动、旋转、倾斜、缩放等增强画面显示效果。给素材添加动画效果的具体操作步骤如下。

(1) 选择"动画"选项，在"动画"工具箱单击选择一个动画效果并拖曳至时间轴的素材上。

(2) 通过拖曳箭头图标的前、后两个控制点，改变动画的持续时间。

(3) 在画布中调节句柄，或在属性面板调节参数来改变控制点对象的属性。

(4) 在需要还原的时间点处添加"还原"动画，并用相同的方法对还原动画进行参数设置。

(5) 若对制作的动画不满意，可以在时间轴的动画箭头上右击，在弹出的快捷菜单中执行"删除"命令进行删除，重新制作。

图 7-29　添加"缩放与平移"轨道显示

图 7-30　"动画"工具箱

提示：　"动画"工具箱中的"Smart Focus"只支持 Camtasia 2019 软件的录屏文件，文件后缀名为".camrec"或".trec"。

7.4.5　添加光标效果

在制作需要显示光标的微课时，普通光标在画面上显示得不明显，针对录制电脑屏幕时鼠标移动可见性不高的问题，Camtasia 提供了设置光标效果选项，包括光标效果、左键单击光标效果和右键单击光标效果，如图 7-31 所示。

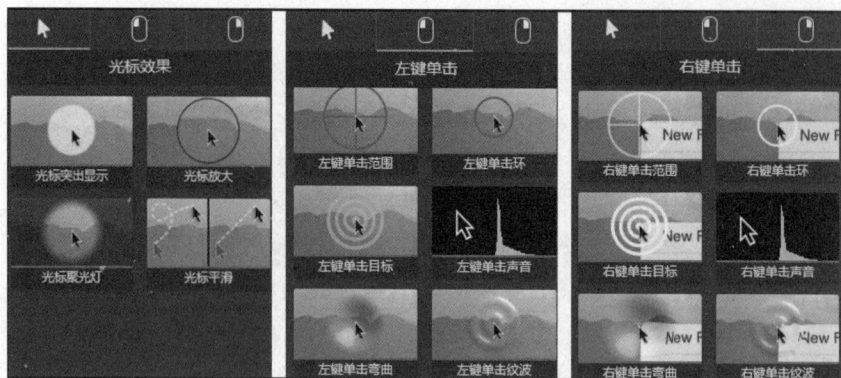

图7-31 "光标效果"工具箱

案例 7-3

微课素材的剪辑和效果的添加

微课素材的剪辑和
效果的添加.mp4

通过本案例学习使用 Camtasia 软件剪辑素材、添加注释、添加转场、添加动画、添加光标效果。具体操作步骤如下。

（1）打开文件。从 E 盘"案例"文件夹下打开"Camtasia 软件界面介绍.tscproj"项目文件，将媒体箱中的录制素材拖入轨道1。

（2）剪辑素材。单击"播放"按钮，确定多录或者错录的时间点，然后对素材进行分割、块选择和删除。

（3）添加动画。将播放头移动到介绍 Camtasia 软件红色录制按钮部分，选择"动画"功能选项的"添加缩放与平移"，拖动 8 个控制块的矩形框，缩小矩形框，将需要放大的图片和内容放到矩形框中，实现放大效果。

（4）添加注释。选择"注释"功能选项中的草图运动，选择红色矩形框并拖曳到轨道上，注释会添加在新的轨道上，将红色矩形框移动到红色录制按钮上，如图7-32 所示。

（5）添加转场。录制 PPT 是连续录制的，如果要在两张 PPT 之间加入转场，可以使用拆分工具先将录制的两张 PPT 的片段拆开，在"转换"功能选项中单击"水波纹"，然后拖曳到两个片段之间。

（6）添加光标效果。为轨道的素材添加光标效果有以下两种方法。

方法一：选择"光标效果"中的"光标突出显示"并拖曳至时间轴的轨道上。

方法二：选中轨道上的素材，在"光标突出显示"图标上右击，在弹出的快捷菜单中执行"添加到所选媒体"命令，完成添加。

使用以上任何一种方法添加"左键单击环"和"光标突出显示"效果。选中媒体素材后，在"光标属性"中设置光标的大小、不透明度、颜色等属性值。光标效果如图7-32 所示。

单击轨道上媒体素材下的三角图标，可以显示已经添加的光标效果，如图7-33 所示，轨道前端显示添加了"左键单击环"和"光标突出显示"的光标效果。

（7）保存项目文件。将文件保存到 E 盘"案例"文件夹，命名为"案例 7-3 微课素材的剪辑和效果的添加.tscproj"。

图 7-32　光标效果

图 7-33　微课素材光标的添加

提示：光标效果只适用于 Camtasia 2019 软件的录屏文件，即文件后缀名为".trec"。若单纯录制 PPT，不需要光标出现，则将光标的"不透明度"调整为 0，即可将光标隐藏。

7.4.6　添加音效与视觉效果

1. 添加旁白

制作微课时，可以用第 4 章介绍的专业软件或手机等单独录制语音，也可以用本章第 3 节介绍的方法同步录制语音和画面等。下面，介绍在 Camtasia 中为视频添加旁白的方法，具体操作步骤如下。

(1) 打开需要添加旁白的项目文件，此文件中有视频需要添加语音或是有小段素材因语音出错需要重新录制语音等情况。

(2) 将播放头定位到需要添加旁白的位置，在功能选项中选择"旁白"，并打开"旁白"工具箱，如图 7-34 所示，可以进行"自动调平"(根据你的语音和环境设置录制级别)，选择是否需要"录制过程中静音时间轴"。可以在下方的文本区输入解说词，保证录音时不忘词。

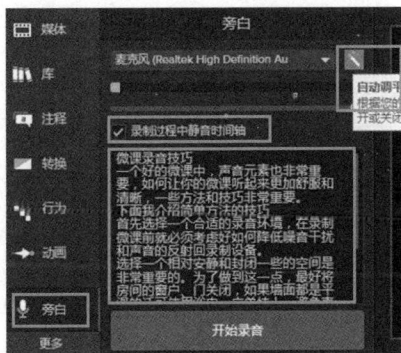

图 7-34　"旁白"工具箱

(3) 单击"开始录音"按钮，开始录制，录音时要控制自己的语速，使语速与视频效果相符。

(4) 录音结束后，单击"停止"按钮，此时会弹出"将旁白另存为"对话框，将录制的旁白保存为.m4a 的文件格式。如果对录音的效果不满意，还可以取消重新录制。

2. 添加音效

在 Camtasia 中添加"音效"选项包括去噪、音频压缩、淡入、淡出和剪辑速度等，如图 7-35 所示。

1) 去噪

"去噪"，即"降噪"，指降低噪声。录制声音的时候，如果背景噪声比较大，如明显有"飒飒"的声音，可以用"去噪"处理声音的效果。具体操作步骤如下。

选择"去噪"并拖曳到时间轴带声音的媒体素材上。此时在属性面板上可以看到"敏感度"和"数量"两个参数值，如图 7-36 所示。依据实际噪声的强弱调整"敏感度"和"数量"两个参数值，单击"分析"按钮完成去噪。

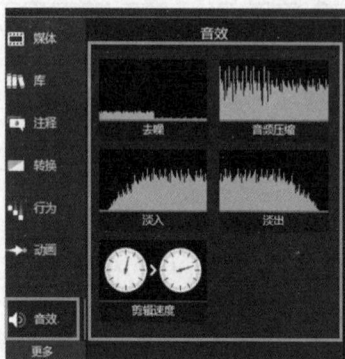

图 7-35 "音效"工具箱

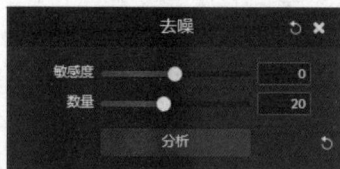

图 7-36 "去噪"属性面板

技巧：录制声音时，尽量在没有噪声的环境里录制，降低物理噪声，或者选择噪声小的设备录制声音。对于录制出来的电流声，可以将"敏感度"参数值设置为20，"数量"参数值设置为30去噪。

2) 音频压缩

可以在"音频压缩"属性面板调节音量变化、比率、阈值和增益等，如图 7-37 所示。

3) 淡入、淡出

为了使微课开始和结尾的声音有过渡效果，避免声音进入和结束时太突兀，可以选中轨道上需要过渡的音频部分，在"音效"选项的"淡入"或"淡出"工具里单击鼠

图 7-37 "音频压缩"属性面板

标右键，执行"添加到所选媒体"命令或直接选择"淡入"或"淡出"工具拖曳至音频素材上。在时间轴上，通过拖拉音频调节点来更改淡入、淡出的持续时间或音量大小，如图 7-38 所示。

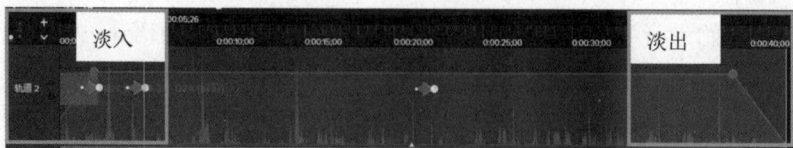

图 7-38 淡入、淡出效果

技巧： 将鼠标移动到界面中的绿色线上，鼠标变成白色的双向箭头，按住鼠标左键向上拖动双向箭头音量增大，向下拖动双向箭头则音量减小。

4) 剪辑速度

剪辑速度调节声音的播放速度。"剪辑速度"属性面板如图 7-39 所示，通过"剪辑速度"属性面板可以修改速度和持续时间的属性值。当视频素材中有声音时，音视频的速度要一起修改。

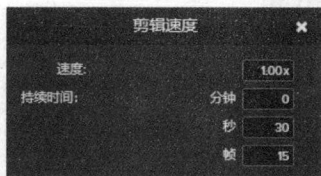

图 7-39　"剪辑速度"属性面板

技巧： 在制作微课时，需要将各种声音进行混合，如讲课的语音、背景音乐等。声音的混合要分清主次，语音音量不能被背景音乐盖住，一般来说，语音和背景音乐的音量比例为 3∶1。

3. 添加视觉效果

添加视觉效果可以增强微课的表现力和感染力，如阴影、边框、着色、颜色调整、移除颜色等，如图 7-40 所示。

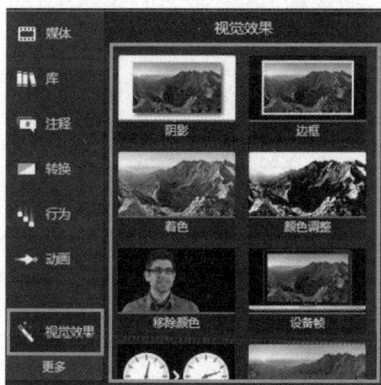

图 7-40　"视觉效果"工具箱

阴影：将阴影拖曳到视频轨道上，阴影功能的属性里有角度、颜色、偏移、不透明度、模糊、缓入缓出的时间等参数可以设置。

着色：若只对素材中的一小段视频进行着色，可以将着色的那一部分进行拆分，然后单独使用着色功能。此外，也可以对阴影、边框进行分段设置。

设备帧：将素材的内容显示在相应的设备上，如桌面、手机等。

移除颜色：就是常说的"抠像"。微课中如果需要真人出镜的部分，可以在绿幕背景拍摄后，将绿色背景去除，根据微课内容添加其他背景效果。具体操作步骤如下。

(1) 将需要抠像的视频或图像素材拖曳到时间轴。

(2) 单击"视觉效果"选项，将"移除颜色"拖曳到媒体素材上。

(3) 在"移除颜色"属性面板中单击颜色右边的色块，选择拾色器，在画布窗口中单击要移除的颜色，如图7-41所示，将背景去除。

(4) 使用"移除颜色"属性面板调节容差、柔和度、色彩、去边等参数，如图7-42所示，通过设置合适的参数值，可以消除抠像后的边缘色。

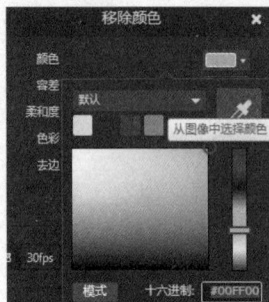

图 7-41　"移除颜色"属性面板　　　图 7-42　"移除颜色"参数设置

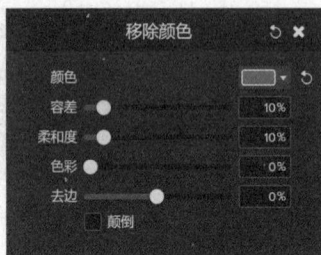

图7-42中的容差、柔和度、色彩、去边的调整要遵循以下原则。

(1) 容差，指在选取颜色时所设置的选取范围。容差越大，对相同颜色选取的范围也越大；容差越小，选取的范围则越小。

(2) 柔和度，指选取范围边缘过渡的柔和程度。柔和度越大，选取范围的边缘越柔和；柔和度越小，选取范围的边缘越清晰。

(3) 色彩，指色相的变化，调整到"20%"左右会变为与原来色相高对比的色相，例如，红与绿、蓝与黄等高对比颜色。

(4) 去边，可以去除原视频边缘的颜色，和饱和度调整差不多。数值为负时黑白对比度较高，数值为正时黑白对比度较低。

技巧：抠像后的边缘色可以调节容差、柔和度、色彩、去边的参数去除边缘，如果以上参数设置好后还有边缘色，可以增加视觉效果中的阴影和色调，使抠像后和新添加的背景色更协调。

案例 7-4

绿幕抠像

本案例为"大数据杀熟——懂你的人伤你最深"微课作品中教师出镜6~13秒的内容，通过本案例学习使用"添加效果"选项中的"移除颜色"功能，实现绿幕抠像。具体操作步骤如下所示。

绿幕抠像.mp4

(1) 新建并导入素材。新建项目，单击"导入媒体"按钮，选择"案例7-4 绿幕抠像"文件夹中"开头(绿幕真人拍摄).mp4"、背景和图片。

(2) 绿幕抠像。首先将"开头(绿幕真人拍摄).mp4"拖入轨道3，并执行"裁剪"命令，将视频中不需要的部分删除，接着单击"视觉效果"按钮，将"移除颜色"拖曳到轨道3

上的视频。然后单击"移除颜色"属性面板颜色下拉框，选择"将颜色移除"拾色器，单击"绿幕背景"，将绿幕抠除。

（3）添加背景、图片。将新的蓝色背景图片拖入轨道 1，将图片拖入轨道 2。

（4）去除绿边。此时，人像周围有绿色边缘，将容差设置为 19%，柔和度设置为 5%，色彩设置为 1%，去边设置为 8%，以上参数仅供参考，如果调整后发现抠像后剩下的绿色边缘去除即可，如图 7-43 所示。如果通过调节以上参数还不能完全去除边缘，可以更换背景，增加视觉效果中的阴影和色调，使抠像后和新添加的背景色更协调。

（5）预览并保存项目文件。观看效果，将文件保存到 E 盘"案例"文件夹，命名为"案例 7-4 绿幕抠像.tscproj"。

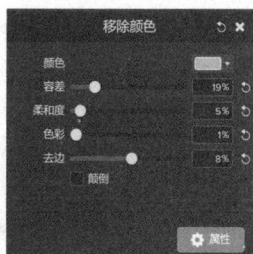

图 7-43　修改参数

7.4.7　添加交互性

交互性是一种双向互动的性质，线下教学中广泛存在，表现为教师与学生、学生与学生双向互动的过程。交互是信息化教育必不可少的环节，在 Camtasia 中，可以通过"交互性"选项来实现。

1. 添加测验

通过"交互性"选项添加测验，如图 7-44 所示，"将测验添加到"有两种形式：一种是时间线，另一种是所选媒体。具体操作步骤如下。

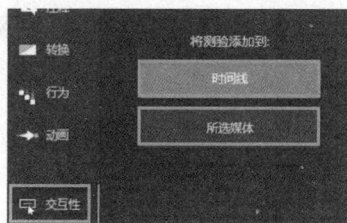

图 7-44　"交互性"工具箱

1）"将测验添加到"时间线

（1）将需要添加测验的素材拖曳到时间轴上。

（2）将播放头移动到需要添加测验的位置，并单击"时间线"，这样就把"测验 1"添加到时间轴上。

（3）选择"测验 1"，在属性面板进行"测验问题属性"的设置，如图 7-45 所示，其中，测验问题类型有多项选择，即填空、简答、真/假，另外，还可以选择是否显示反馈。

（4）在属性面板进行"测验选项"的设置，如图 7-46 所示。

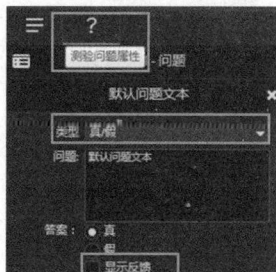

图 7-45　设置"测验问题属性"

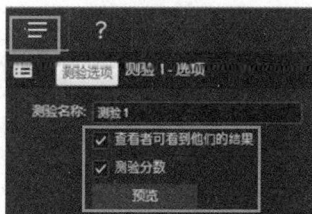

图 7-46　设置"测验选项"

(5) 选中时间轴上的"测验 1"，可以拖动改变位置。在没有测验的位置，鼠标会变为"+"，单击添加测验。

2)"将测验添加到"所选媒体

(1) 选择时间轴上的媒体素材。

(2) 将播放头移动到下一个需要添加测验的位置，单击"所选媒体"，这样就把"测验 2"添加到了媒体上。

(3) 属性面板的设置方法与"将测验添加到"时间线的相同。

2．"将测验添加到"时间线和"将测验添加到"所选媒体的区别

"将测验添加到"时间线和"将测验添加到"所选媒体的区别有以下两点。

(1) 时间轴显示的位置是不相同的，如图 7-47 所示，"测验 1"为添加时间线的，"测验 2"为添加到所选媒体的。

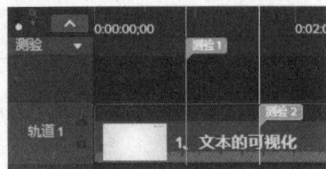

图 7-47　测验显示的位置

(2) 添加到时间线的测验是在时间线的某一时刻，测验的位置不变；而添加到所选媒体的测验和媒体素材是绑定的，位置随媒体素材的变化发生变化。

> **提示：** 在视频中添加测验后，自定义生成视频，在生成的文件夹中打开.html 格式的文件，可以进行测验。后缀名为".mp4"的文件，打开后无法查看测验。

7.5　字幕的添加

1．微课添加字幕的注意事项

微课添加字幕的注意事项有以下几点。

(1) 时间轴。时间轴力求精准，尽量使每一条字幕的时间段与语音时间段重合。

(2) 字数。双语字幕上行中文，下行英文。16：9 的视频，一条中文字幕的字数一般不超过 26 个，一条英文字幕一般不超过 70 个字母。为了避免一条字幕太长导致两行显示，必须将长句分成两条字幕处理。

(3) 符号。中文字幕中只保留双引号、书名号和间隔号，其余的标点符号不出现在字幕中，句中的停顿用两个半角的空格代替。英文中的标点符号不做修改，标点符号与下句之间必须有一个空格。

(4) 对话。当对话显示在一条字幕中时，两人对话的字幕之间要加空格，并在每个人的话语前面加"-"。

2．微课添加字幕的方法

给微课添加字幕可以使用 Camtasia 自带的"CC 字幕"选项，如图 7-48 所示，通过"脚本选项"导入或导出字幕文件，包括同步字幕、导入字幕、导出字幕和语音到文本。下面，介绍使用"添加字幕"，以及"脚本选项"中的"同步字幕"和"语音到文本"添加字幕

的三种方法。具体操作步骤如下。

1）添加字幕

（1）将播放头移动到需要插入字幕的位置。

（2）选择"字幕"选项，单击"添加字幕"按钮，在右边的文本框中输入一条字幕内容，使用" a ▾ "更改字幕的字体属性，调节字幕的持续时间。

（3）单击文本框下方的" ➕ "添加下一条字幕，直到完成字幕添加。

（4）在添加字幕的轨道上，使用拖拉素材的方法边播放边调整，做到字幕和语音时间段重合。

2）同步字幕

"添加字幕"适用于少量添加字幕的情况，当需要对整段视频添加字幕时，此时使用"同步字幕"可以提高编辑效率。

（1）将播放头移动到需要插入字幕的位置，选择"字幕"选项，单击"添加字幕"按钮，在右边的文本框中输入字幕内容，且多条字幕之间用空格分开。

（2）执行"脚本选项"下拉菜单中的"同步字幕"命令，弹出"如何同步字幕"对话框，如图 7-49 所示，单击"继续"按钮，开始播放视频。

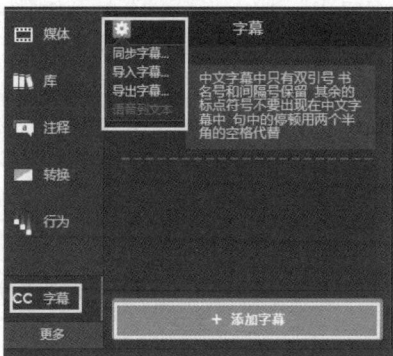

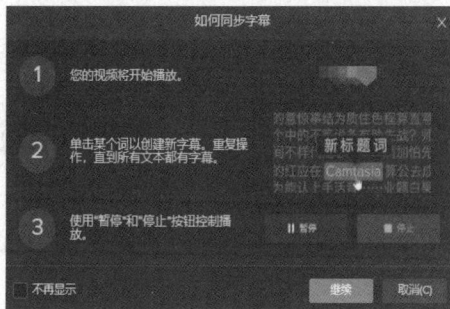

图 7-48　"字幕"工具箱　　　　　图 7-49　"如何同步字幕"对话框

（3）在"字幕工具箱"中根据视频的播放，单击每一条字幕的第一个字以创建一条新字幕，重复操作，直到完成。

（4）单击"停止"按钮，停止视频的播放。

（5）在添加字幕的轨道上使用拖拉素材的方法边播放边调整，做到字幕和语音时间段重合。

3）语音到文本

执行"语音到文本"命令可以快速地将单独录制的音频或语音和与画面同步录制的音频转换为文本，并逐条显示。值得注意的是，通常需要对语音识别错误的地方进行修改。

（1）将单独录制的音频或语音和与画面同步录制的音频导入轨道。

（2）执行"脚本选项"下拉菜单中的"语音到文本"命令，弹出"语音到文本"对话框，如图 7-50 所示，单击"继续"按钮，弹出如图 7-51 所示的对话框。

（3）选择"整个时间轴"，将导入轨道的所有音频转换为文本；选择"所选媒体"，将轨道选中媒体的音频转换为文本。转换完成后，文本逐条出现在"字幕工具箱"。

(4) 逐条检查字幕，对文本识别错误的地方进行修改。

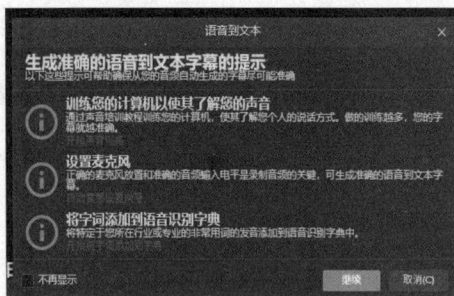

图 7-50　"语音到文本"对话框 1　　　图 7-51　"语音到文本"对话框 2

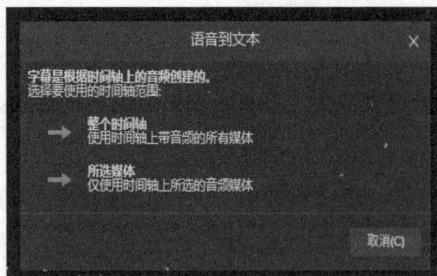

(5) 在添加字幕的轨道上使用拖拉素材的方法边播放边调整，做到字幕和语音时间段重合。

提示：有些电脑的系统不支持语音识别功能，因此"语音到文本"会显示灰色状态，此时就不能使用这种方法添加字幕。

技巧：执行"语音到文本"命令添加字幕时，使用手机单独录制的音频相对于使用语音与画面同步录制的音频，识别率更高。

7.6　微课的输出

在 Camtasia 中保存项目，其类型为"Camtasia 项目(*.tscproj)"，编辑完成的项目只有进行分享才能使用。

单击"分享"菜单，如图 7-52 所示，有本地文件、YouTube、自定义生成、将选择生成为、将帧导出为、仅导出音频、导出字幕等多种输出方式。

下面，以输出 MP4 格式文件为例，介绍微课的输出设置方法。具体操作步骤如下所示。

(1) 打开完成编辑的项目文件，其中包含测验和字幕。

(2) 单击"分享"菜单，执行"自定义生成"中的"新自定义生成"命令，弹出"生成向导"对话框，如图 7-53 所示。

(3) 选择"MP4 – 智能播放器(HTML5)(S)"，然后单击"下一步"按钮。

(4) 设置"控制器"选项，有两种方式输出。

方式一：不选中"控制器生成"，"选项"为灰色且不可用，根据生成向导，完成后只输出 MP4 格式文件，播放 MP4 文件字幕能正常显示，不能生成 HTML 格式的文件。

方式二：选中"控制器生成"，"选项"可用，如图 7-54 所示。选中"字幕"，并在"字幕类型"中选择"刻录式字幕"，根据生成向导，完成后输出的 MP4 文件有字幕；选中"测验"，会在输出 MP4 文件的同时输出 HTML 格式的文件，可以看视频的同时进行测验。如果在生成向导中"查看者身份"选择了"要求查看者输入姓名和电子邮件地址"，如图 7-55 所示，则在打开 HTML 文件时根据提示输入名字、姓氏、电子邮件地址开始测试，如图 7-56 所示。

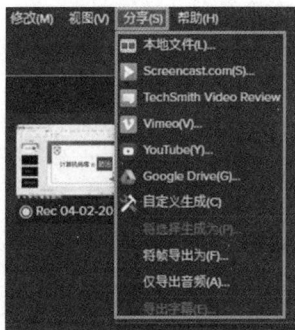

图 7-52　"分享"菜单

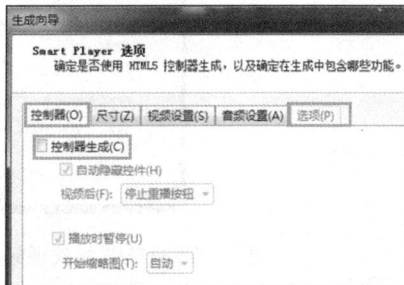

图 7-53　"生成向导"对话框

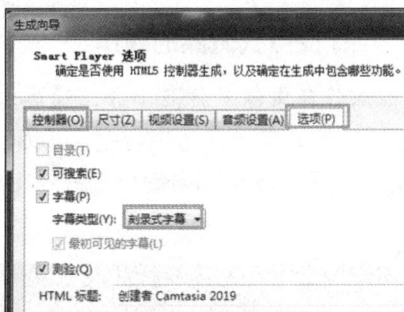

图 7-54　"选项"设置

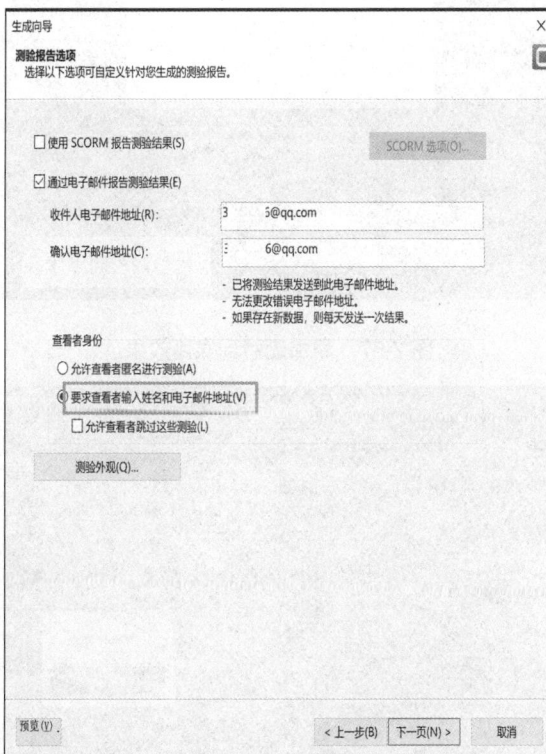

图 7-55　测验时"查看者身份"设置

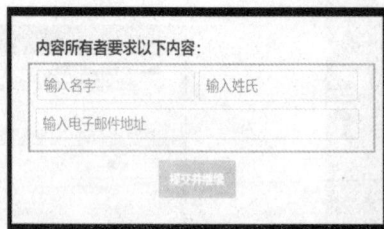

图 7-56　HTML 格式视频打开后查看者身份输入界面

案例 7-5

交互式微课的制作

交互式微课
制作.mp4

本案例为"VR 知多少"微课作品中课堂作业部分，通过本案例学习使用
"交互性"功能选项，将教师讲解式的互动改为测验题，添加"交互性"后的
效果如图 7-57 所示，HTML 页面微课播放到测验题时的效果如图 7-58 所示。添加测验题的
具体操作步骤如下。

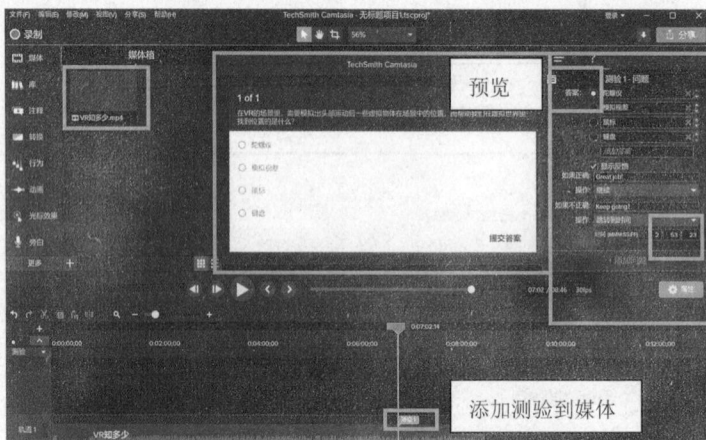

图 7-57　添加测验到媒体效果

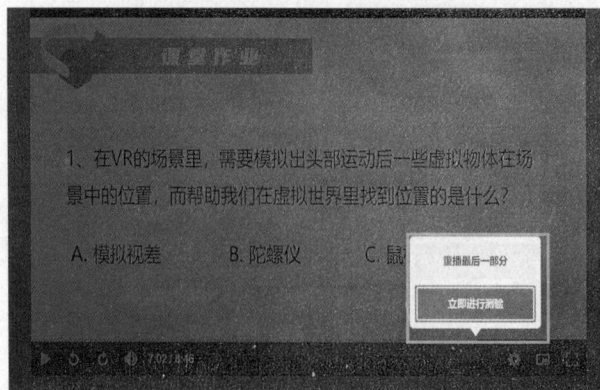

图 7-58　微课播放到测验题时的效果

（1）新建并导入素材。运行 Camtasia，单击"新建项目"按钮，单击"导入媒体"按钮，选择"案例 7-5 交互式微课的制作"文件夹中"VR 知多少.mp4"视频，导入轨道 1。

（2）添加测验题到所选媒体。将播放头移动到课堂作业处，选择交互性，再选择"将测验添加到所选媒体"，属性面板编辑测验题，此处选择的题型为选择题。

（3）编辑选择题。按照属性面板给定的格式，将选择题的题干输入问题文本框，答案后面有对应的选择题选项，单选框选中默认为正确答案。

（4）编辑反馈信息。属性面板将显示反馈选中后可以实现交互，当回答正确时，在"如果正确"后面文本框输入提示信息"Great job!"，操作选择"继续"，继续学习后续微课内容；当回答错误时，在"如果不正确"后面的文本框输入提示信息"Keep going"，操作选择"跳转到时间"，并填写跳转到微课的时间点"2:53:23"（时间点以实际视频内容中的时间为准填写），继续学习未掌握的内容。

（5）预览。选择题编辑完成后，左键单击"预览"按钮，并进行测试。

（6）输出微课。选择输出 MP4 文件的同时输出 HTML 格式的文件。

7.7　微课作品案例

本节罗列了近四年学生的部分微课作品，希望大家通过欣赏这些作品，深度感受教育的魅力，体会知识的力量。

这些微课作品涵盖了多个学科和主题，但都有一个共同的特质——用心铸就，用爱播撒。从设计到制作，从内容到呈现，每一位制作者都用心雕琢每一个细节，用爱设计每一个知识点。每一次观看都是一次知识的碰撞、思想的迸发。通过欣赏这些作品，大家能从中汲取灵感和启发，为自己的微课制作注入更多的创意与热情。

当然，这些微课作品也存在一些不足，大家观看时可以找出作品的不足，在自己制作微课时改进。

1. 科学探究——牛顿第一定律

作者信息：罗紫娟

获奖等级：第十六届中国大学生计算机设计大赛(中南地区)一等奖

制作软件：PowerPoint、万彩动画大师、Flash、Camtasia、Adobe Premisere Pro 2022、Photoshop

作品简介如下。

本微课的教学内容选自人教版初中物理八年级下册。教学的难点是根据学生已有的认知错误（"力是维持物体运动的原因"），创设情境形成认知冲突。学生通过深入学习归纳得出力是改变物体运动状态的原因。教学重点是让学生正确理解牛顿第一定律，并能通过学习解释生活中惯性的例子。

作品特点如下。

首先，从零到一，从无到有，中国火箭发射到太空，设计虚拟实验在空间站中做抛物实验导入新课来吸引学生的注意力。其次，做了小车斜面实验，这个实验采用控制变量法，实验真实有趣，引导学生观察实验想象，对现象进行思考分析，学生自主得出实验结论。再次，在牛顿第一定律的理解部分增加生动有趣的动画，化抽象为具体，便于学生理解；在惯性部分采用一个有趣的故事，用歌声和搞笑配音解释生活中的惯性现象。最后，采用自主小课堂，根据学生自身特点和兴趣拓展学习，开阔学生的知识面。

通过引入趣味性、创意性和自主性的教学视频，可以成功促进学生对科学的学习兴趣。学生在欢乐中探索科学的奥秘，激发了他们对知识的渴望和探求精神。

作品二维码：扫码观看微课视频

科学探究——
牛顿第一定律.mp4

2. 化作春泥更护花

作者信息：刘雨希、汪静雯

获奖等级：第十六届中国大学生计算机设计大赛中南地区赛二等奖

制作软件：万彩动画大师、Adobe After Effects 2022、Adobe Premiere Pro 2022

作品简介如下。

本微课主要围绕《己亥杂诗(其五)》这首诗制作了一个中学语文思政融合微课，将学习语言文字和思想教育融为一体，提高语文学习能力的同时，达到培养学生的思想政治素养的目的。

作品特点如下。

该微课不同于其他单纯的汉语言文学微课，而是一节语文思政融合微课，在讲清楚课本中语文知识的基础上，将知识点深挖并延伸出培养学生思想政治素养的课堂内容，同时在课程动画中穿插交互环节，使学生能够积极参与学习。该微课注重知识的传授和启发性教育的融合。通过丰富多样的教学手段，学生在学习语文知识的同时，也在不知不觉中受到了思想政治教育的熏陶。这样的教学方式激发了学生的学习兴趣和求知欲，促进学生综合素质的全面提升，使学生在学习的过程中不仅具备良好的语文素养，更具备积极向上的思想政治素养。

作品二维码：扫码观看微课视频

化作春泥
更护花.mp4

3. 互感

作者信息：董冰玉

获奖等级：第四届全国师范生微课大赛全国特等奖

制作软件：PowerPoint、来画、录屏软件、剪映、网易云音乐、Photoshop

作品简介如下。

本微课的教学内容选自高中物理人教版选择性必修二第二章第4节——互感和自感。教学案例与现代科学技术联系紧密，贴近生活。用简单的物理模型及自制教具呈现无线充电的原理，以变魔术和揭秘魔术的形式，生动地讲述这一物理现象。

作品特点如下。

采用动画和真人出镜拍摄相结合的方式呈现互感现象的产生过程，通过图像、动画等多媒体元素，提高学习效果，提供生动的讲解和可视化示例，鼓励学生的互动和参与，使学生积极参与学习，并将所学知识应用到实际情境中。增强学生的逻辑思维能力和动手能力，更好地提高学生的语言综合运用能力。与此同时，对学生进行中华传统和科学技术的普及教育，对提升学生的文化自信有重要的作用。

作品二维码：扫码观看微课视频

互感.mp4

4. Let's make a banana milk shake

作者信息：望梦琦

获奖等级：第四届全国师范生微课大赛全国特等奖

制作软件：PowerPoint、来画、录屏软件、Adobe Premiere 2022

作品简介如下。

本微课的教学内容是英语八年级上册第 8 单元第 1 课时的听说部分，与学生的实际生活联系紧密。教学重点是通过如何用英语描述制作香蕉奶昔的过程，在真实生活情境中学习相关动词及序数词，强化句型及词汇的实际应用，激发学生的学习兴趣。

作品特点如下。

采用动画和真人出镜相结合的拍摄方式呈现香蕉奶昔的制作过程。通过图像、动画等多媒体元素，提高学习效果，提供生动的讲解和可视化示例，鼓励学生互动和参与，使学生积极参与学习，并将所学知识应用到实际情境中，增强学生的逻辑思维能力和动手能力，更好地提高学生的语言综合运用能力。与此同时，对学生进行情感教育和劳动教育，培养学生热爱生活的积极人生态度，鼓励学生积极参与家务劳动都有重要作用。

作品二维码：扫码观看微课视频

Let's make a banana
milk shake.mp4.mp4

5. 胡克定律

作者信息：张勉、杨怡洁、曹义志

获奖等级：第十三届中国大学生计算机设计大赛中南地区赛一等奖

制作软件：PowerPoint、Camtasia、Photoshop、Adobe Audition

作品简介如下。

本微课的教学内容选自人教版高中物理必修一第 3 章第 2 节。微课的主要任务是介绍胡克定律及对弹力与弹簧形变量的关系进行探究。目的是引导学生设计实验"探索弹力的大小与形变量大小之间的关系"，使学生在探索的过程中产生对物理知识的学习兴趣。

作品特点如下。

采用标注和手绘的形式生动、形象地展现物理知识的构建过程，通过三维动画的形式表现出弹簧的拉伸状态与内部构造。通过交互功能来检验学生的学习效果，增强互动性，让学生真正参与到学习中。微课中配有探究实验来辅助学生学习，让学生在做科学和用科学中学科学，培养学生的科学探索精神。本微课还配套有《胡克定律》习题及解析、《胡克定律》实验指导、《胡克定律》优质课教学视频链接汇总，为学习者提供丰富的拓展学习资源，为学生提供个性化的学习路径。

作品二维码：扫码观看微课视频

胡克定律.mp4

6. 细胞的变身魔法——细胞分化

作者信息：张巍

获奖等级：第十五届中国大学生计算机设计大赛中南赛区一等奖

制作软件：PowerPiont、万彩动画大师、录屏软件、Photoshop、Flash 等

作品简介如下。

本作品根据教学大纲的要求设计了课程导入、知识讲解、问题探讨、课后反思等部分。紧紧围绕教学目标重点介绍细胞分化的概念、特点、实质及意义，并通过互动环节提高学生独立思考和发散思维能力，培养生物学科素养。

作品特点如下。

由视频导入，设置思考题，引发学生思考，之后通过讲解题目加深细胞分化的概念，对细胞分化的特点、实质及意义进行举例深入讲解。微课中设有提问环节，留有课后作业，帮助学生自我检测。最后进行小结，强调本节课重点知识。本微课通过视频导入、思考题、深入讲解、提问环节、课后作业和小结等多种教学手段，旨在激发学生学习兴趣，加深学生对细胞分化知识的理解和掌握，同时促进学生自主思考和参与。通过这样的教学方式，学生可以在灵活的学习氛围中积极参与学习，提高学习效果。

作品二维码：扫码观看微课视频

细胞的变身
魔法——细胞分化.mp4

7. VR 知多少

作者信息：陈瑾

获奖等级：第十五届中国大学生计算机设计大赛中南地区赛一等奖

制作软件：PowerPoint、来画、剪映、Adobe Photoshop CS6

作品简介如下。

本微课的教学内容是虚拟现实技术，信息技术作为一门站在科技前沿的学科，我们需要了解与信息技术相关的科学发展动态，拓宽我们的技术视野。此外，虚拟技术已在全球普及，VR 虚拟技术的知识与我们日常生活、生产、科学研究有密切的关系，因此，学习虚拟技术有着广泛的现实意义。

作品特点如下。

本微课在制作上采用动画和真人出镜拍摄相结合的方式向学习者讲解有关 VR 的知识，通过图像、动画和视频，帮助学生更好地了解 VR 头显的基本工作原理，正确区分 VR 头显的不同类别，并了解 VR 头显在生活中的应用，拓展学生的思维能力及空间想象能力。鼓励学生参与制作简易的 VR 头显，积极参与学习，并将所学知识应用到实际情境中，激发学生对科学技术的兴趣。

作品二维码：扫码观看微课视频

VR 知多少.mp4

8. 化学之"铝"

作者信息：袁子晴

获奖等级：第二届全国师范生微课大赛全国特等奖

制作软件：PowerPoint、来画、录屏软件、Adobe Premiere 2022

作品简介如下。

微课对"铝的物理性质、化学性质及其在生活中的运用"进行了论述说明，并安排了有关性质的验证实验，其目的是使学生掌握铝的重要性质。同时，经历实验探究和问题讨论的过程，使学生了解实验研究化学物质的一般方法，初步形成分析推理、综合归纳的能

力，感受化学物质的丰富多彩。

作品特点如下。

首先，配套在线课程练习是本课程的重要组成部分。通过在线平台的练习，可以及时了解学生对知识的掌握情况。教师可以根据学生的练习情况，分析学生的学习表现，并发现学习中的薄弱环节，从而有针对性地改进教学方法。这种数据驱动的教学方式能够更加高效地帮助学生提升学习效率，让教学更加个性化和精准化。其次，思维导图的运用是课程设计的亮点之一。通过思维导图，可以将课程内容进行系统的整理和总结，使知识更加直观且有逻辑性。学生可以一目了然地看到知识的框架和关联，有助于形成完整的学习体系，同时也便于复习和记忆。最后，微课巧妙运用了多种媒体对课程内容进行详细讲解。通过实验视频，学生可以直观地观察实验过程，加深对实验原理和操作的理解。利用图片实现知识可视化，可以将抽象的概念形象化，让学生更好地理解和记忆。同时运用音频效果增加微课趣味性，让学习过程更加生动、有趣，激发学生的学习兴趣。多媒体的运用能够满足不同学生的学习风格和需求，提高学习的吸引力和效果。

作品二维码：扫码观看微课视频

化学之"铝".mp4

9. 召唤恐龙

作者信息：张小红

获奖等级：第四届全国师范生微课大赛全国一等奖

制作软件：PowerPoint、剪映

作品简介如下。

本微课的教学内容是幼儿园大班美术领域的手工活动，以大班幼儿感兴趣的动物——恐龙为主题，结合科普小知识，以树叶为媒介，创作恐龙形象叶贴画。教学重点是对常见恐龙形象和特征进行了解，教学难点是用树叶拼摆出恐龙形象。首先，以授课者和恐龙手偶对话的方式引入主题。其次，介绍霸王龙、翼龙、三角龙、剑龙、颈龙、双冠龙、棘龙等常见的恐龙种类。再次，带领幼儿用树叶拼摆出自己喜爱的恐龙形象。最后，以恐龙的灭绝来强调环境保护的重要性，呼吁幼儿保护环境和爱护动物。

作品特点如下。

通过真人出镜、动画和 PowerPoint 录屏等方式，采用剪映、PowerPoint 等软件进行视频后期的剪辑，打破传统讲授、示范的教学方法，融合视频、手偶表演、情景剧、手工创作、活动意义提升等多样教学方式环节，刺激幼儿多通道深度学习。以树叶为创作素材，同时结合恐龙的科普知识，引导幼儿在了解恐龙形象特征的基础上创作恐龙叶贴画，是将艺术领域和科学领域结合起来的综合探索活动，在实践中培养幼儿的动手能力和创作能力，让幼儿体验创作的乐趣。

作品二维码：扫码观看微课视频

召唤恐龙.mp4

10. 大数据杀熟——懂你的人伤你最深

作者信息：吴芊

获奖等级：第四届全国师范生微课大赛全国一等奖

制作软件：PowerPoint、万彩动画大师、剪映、录屏软件作品简介如下。

本微课的教学内容为浙教版科目必修1第一章第五节——数据与大数据，首先，使用故事导入法，用贴近生活的案例引出主题，激发学生的兴趣。其次，以动画展示与语言讲解结合的方式向学生介绍需要掌握的知识点。再次，通过思维导图进行知识的归纳总结和回顾。最后，留一个与大数据相关的课后思考题作业，拓展延伸。

作品特点如下。

本微课使用了多种媒体手段，如真人出镜、动画演示、屏幕录制等，整个作品结构完整，画面丰富。通过大数据杀熟这个有趣的故事来讲解大数据相关知识，如大数据概念、特征、大数据相关的用户画像等。从生活中人们听过却并不了解的选题入手，能吸引学生的学习兴趣。开头故事引入、实例讲解能让学生在轻松愉快的学习氛围中，更容易理解和掌握知识，激发学生的学习兴趣和学习动力。这样的教学方式有助于提高学习者的参与度和学习效果，促进他们对知识的深入学习和探索。

作品二维码：扫码观看微课视频

大数据杀熟——懂你
的人伤你最深.mp4

11. 邂逅黑金

作者信息：陈楚峰、曾文浩、熊海成

获奖等级：2022年中国计算机设计大赛中南地区赛一等奖

制作软件：万彩动画大师、Photoshop、Adobe Premiere Pro 2022

作品简介如下。

铁与我们的日常生活息息相关，铁锈也是非常常见的。本微课通过虚拟老师和动画来讲解铁的相关知识及铁锈产生的原因，通过生动、有趣的动画激发学生的学习兴趣。

作品特点如下。

制作上，采用卡通人物讲解和动画结合的方式分别介绍了铁的发展历史、物理性质、化学性质，重点介绍了铁锈产生的原因及常用的防锈措施。本微课在增强学习者的学习兴趣，提高学习效率的同时，还能通过丰富的动画效果和实用的教学内容，让学生更专注、更深刻地理解有关铁和铁锈的知识，并将所学知识运用于实际生活中，为学习带来更加积极和富有成效的体验。

作品二维码：扫码观看微课视频

邂逅黑金.mp4

12. 赋得古原草送别——手语古诗绘本类微课

作者信息：刘佳琪

获奖等级：2022年中国大学生计算机设计大赛国家级二等奖

制作软件：Adobe After Effects 2019、Adobe Premiere 2019、Photoshop 2019、Procreate、剪映等

作品简介如下。

本微课为儿童绘本微课，即儿童绘本的配套微课视频，采用视听结合的方式教学，微课内容为白居易的《赋得古原草送别》，主要学习唐诗的手语表达、了解意思和故事背景，引导听障儿童正确地认识古诗和其创作背景及思想表达。

作品特点如下。

绘本对于儿童的语言学习和发展至关重要，市面上缺少此类的可视化、针对性强的绘本，我们小组计划设计一系列此类绘本，引导听障儿童自主表达和思考，培养他们的学习和与人交流能力。该微课以视听结合的方式教学，采用动态绘本和手语讲解，旨在为听障儿童提供有针对性的学习资源，帮助他们更好地理解古诗内容，培养学生的学习和与人交流的能力。通过这样的教学手段，能够为听障儿童创造更有趣和更有效的学习体验，促进他们全面发展和融入社会。

作品二维码：扫码观看微课视频

赋得古原草送别——
手语古诗绘本类微课.mp4

13. "铜"你解说

作者信息：温斯尧

获奖等级：第三届全国师范生微课大赛全国一等奖

制作软件：PowerPoint、万兴喵影、Maya、Unreal Engine 4、EV 录屏

作品简介如下。

本微课的教学内容是初中历史七年级上册，基于湖北省黄石市本土特色，以铜绿山古铜矿为引入，与学生的生活实际联系紧密；教学内容设计的视频引入增强了学生的视觉印象，体现设计者创意，寓教于乐，引人入胜；对铜的知识从大到小进行科普示范讲解，以问题思考进行知识反馈，巩固学识；教学内容严谨，以铜元素为切入点，反映了国家社会的发展，体现了学科特点；教学过程深入浅出，形象生动，启发性强，教学氛围良好。

作品特点如下。

微课以三维动画视频做开篇来吸引学生的注意，PowerPoint 的图文讲解使知识点更清晰，动画短片解说型设计更加注重学生的学习兴趣，营造探索求知的教学氛围，激发学生学习兴趣，最后通过问题思考巩固知识点，增强学生的学习成就感，做到短时间、高质量、高效率地授课。本节微课让学生对铜的历史知识形成整体认识，针对古铜矿形成局部认知，充分利用微课特点攻破教学重难点，既可强化学习，也可查漏补缺。通过 Unreal Engine 4 三维场景制作、PowerPoint 课件展示、EV 录屏软件、万兴喵影剪辑软件配合背景音乐，微课整体制作精良，明亮清晰，色彩对比鲜明，教学音色圆润，背景音乐舒缓适度，总体给人赏心悦目及和谐动听之感，激发学习者的学习兴趣和促进学生对教学内容的深度思考。

作品二维码：扫码观看微课视频

铜你解说.mp4

14. 一抹旋律，七尺傲骨——分析《黄河颂》中的家国情怀

作者信息：杨靖怡

获奖等级：第四届全国师范生微课大赛全国一等奖

制作软件：剪映、PowerPoint、Adobe After Effects

作品简介如下。

本微课全篇从一个"颂"字出发，以问题为导向，沿着"颂"什么，如何"颂"两条思维线展开，熔铸了全诗浩大的物理空间和壮阔的心理空间，加入适当的视频和配乐，提高了学生的学习兴趣，最后通过一个红色党史视频结尾，伴随老师的讲解，催人奋进，激

励学生积极学习，奉献祖国。

作品特点如下。

首先，创作者强调微课之"微"，即要确保内容精练，针对一个重点进行讲解。这样的设计能够让学习者聚焦于核心知识，不会被过多的信息淹没。其次，要追求内容之"新"，即重视创新。创作者探索了新颖的教学方式和方法，让学习者在新鲜的教学体验中更好地吸收知识。最后，内容之"清"是指教学逻辑要清晰，层层推进。通过合理的教学逻辑，学习者能够在学习过程中形成系统的知识结构。在形式方面，创作者使用剪映和 Adobe After Effects 两个软件进行创作。剪映软件被推荐是因为其操作简单且实用性高，可以让创作者更便捷地进行视频编辑。Adobe After Effects 软件可以用来加入动画效果和特效，增加视频的生动和吸引力。通过这样的形式设计，学习者可以在视听上获得更好的学习体验。

作品二维码：扫码观看微课视频

分析《黄河颂》中的
家国情怀.mp4

15. 篮球——双手胸前传球

作者信息：金泽天

获奖等级：第四届全国师范生微课大赛全国一等奖

制作软件：PowerPoint、录屏软件、万彩动画大师

作品简介如下。

本微课的主要内容是讲解如何双手胸前传球，它是篮球运动最基本的技术动作，也是最能够培养学生团队协作精神的学习内容。通过动画制作、视频演示、师生问答等方式对双手胸前传球的动作要领进行生动、形象的讲解。开头运用动画人物对话、观看比赛视频的方式，吸引学生的注意力，激发学生的好奇心，提高学生对所学内容的兴趣。学生通过学习双手胸前传球动作，可以锻炼力量、协调和耐力等身体素质。通过实景拍摄示范动作与错误动作，放慢动作速度，用线条、箭头提示并配合语言讲解，让学生明确双手胸前传球的重点、难点与易错点。教给学生练习的方法，并用口诀概括动作要领，让学生能够更容易地理解所学知识，加深对正确技术动作的印象，在头脑中形成具体而清晰的运动表象，并有意识地进行巩固。

作品特点如下。

本微课采用动画制作、视频演示和真人示范相结合的形式，有利于对双手胸前传球的动作要领进行全面讲解。通过多种媒体元素的结合，学生可以从不同角度观察和理解动作技巧，提高学习效率。首先，动画制作可以用来呈现传球动作的关键步骤和细节。通过动画将动作分解成几个关键帧，清晰地展示每个步骤的正确动作要领。这样的教学方式能够帮助学生更好地理解动作的执行过程，有利于他们在实践中正确地模仿和练习。其次，视频演示是非常有效的教学手段。在视频演示中，可以展示实际运动员进行双手胸前传球的场景，让学生观看专业运动员的标准动作。通过观看优秀示范，学生可以获得更直观的印象，学习到正确的动作技巧，并在实际练习中更好地模仿。最后，真人示范是关键的一环。教师或训练员可以现场演示正确的双手胸前传球动作，为学生提供更加真实的观摩体验。同时，真人示范可以与学生进行互动，解答疑问，纠正动作的错误，使学生更深入地理解和掌握动作要领。此外，为了帮助学生更好地巩固所学内容，本微课还结合所学的动作要

领创作了四句口诀。口诀简洁明了，便于学生记忆和应用。口诀可以帮助学生在练习中进行自我提醒和纠正，增强动作的准确性和稳定性。

作品二维码：扫码观看微课视频

篮球——双手
胸前传球.mp4

实践训练

1. 实验目的

(1) 熟悉 Camtasia 的基本操作。

(2) 学会使用 Camtasia 的录制功能并进行微课的录制。

(3) 学会素材的导入和剪辑，会为素材添加注释、转场、动画等操作。

(4) 学会为素材添加光标效果、音效和视觉效果。

(5) 学会为素材添加交互性设置和字幕。

(6) 学会微课的输出。

2. 实验环境

(1) 连接局域网的计算机。

(2) 64 位的 Windows 7 及以上的操作系统。

(3) Camtasia 2019 软件及相应的素材。

3. 实验内容

综合运用所学知识并结合自己的专业学科，制作一个完整的微课作品。

1) 确定微课选题

根据微课的特点确定主题，并做前期分析。

2) 确定设计方案

根据前期分析，确定设计方案，编写微课的教学设计，设定互动环节，确定界面设计风格等。

3) 准备素材

根据方案设计准备素材，如文本素材(解说词、字幕、注释文本等)、音频素材(背景音乐、音效、语音等)、图像素材和视频素材等，同时准备开发制作的软件，如 PowerPoint、Camtasia 等。

另外，也可以进行真人拍摄(可选)。根据选取的微课制作方式，确定是否进行真人教学过程的专业摄像，如果需要真人与视频素材合成，最好在绿幕布背景下拍摄，也可以在真实环境中摄像，其内容为微课的一部分。

4) 开发制作

(1) 制作 PPT 课件，PPT 课件的界面设计要求简洁、清晰、规范和美观。

(2) 打开 Camtasia 软件，新建项目，并设置项目属性。

(3) 使用 Camtasia 录制微课需要的视频素材，如课件的录制、操作过程的录制、系统声音的录制等。

（4）导入准备好的素材，在时间轴上进行剪辑并添加注释。

（5）为时间轴上的素材添加转场和动画，如果需要鼠标的突出显示，还需要添加光标效果。

（6）为时间轴上的素材添加音效和视觉效果。

（7）为了防止误操作，可将已编辑到此的项目文件保存，如文件名为"微课编辑"，并输出为MP4格式的文件。

（8）新建项目，导入第(7)步输出的"微课编辑.MP4"文件，使用"库"中的素材或自己准备的素材为微课添加片头和片尾，并将片头、"微课编辑.MP4"和片尾拖曳到时间轴的相应位置。

（9）为微课添加测验和字幕。

（10）将此项目文件保存，如文件名为"微课编辑完成"，输出所需的文件格式。

5）测试评价

先将完成的微课在教学中应用，获取教学评价，总结反思，再对微课的设计方案进行调整。

学习测评

1. 微课的特点有哪些？

2. 制作微课的基本流程是什么？

3. 制作微课时有哪些注意事项？

4. 除本章介绍的常用微课制作软件外，你还知道哪些微课制作软件？它们各有什么特点？

学习资源

1. 中国大学MOOC.广西师范学院.微课设计与制作. https://www.icourse163.org/.

2. Camtasia 中文官网. https://www.luping.net.cn/jiaoxue.html.

党的二十大报告明确指出，推进教育数字化，建设全民终身学习的学习型社会、学习型大国。教育数字化是教育主动适应新一轮科技革命与现实发展的应然选择，其发展将推动数字教育资源建设，加强信息技术基础设施建设，发展在线学习平台和应用，全面支撑学生学习、教师教学、学校管理，赋能社会和教育改革创新，以数字技术促进教育公平，提高教育质量，推动教育改革，促进教育现代化的深入发展，以满足人民群众日益增长的教育需求，提高教育质量和公平性。

第 8 章　技术促进教育变革

本章学习目标

➢ 了解信息技术与教育教学融合的本质。
➢ 熟悉信息技术与课程融合的原则和途径。
➢ 了解未来的教育新模式。
➢ 掌握 1~2 个常见的信息技术支持的课程与技术平台的使用方法。

8.1　信息技术与课程融合

"信息技术对教育发展具有革命性影响"的理念得到教育界的共识，以教育信息化推动教育现代化也成为教育发展的重要战略。"革命性影响"的核心内涵是融合创新，其重要特征是实现信息技术与教育的融合发展，这一理念在不少文件中也有所体现：如美国联邦政府发布了《每一个学生成功法》(Every Student Succeeds Act)，其中，包括一系列关于信息技术与课程融合的政策指导，鼓励学校提供数字化学习机会、培养学生的技术素养和创新能力。此外，还有许多国际组织和教育机构，如联合国教科文组织(UNESCO)等也发布了关于信息技术与课程融合的政策和指导文件。

在我国，《教育信息化十年发展规划(2011—2020 年)》首次提出信息技术与教育深度融合的概念，并指出"以信息化引领教育理念和教育模式的创新，充分发挥教育信息化在教育改革和发展中的支撑与引领作用"；《中国教育现代化 2035》也提出，要全力推动信息技术与教育教学深度融合，利用信息技术提升教学水平，创新教学模式等。由此可见，深化信息技术与教育教学的融合发展是现阶段我国教育信息化发展的目标。信息技术与教育教学的融合涉及多个领域，如教学研究、教育治理、管理服务、学校教育等，而众多领域中，学校教育是最根本的应用领域。在学校教育中，课程教学是主阵地。因此，推进信息技术与课程的深度融合则显得尤为重要。

8.1.1　信息技术与课程融合的含义和特征

1. 信息技术与教育教学融合的发展进程

教育信息化是一个动态的历史进程，也是信息技术与教育教学不断融合发展的过程。信息技术与教育的融合经历了"起步""应用""整合"和"创新"四个阶段。信息技术与当代教育融合是一场全面、深刻的创新变革，其不仅革新了传统教育模式，而且营造了全新学习环境。

1)"起步"阶段

在"起步"阶段，信息技术与教育教学融合的特点是以教师为中心，信息技术作为一项辅助工具协助教师课堂教学，其没有在学校的教育教学和管理中被广泛接受和使用。例如，基本的计算机知识、办公软件操作、电子邮件使用等应用于教学内容中，教师在课堂教学中使用 PPT 演示文稿，教育管理软件开始在学校初步应用等。

2)"应用"阶段

在"应用"阶段，信息技术与教育教学融合主要体现在教育教学和教学管理中普遍使用信息技术来提升教学质量和提高管理效率，教师开始注重在引入信息技术的过程中改变教学方法，教育主管部门和学校开始采用信息技术促进教师培训和专业发展。在这一阶段，教师体验到信息技术应用于教学的优势，但此时却面临着信息基础设施和资源难以满足需求的障碍，即学校虽然具备了基础设施条件，因缺乏足够的优质资源，使信息技术在教育中的应用面临"有路无车、有车无货"的尴尬境地。

3)"整合"阶段

在"整合"阶段，信息技术与教育教学融合主要体现在促进教师的专业能力发展和基于信息化环境的教学方法创新上。在这一阶段，教师充分整合信息技术与课堂教学，组织和开展以学生为主体的学习活动，通过积极的引导和辅助，充分发挥学生的自主性和积极性，提升学习效果。同时，教师利用信息化教学及管理平台，开展基于互联网的教学和教研工作，管理自身的学习过程，提升教师自身信息技术的应用能力。信息技术已经被深度引入教学过程，通过信息技术开展基于项目的协作学习和网络协同教研，已经成为越来越多的学生和教师的选择，在促进教师专业发展中发挥了较大作用。

4)"创新"阶段

在"创新"阶段，信息技术全面融入教育教学，主要体现在信息技术开始改变教学模式。在此阶段，学生成为学习活动的主体，教学活动和教学内容的组织都是围绕促进学生的学来进行的。同时，各级教育主管部门和学校的管理效率不再是由信息技术的处理能力决定，而更多地取决于其内部管理结构和事务处理流程等。在我国，虽然信息技术对教育的影响已经得到普遍的关注，但受各种因素的影响，绝大部分地区和学校的技术与教学"两张皮"的情况还比较普遍，信息技术与教育教学的融合发展依然任重道远。

2. 信息技术与课程融合的含义

信息技术与课程融合，是将信息技术有机地融入各学科教学过程，使信息技术与学科课程结构、课程内容、课程资源及课程实施等融为一体，成为与课程内容和课程实施高度和谐自然的有机部分，以便更好地完成课程目标，并提高学生的信息获取、分析、加工、交流、创新、利用的能力，培养学生的协作意识和能力，使学生掌握信息社会中的思维方法和解决问题的能力，提高学生的数字素养。信息技术与课程融合不是简单的结合、混合，而是融入课程中去，成为其有机整体的一部分，并由此引发课程的变革，是信息技术主动的适应过程。

要准确理解信息技术与课程融合的含义，需要对"融合"和"整合"进行区分。在汉语词典中，"整合"是指通过整顿、协调，重新组合；"融合"是指几种不同的事物合成一体的意思。因此，在教学系统中，信息技术与课程的融合比整合更深入、更复杂，它不是将信息技术作为外在的工具、手段，而是将其作为课程教学一个不可分割的内在要素。

信息技术与课程整合强调的是把作为教育之外客体的信息技术与作为主体的教育相整合，鼓励教师在课堂教学中使用信息技术支持老师的教和学生的学。信息技术与课程融合则涉及"信息技术"与"课程"两个系统相互融合、不断适应的过程，是将信息技术融入课程的各个要素，重点是利用信息技术支持课堂教学方法、教学模式的变革，此时的信息技术已经成为课程的核心要素之一，核心内涵是课程及教学的结构性变革，最终构建以学生为主体的教与学方式，注重学生分析、综合、创造等高阶思维能力的培养。

3. 信息技术与课程融合的特征

虽然融合是二者相互关联、相互作用的过程，但也存在立足点的问题。课程是融合的立足点，这就决定了信息技术与课程融合的教育属性和培养人的目标。因此，在课程教学中，根据课程的目标及属性来进行融合是必须坚持的实践取向。信息技术与课程融合的特征，主要体现在以下几方面。

1) 目标多层次

融合的目标不仅体现在教学方式、教学模式的改变上，还涉及学生发展目标的更新。从教学层面看，融合的目的不是简单地将信息技术与课程教学相叠加，而是超越了传统信息技术教育应用的朴素应用观，旨在实现"教师主导—学生主体"的双主体教学结构。从学生发展层面来看，融合的目的是要培养适应信息化时代的人。改变教学方式、教学结构只是信息技术与课程融合的外在教育形态，信息技术与课程融合的最终目的是指向人的发展，是对"21世纪/未来社会需要怎样的人"的呼应，是从传统知识型人才培养转向创新型人才培养这一目标上来。

2) 要素多元化

融合不仅是将信息技术融入课堂教学，还涉及信息技术与更多要素和环节的关联和多向互动。一般来说，信息技术与课程的融合需要重点关注课程理念、教学模式和方法、课程内容与资源、教师能力、实施环境、课程评价等诸多要素。

3) 过程动态化

课程本身具有复杂性，信息技术也在不断发展，因此其融合过程也不是一蹴而就的，而是一个复杂的、长期的、动态的过程。在这个不断深化和发展的动态过程中，不存在普遍适应和一成不变的模式，也无法用严格的量化标准来衡量。

总之，信息技术与课程融合是我国教育信息化发展的战略要求和必然趋势，其核心内涵是实现课程与教学的结构性变革，实现教育数字化的转型发展，促进教育现代化。

8.1.2 信息技术与课程融合的原则

信息技术与课程融合的关键是融合，融合不是简单地混合，也不是以一个对象为主、另一个对象为辅，而是两者自然地融为一体的状态。信息技术与课程融合，首先是硬件建设，包括信息化设备、设施和环境的建设。其次是软件建设，包括支持教学的软件、课程与教材等资源建设。最后是融合理论和方法的建设，包括在一定教育理论的支持下，选择合适的信息技术与课程进行融合。尽管在不同的信息化教学中，信息技术应用的方式、信息技术的价值体现各不相同，但是应用过程中依然有一些需要遵循的基本原则。

1. 运用合适的理论指导融合实践

现代学习理论为信息技术与课程融合奠定了坚实的理论基础。在教学和学习的层面上，每一种理论都具有其特定的适应性。行为主义学习理论对需要机械记忆的知识，或具有操练和训练教学目标的学习，有其合理的成分；认知主义学习理论的指导作用主要体现在激发学生的学习兴趣，保持学生的学习动机；建构主义学习理论则提倡给学生提供建构理解知识所需要的环境和广阔的建构空间，让学生自主地、发现式地学习。相比较而言，建构主义学习理论比较适合于不良结构领域的学习，而对于中小学生来说，他们正处在知识积累和思维发展阶段，其认知结构还比较简单，自主学习能力还没有得到很好的培养，对于这个年龄阶段的学生来说，教师的指导、传授及人格魅力的影响有着不可替代性。因此，在信息技术与课程融合的过程中，应该兼顾各种理论的合理成分，根据教学对象、教学内容及教学媒体等多种变量，灵活地运用理论并指导实践。

2. 根据教学对象选择融合策略

人类的思维类型可按抽象思维、具体思维、有序思维和随机思维进行组合，不同思维类型人的学习成效与他们所选择的学习环境和学习方法有关。在长期的教学实践中，人们发现，有的学生不能主动地对接收的信息进行加工，喜欢有人际交流的学习环境，需要明确的指导和讲授；而有的学生在认知活动中，更愿意独立学习、个人钻研，更适应结构松散的教学方法或个别化的自主学习环境。因此，信息技术与课程的融合应该根据不同的教学对象，实施多样化、多元化和多层次的融合策略。例如，教小学生"hippopotamus"这个单词时，对于视觉学习者，可以使用网络图片资源大量呈现河马图片，让小学生很快就能领会"hippopotamus"的意思和生活方式；对于听觉学习者，可能更喜欢听上一段描述河马的故事或介绍，这样他就能全面了解河马，包括它的发音，可以采用多种感官参与的融合策略；有的学习者可能更习惯把单词学习看作玩一场电子游戏，他们在游戏中学得更快，可以采用寓教于乐、情境激励等策略；还有的学习者可能更适合采取合作学习、自主探究学习等策略。

3. 根据学科特点选择教学模式

每个学科都有其特有的知识结构和学科特点，它们对学生的要求也不尽相同。例如，语言教学的一个任务是培养学生运用语言的能力，训练学生在不同的场合下用正确语言流利地表达自己的思想，能够很好地与别人交流。数学属于逻辑经验学科，主要由概念、公式、定理、法则及它们的应用问题组成，数学教学的重点应放在开发学生的认知潜能上，可以通过给学生创设认知情境，让他们经历由具体思维到抽象思维，再由抽象思维到具体思维的过程，完成对数学知识的构建。而物理和化学是与人们生产、生活密切相关的学科，应注意学生的观察能力、解决问题的能力和实验动手能力的培养等。对那些需要观察自然现象或事物变化过程的知识，形象和直观的讲解有助于学生理解和记忆，但对培养学生的操作能力来说，如果用计算机的模拟实验全部代替学生亲手实验，则违背了学科的特点，背离了培养动手能力的学科教学目标。因此，对于不同的学科，信息技术与课程融合的教学模式也应不同。

4. 优化媒体组合提升融合效果

信息技术包括多媒体、网络、人工智能等多种技术，是一种综合技术，既有简单的交互式电子白板，又有较为复杂的智慧教学系统。在优化媒体组合的过程中，除了要注意媒体和技术的优化组合外，还要考虑适宜性原则和经济性原则。

在课堂教学中，要避免不恰当使用信息技术，如技术应用不符合学生认知特征、不适合学习内容、不适合学习目标、不具备客观条件等。适宜性原则，是指信息技术的选择类型、应用方式、应用时间等均符合认知规律、学习内容、学习目标、学科特点、具体情境等，能够真正提高教学效果、效率和效益，从而促进学生的素质发展。因为任何媒体的使用都需要一定的成本，在教学中选用信息技术还需要注意经济性原则。美国传播学专家施拉姆根据经济学的"最省力原理"提出了"施拉姆公式"：媒体选择概率(P)＝媒体的功效(V)÷媒体的代价(C)。其中，V 主要是指教学媒体促进教学目标达成的功能和效率，包括创设教学情境、激发学习动机、拓展思维视角、唤醒已有经验、清晰呈现内容、直观显示过程、高效阐释原理、增加学习体验；C 主要指使用媒体所需要花费的人力成本、时间成本和经济成本。由"施拉姆公式"可知，选择教学媒体时要考虑成本、效能的关系。

8.1.3 信息技术与课程融合的途径

信息技术与课程融合是一个系统化工程，而要实现信息技术与课程融合，则要从宏观层面与微观层面整体进行。宏观层面主要涉及健全管理体制、完善政策环境、优化基础设施、严格管理过程及灵活培训方式等，是实现融合的有效途径。例如，通过制定相关政策，明确信息技术在教育中的地位和重要性，鼓励学校将信息技术纳入课程设置和教学实践，通过政府拨款资助学校配置信息技术设备、软件和教育资源，帮助学校建设信息化教育环境，并支持教师的信息技术培训和专业发展，提高教师的数字素养和信息技术应用能力，使其能够有效地将信息技术融入课堂教学；通过编写与信息技术相关的教材和课程标准，明确学生在不同年级和学科中应该达到的信息技术能力要求，推动信息技术与各学科有机融合；通过建立监测评估机制，对信息技术与课程融合的实施情况进行评估，及时发现问题并采取相应的解决措施等，促进信息技术与课程融合发展，提升学生的信息素养和综合能力，推动教育向数字化、智能化方向发展。微观层面主要包括创建丰富的数字化教学资源，形成多元的混合教学模式等。

1. 加强规划引领，健全管理体制机制

信息技术与课程融合应从学校、专业、课程等层面全面考虑，要从机构、政策、环境、评价、培训、人才培养方案、课程体系设置、教学设计、教学模式、数字化资源与虚拟仿真等方面进行整体规划和系统设计。

2. 优化基础设施，加强软、硬件环境建设

现代教育技术软件与硬件环境的建设是信息技术与课程融合的前提。硬件环境是进行信息技术与课程融合的基础，而软件应用是信息技术与课程融合的核心。如果没有硬件环境支持，也没有好的软件资源，信息技术与课程融合的有效实施就无从谈起。如今大到国家部门，小到各地政府和教育主管部门，都非常重视软件、硬件环境建设，积极探索与推进基于移动终端、物联网、云计算和大数据等新一代信息技术和人工智能的智慧学习空间建设。

3. 加强教师培训，提高教师数字素养

信息技术与课程融合对教师的信息技术应用能力有着较高的要求，它不仅要求教师能熟练掌握各种多媒体资源，还要利用信息技术促进学生自主学习、提升认知、激发学生学习兴趣等，为学生提供和创建主动探索、多重交互、合作交流、资源共享等学习环境，让学生的创新思维与实践能力在融合过程中得到锻炼和提升。

通过教师培训，让教师以客观、积极的态度对待课程融合，形成课程融合的正确观念，提高自身的数字素养，掌握信息技术与课程融合教学的设计方法和步骤，实现教学内容和方法的新颖性、趣味性、研究性等，将课程融合的理念贯穿教学，使课堂教学达到最优化。

4. 建设数字化教学资源，形成多元混合教学模式

信息技术与课程融合，在充分发挥学科特色的基础上，根据不同学科的特点使用信息技术来创建信息化教学环境，开发数字化教学资源。信息技术创建的信息化教学环境与数字化教学资源促进了教学模式的变革与创新，形成了多元的混合式教学模式，例如，线上线下混合式教学模式、翻转课堂教学模式和基于数据决策的课堂教学模式等。

8.2　信息技术促进教学模式创新

8.2.1　人工智能与适应性教学

人工智能技术的发展推动了经济与社会的发展，并引起各行各业的广泛重视。各国政府纷纷将发展人工智能作为重要的国家战略，如我国 2017 年发布了《新一代人工智能发展规划》、欧盟 2018 年发布了《人工智能协调计划》、美国 2019 年签署了《美国人工智能

倡议》等。各国政府和机构的资金、人力不断增加投入，吸引着越来越多的顶尖学者、科研团队加入人工智能的研究，并取得大量的成果，深刻地改变了人们生产生活的方方面面。麦肯锡全球研究院的报告指出，2030 年，25%～30%的现有工作中近七成的任务有被人工智能代替的可能。在教育领域，人工智能可以通过动态学习诊断、反馈与资源推荐的自适应学习机制，适应学生动态变化的学习需求，从而打破标准化的教育限制，释放出学生的创造力与活力。人工智能的发展和全民学习、终身学习的理念越来越被广泛认可的同时，其对学校原来整齐划一的教学范式也提出了挑战，个性化学习的需求不断增长，未来的教育在教学模式、教师队伍建设、学校治理等方面将塑造出教育发展的新面貌。其中，自适应技术在教学中的应用为构建高效的个性化教学和学习模式提供了有力的支撑。

1. 人工智能概述

1) 人工智能的定义

人工智能(Artificial Intelligence，AI)，是一门研究运用计算机模拟和延伸人脑功能的综合性学科。1956 年，以麦卡锡、明斯基、罗切斯特和申农等为首的一批有远见卓识的年轻科学家聚会，共同研究和探讨用机器模拟智能的一系列有关问题，并首次提出了"人工智能"这一术语。计算机出现后，人类开始真正有了一个可以模拟人类思维的工具。1997 年5 月，IBM 公司研制的深蓝(deep blue)计算机战胜了国际象棋大师卡斯帕罗夫(Kasparov)，由此人们注意到，计算机在一些地方开始帮助人们进行原来只属于他们的工作，计算机以它的高速和准确发挥着它的作用。

人工智能一个比较流行的定义，是由约翰·麦卡锡在 1956 年的达特矛斯会议(Dartmouth conference)上提出的：人工智能就是要让机器的行为看起来就像人所表现出的智能行为一样。此后出现了其他定义，总体来讲，人工智能的定义大致划分为四类，即机器"像人一样思考""像人一样行动""理性地思考"和"理性地行动"。这里的"行动"可广义地理解为采取行动，或制定行动的决策，而不仅仅是肢体动作。

2) 人工智能的发展

人工智能往往涉及对人的智能本身的研究，其他关于动物或其他人造系统的智能也普遍被认为是人工智能研究领域。人工智能在计算机上实现时有两种不同的方式。一种是采用传统的编程技术，使系统呈现智能的效果，而不考虑所用方法是否与人或动物机体所用的方法相同，这种方法叫工程学方法(engineering approach)。工程学方法已在一些领域作出了成果，如文字识别、电脑下棋等。另一种是模拟法(modeling approach)。它不仅要看效果，还要求实现方法也和人类或生物机体所用的方法相同或类似，遗传算法(generic algorithm，GA)和人工神经网络(artificial neural network，ANN)均属于模拟法。遗传算法模拟人类或生物的遗传—进化机制，人工神经网络则是模拟人类或动物大脑中神经细胞的活动方式。

几十年来，人们从问题求解、逻辑推理与定理证明、自然语言理解、博弈、自动程序设计、专家系统及机器学习等多个角度展开了人工智能研究，建立了一些具有不同智能程度的人工智能系统。例如，人机对弈方面，加里·卡斯帕罗夫(Garry Kasparov)在 1996 年 2月 10—17 日以 4∶2 战胜"深蓝"，于 1997 年 5 月 3—11 日，以 2.5∶3.5 输于改进后的"深蓝"。2016 年 3 月 9—15 日，阿尔法围棋(Alpha Go)以 4∶1 战胜围棋世界冠军李世石；2016 年 12 月 31 日至 2017 年 1 月 4 日，Alpha Go 化名 Master，在弈城网和野狐网两大对弈网站横扫中国、日本、韩国的高手，取得 60 连胜；2017 年 5 月 23—27 日，Alpha Go 在乌镇以 3：0 完胜世界冠军围棋九段棋手柯洁。

总的来说，人工智能经历了符号主义、机器学习、知识工程、专家系统、智能代理和深度学习等六个阶段。现在正处于第六个阶段，即"深度学习"。它是目前最热门的人工智能技术之一，采用多层神经网络的机器学习方法，用于图像识别、语音识别、自然语言处理等领域，如 ChartGPT、讯飞星火认知大模型、百度文心一言等，都对教育教学产生了越来越重要的影响。

2. 人工智能的教学应用研究

人工智能在教育教学中的应用越来越受到重视，一方面，大量基于 AI 的教育教学工具开始在不同的场景中得到应用，如智能导学系统、智能代理、自动化测评系统、教育游戏等在教学中进行了大量实践，并逐步被教育者和学习者接纳；另一方面，研究者也开始对教学过程中引发的变革进行积极探讨，包括人工智能对教师职业的再造、人工智能教师在未来教育教学中代替人类所承担的角色、智能时代的教师工具、人工智能时代教师角色与思维的转变等方面。人工智能在可预见的未来并不会完全替代教师，但未来会是教师与人工智能协作共存的教育新生态。当前，人工智能教学应用研究领域已经形成了两个互相促进的目标，即开发基于 AI 的工具以支持学习，并利用这些工具帮助理解学习的本质。

1）替代教师重复劳动的研究

人工智能替代教师可以将教师从低效重复的教学工作中解放出来，从而提升教学效率和教育质量，如智能测评、批改作业、自动答疑等重复性体力劳动。人工智能助教系统作为教学工具部分地扮演教师的角色，并没有改变教学本身的结构，属于"替代"，但其正在重塑学习者的学习体验，实现优质教育资源共享。

（1）基于机器学习算法和预测模型，替代教师进行文本测评。以人类教师的评价标准为基准，借助计算机程序自动对文本内容进行评价，与传统的人工评价相比，计算机程序对文本进行评价具有客观性、效率高的特点，且能减轻教师的工作量。例如，有研究者通过建立语言特征编码框架和预测模型，实现文本智能测评，在保持高精确度的同时，可以大幅减少教师的工作量。

（2）分析学习本质与教学规律，构建智能导学系统。智能导学系统(intelligence teaching system，ITS)自 20 世纪 70 年代就受到教育界的广泛关注。随着人工智能技术的进步，智能导学系统的功能在不断完善。当前智能导学系统的构建与应用形成了以下四个研究主题：开发支架式写作指导系统，提升学习者的写作水平；提供多样化智能导学方式，开展学习指导与监控；基于学习者个体特征，支持差异化学习；利用数据驱动方法，为学习者提供个性化提示。

2）赋能教师的研究

人工智能赋能教师是在人机协同的背景下，利用人工智能提供的学习障碍诊断与及时反馈、问题解决能力测评、心理素质测评与改进、元认知支持等功能，为学习者设计个性化的学习路径，创设沉浸式体验学习情境，提供智能代理，推送学习资源等，并帮助教师精准了解学习进度、学习效果等，从而作出教学决策。人工智能赋能教师实现了教学功能的扩增，提升了学生的学业成就与学习动机，凸显了个性化培养优势。

3) 辅助教育管理的研究

人工智能在教育管理方面发挥着越来越重要的作用。它可以提供智能化的解决方案，帮助教师、学校甚至教育管理部门更高效地运作和提供优质的教育服务。

(1) 数据管理与分析。人工智能可以收集、整理和分析大量的教育数据。这些数据包括学生表现、学生出勤率、教师教学效果、课程评估等。通过对这些数据进行分析，教育管理者可以更好地了解学校或教育机构的整体状况，从而作出更明智的决策。

(2) 学生表现预测。人工智能可以分析学生的学习数据和行为模式，用来预测学生可能面临的学习障碍或挑战。通过早期预警，教育管理者和教师可以及早采取干预措施，帮助学生克服困难，提高学习成绩。

(3) 与家长沟通。人工智能可以改善与家长的沟通与交流。通过智能化的沟通平台，家长可以实时了解孩子的学习情况、作业情况和学校活动，从而更好地参与和支持孩子的学习。

3. 人工智能与适应性教学的结合

多元智能理论认为，人的认识方式和思维是多元的，每个人在多元智能的基础上都可以有一种或者多种优势智能，这就使每个人的智能结构不同，也就是所谓的个性发展。发展不同的智能需要采用与之相适应的教学方法和教学风格。进化教育心理学认为，个人的发展不仅受其社会文化环境影响，也离不开生物遗传的影响，突出学习者的个体差异性。这种差异性表现在智力因素和非智力因素两个方面，如情感、态度、动机、注意力、认知及学习潜能。学习者的这种个体差异决定了不同的学习者即便在同一年龄层也会有不同的能力，需要采用不同的学习方式和教学方式。建构主义理论认为，学生的知识是通过自己与外部环境的相互作用和联系逐步建构起来的，这个建构过程是建立在学生原有知识经验及心理特征的基础上的，不同的学生原有的知识经验和心理特征是不一样的，所以建构主义提倡以学习者为中心的个性化学习。

未来，随着人工智能技术结构的深化和进化，构建的适应学生个性化学习的场景和自适应学习平台也会越来越丰富。基于此，教师应该具备基本的人工智能知识、人机协同思维、数据思维、人工智能教学应用能力等，构建人工智能教育应用素养框架。在人工智能知识层面，掌握人工智能素养能力的基础知识内容；在人工智能教学应用能力层面，明晰人机协同所具备的基本能力；在伦理和安全层面，分析人工智能应用过程中应当具备的道德规范、安全意识和应用边界等。作为师范生，要着力提升教师的人工智能教育应用素养，为开展适应性教学储备知识。

8.2.2 大数据与精准教学

2023 年 7 月 6 日，国务院新闻办公室举行"权威部门话开局"系列主题新闻发布会，介绍"加快建设教育强国 办好人民满意的教育"的有关情况，并答记者问。教育部部长怀进鹏表示，要强化大数据赋能教育教学，更好地推动优质资源均衡，更好地服务人的全面发展、服务教育能力提升。国家相关教育文件也规定，"依托网络学习空间逐步实现对学生日常学习情况的大数据采集和分析，优化教学模式"，"培养教师利用信息技术开展学情分析与个性化教学的能力"。结合学生实际的数据资源库，利用大数据和其他信息技术手段助力教师探索高效课堂，精准把握学情，精准制定教学目标，精准选择教学内容，精准确定教学方法，精准评估学生的学习结果，精准运用对学生的评估结果进行教学，并通过精准教学真正实现学生个性化成长。

1. 大数据

全球知名的麦肯锡咨询机构在研究报告中指出，数据已经渗透到每一个行业和业务职能部门，并逐渐成为重要的生产因素，其认为大数据(big data)具有海量的数据规模、快速的数据流转、多样的数据类型和价值密度低四大特征。典型的大数据来自互联网的应用系统，它们在运营中积累了大量的用户网络行为数据。大数据的价值并不在于"大"，其最终价值在于利用，对社会上的很多行业而言，如何利用这些大数据并发挥其作用，成为赢得竞争的关键，而技术则是大数据价值体现的手段与前进的动力。大数据目前广泛应用于社会大众的公共服务，如精准营销和搜索引擎，网络购物平台可以通过其搜索交易数据来分析用户行为，从而向用户推送满足其潜在需求的产品；搜索引擎随着用户的使用而不断优化，使用的用户越多，获取结构化和非结构化数据也越多，搜索引擎也将越优化，优化之后，用户自然也就越多，使用越便捷高效。通过大数据进行智能导航也被我们广泛使用。大语言模型应用的代表 ChartGPT 也逐渐被大家熟知。与其他领域的大数据相比，教育大数据的技术发展，如学习行为采集技术、学情分析技术和个性化推荐技术，推动了精准教学的转向。

2. 精准教学

斯金纳认为，课堂的有效性如何，最佳的检测标准就是学生的行为本身，因为学习是一种反应概率上的变化，学生对知识技能掌握的准确率越高、速度越快，就说明其学习表现的质量越佳。精准教学(precision teaching)，最初由美国学者奥格登·林斯利(Ogden Lindsley)于 20 世纪 60 年代基于斯金纳的行为主义理论提出。他认为，精准教学是根据"标准变速图表"(standard celeration charts，SCC)上显示的持续性自我监控表现频率的变化而作出的教育决策。精准教学中的最大精准在于教学评价，而衡量教学是否达到目标、学生是否真正掌握知识或技能，关键在于检测学生学习的行为过程及其反应。

精准教学起初面向小学教育，旨在通过设计测量过程来追踪小学生的学习表现并提供数据决策支持，以便"将科学放在学生和教师的手中"；后来，精准教学发展为用于评估任意给定的教学方法有效性的框架，即借助信息技术的发展，在精准把握课程标准和学生发展实际的基础上，精准设计目标、精选教学内容与形式、精准测量学习表现并精准应用，使整个教学过程达到可度量、可调控等精准要求，实现班级授课的差异化教学。然而，由于技术的缺失及行为主义理论的局限，精准教学的发展逐步受限，甚至一度受到冷落。大数据技术的应用，让精准教学的意义变得更加宽泛，在大数据技术的加持下，精准教学可以帮助教师更好地了解每个学生的学习情况，满足学生的个性化学习需求，避免不同的背景、能力和兴趣导致教育差异，从而促进教育公平。此外，精准教学通过针对学生的个性化学习需求和特点进行教学，提供个性化的学习体验和指导，需要教育资源满足不同学生的差异化需求，从而促进教育资源优化分配。例如，根据学生的学习水平和学科兴趣，分配合适的教材和学习资源；根据学生的学习能力和兴趣，将教师的教学资源分配到最需要的地方，使教学效果最大化。

3. 大数据与精准教学的结合

数据是实现精准教学的基础，各类教育信息化系统能够实时采集学生学习过程的各种行为数据，如行为发生的时间、行为发生的方式等，并借助大数据技术对学习行为的过程与结果进行跟踪、记录、数据挖掘与分析等，从而诊断学生的学习风格、学业与心理状况，辨识学习需求等，使教师对学情全面了解，便于作出决策。大数据时代的精准教学与早期的精准教学相比，呈现了新的发展趋势。

1) 理论新发展

随着学习科学的诞生与逐步成熟，精准教学不断融合活动理论、情境学习理论及人本主义理论适应在大数据时代的发展。活动理论包含主体、客体、工具、共同体、规则和分工等要素，它们相互联系、相互作用，使整个精准教学活动的生态系统趋于平衡。其中，主体是教师和学生，教师是活动任务的设计者，学生则是任务的实践者；精准教学目标、个性化学习任务是客体，强调关注人本与个性；大数据智能教育系统、各种教学资源平台是支撑主体作用于客体的工具，最终实现因材施教；线上的专家系统、智能导师等虚拟角色和线下的学习小组构成了共同体，为教与学提供帮助；教学过程中教师与学生、学生与学生、教师与活动、学生与活动、教师与环境、学生与环境等交互规则形成了一系列规则，保障了精准教学活动的运行；系统自动采集和智能分析数据，减轻了教师的教学负担，让教师有更多精力开展教学，提升教学水平，人机协同分工，是精准教学的特色所在。

精准教学体现在精准把握学情、精准制定课堂教学目标、精准设计教学活动、精准评估学生的学习结果及精准运用学生的评估结果等方面。其中，精准设计教学活动是让学生在社会化、网络化的活动情境中与实践共同体一起学习知识、生成知识甚至创造知识，在该活动情境中，个体与情境的交互全部被大数据智能教育系统记录，以此精准分析学生行为产生的原因、内在认知特点，使评估精准、科学；精准运用学生的评估结果是学习矫正或强化的体现，通过推送自适应的学习资源供学生自主学习是评估结果运用的主要途径之一。

人本主义理论提倡情感与认知相统一，学习是个体有意义的学习，以学生为中心，学生的全面发展是学习活动的中心，关注学生贯穿于精准教学的课前、课中及课后的全过程。课前，教师基于学生对基础知识的掌握情况、熟练度等数据，制定差异化的教学目标；课中，进行学习问题的分析和学习效果的测评，结合所得结果决定个别辅导、集中练习等指导方式；课后，推送个性化的学习资源以强化练习，实现课后知识的内化与巩固。课前、课中及课后的个性化设计以学生为本位，认可差异，理性教学，从而实现有意义的学习。先进的大数据技术使全过程的学习行为数据有了被全面记录的可能，数据背后反映的是学生情感与认知活动相统一的变化历程，进而提供具有针对性的干预措施。

随着大数据与精准教学结合得越来越紧密，出现了数据驱动教学理论和教学反馈理论，数据驱动教学理论认为，教学应该基于学习者的数据和表现来进行决策，通过大数据分析提供针对性的教学策略和支持，以促进学习者的发展和成长。教学反馈理论强调，及时给予学习者反馈，以帮助他们及时调整学习策略和改进学习效果。

基于大数据和精准教学的学习理论的发展让教育工作者更加关注学习者的个体差异和学习过程的优化，通过数据驱动的教学方法来更有效地促进学生的学习，提高教学质量。

2) 方法新变化

(1) 单一维度数据分析转向多维度数据分析。传统精准教学采集的数据主要包括学习行为发生的频次、行为结果的正确率与错误率；而大数据环境下精准教学采集的数据不仅有课堂学习表现、网络学习活动参与、移动学习状态监测等学习行为数据，还有个人特征、学习情感、学习表情等学习心理和生理数据，数据的分析维度由单一转向多维。传统精准教学采集的数据以"单位时间内学习行为发生的次数来衡量表现"作为分析维度，囿于单一的数据来源，分析结果容易以偏概全；而大数据精准教学从师生行为、师生情感、教学评价等多维度观察与分析数据，全面、真实地反映问题，使教学决策更具科学性。

(2) 可直接测量转向可测量。传统精准教学受技术与方法的影响，只关注可直接测量的显性行为，如大声朗读、做数学题、练习写字等，无法对学生的内在、隐性行为进行观察与测量，也就难以真实、全面揭示学习状况。大数据环境下可采集学生的内隐、外显行为数据，如学生情感数据、学生情绪数据、学生问答数据、学生练习数据等，这些基于内隐、外显行为的可测量的行为数据为差异化教学的开展和学生个性化路径的推荐提供了支撑。

(3) 结果性评价转向过程性评价。传统精准教学注重以行为结果的好坏、优劣、正误等评价学生；而大数据环境下的数据流贯穿于课前、课中、课后全过程，对学习行为的全过程数据进行动态采集，借助大数据智能教育系统进行实时分析、诊断、评价与反馈，形成基于行为数据的过程性评价，重构形成性评价体系。该过程性评价不仅关注行为过程，还关注产生该行为的认知过程和认知特点，是一种"双过程"性评价。

(4) 标准变速图表转向智能分析工具。传统精准教学使用标准变速图表，横坐标、纵坐标与刻度涵盖了行为频次的信息记录项，简洁直观，但所能呈现的信息量小，只能反映单位时间内行为发生的频次。与此同时，还要依靠人工手动记录数据，数据采集不便，数据处理效率低。基于大数据的学情分析工具，集数据统计、数据处理、数据挖掘、数据分析等技术于一体，它能自动生成记录数据，有效减少了人工投入，智能处理数据，提高了处理效率，根据学习内容的不同，从多维角度智能呈现相关可视化数据图表，生成班级学情分析报告、特色个人成长报告等，助力精准教学的实施。

3) 教学新要求

大数据时代精准教学通过分析学生的基本信息数据、学生学习行为数据等教育教学过程中产生的数据，刻画学生特征和学生行为，提高教学效果，促进教与学。从精准化教的视角出发，需要从融合课前、课中、课后三个教学环节进行考虑，将学生的学习行为、教师的教学行为，以及大数据的技术支持全部纳入该环节，并厘清每一个教学环节中教与学的关系，重点关注教学行为的变化，依托大数据技术辅助教师的教学设计、课堂讲授和问题诊断等。从个性化学习的视角出发，需要从学习资源、学习过程、同伴互动、学习环境四个维度去考虑，通过资源、人力、数据、技术、环境等方面的支持，以学生为本，形成数据生成—数据分析—数据决策的个性化学习闭环数据流，做到因材施教。

面对教育大数据环境，对于中小学教师尤其是师范生，需要改变教学观念，提升信息素养水平，认识利用数据驱动教学的重要性，学习教育大数据、统计学等相关知识，借助教育大数据平台，看懂基于大数据技术的学情工具的各项数据指标、基于学情分析的数据可视化图表，能够依据所需指标创建新的数据图表，依托数据预测学生的发展前景等，提升自身能力，实现自我发展，适应大数据时代发展的需要。

8.2.3 虚拟现实与情境教学

1. 虚拟现实技术概述

虚拟现实(virtual reality，VR)技术，也称为"沉浸式多媒体"或"计算机模拟现实"，是计算机图形学、人机接口技术、传感器技术及人工智能技术等交叉与综合的结果，使人机界面从以视觉感知为主发展到听觉、触觉、嗅觉和动觉等多种感觉通道感知。它致力于突破二维显示，实现各种机制的三维显示；突破键盘、鼠标的传统输入方式，实现手、眼、动作协调的人景自然交互；突破固定屏幕显示，实现眼镜式自由观看；突破时空局限，使体验者沉浸在历史或未来、宏观或微观的逼真虚拟环境。VR 技术会对人类社会和生产生活产生重大影响，是包括教育在内的各行业发展的新信息支撑平台。

2. 虚拟现实的教学应用研究

VR 技术可以为教育教学情境设计、展示和实施教学提供全新的平台和手段，拓展并深化教育信息化的维度和内容。

1) 仿真实验和虚拟实践

虚拟现实可以提供逼真的仿真环境，让学生进行实验和实践活动，尤其在危险、费用昂贵或难以访问的情况下。北京师范大学的研究团队通过分析传统医学教育中手术技能习得难以实现的诸多困境，提出虚拟现实技术构建的学习场景能够促进学习绩效提升，并以此开展了实证研究。实验是在一个虚拟的手术系统中进行的，实验对象为北京航天总医院手术技能培训实验中心的临床医学高年级学生。研究结果表明：加入了反馈的虚拟现实系统能够正向影响手术技能的习得。

2) 虚拟实地考察与文化体验

虚拟现实可以模拟真实的地理环境和文化场景，让学生进行虚拟实地考察和文化体验。学生可以通过虚拟现实游览名胜古迹、探索世界各地的自然景观和文化遗产，深入了解不同地域和文化的特点和历史。顾至欣学者将南京博物院数字虚拟馆作为远程学习平台，将参与远程学习的旅游管理专业大二学生作为实证研究对象，让学生利用南京博物院数字虚拟馆进行博物馆展示设计学习和讲解训练，随后通过博物馆布局图绘制、陈列方案设计与讲解汇报等方法考察其远程学习效果。研究结果表明：学习者在虚拟场馆中的自我效能、感知有用性和感知易用性都有显著增强。

3) 虚拟课堂与远程教育

虚拟现实可以创建虚拟课堂和远程教育环境，让学生在虚拟空间中进行在线学习和远程协作。学生可以通过虚拟现实技术参与远程授课、小组讨论、团队项目等活动，与其他学生和教师进行实时互动，实现跨地域的教育资源共享和交流。浙江师范大学的研究团队为了探索虚拟现实在地理教育中的应用，以宇宙中的地球为学习对象，将视频媒体作为对照组，比较学习者在沉浸式虚拟环境中和传统视频媒体中的学习效果。教学内容基于人教版高中一年级地理教材，并借助网龙公司的虚拟现实资源库，使用名为"太阳系八大行星"和"宇宙中的地球"的虚拟现实资源进行教学。研究结果表明：虚拟现实在空间、深度知觉和图式化过程的教学中有显著改善的效果。

3. 虚拟现实与情境教学的结合

虚拟现实技术能够提供丰富的感知线索及多感觉通道(听觉、视觉、触觉等)的反馈，帮助学习者将虚拟情境的所学运用到真实生活中，满足情境学习的需要。虚拟现实能解决教学内容和知识的可视化问题，增强学习的沉浸感，增强师生、生生及学生与环境之间的交互性，给情境教学带来新的变化。

1) 发展了具身认知理论

情境学习理论认为，知识是学习者在一定情境中主动建构的，强调学习者与情境之间的交互作用。情境学习理论强调学习者自身参与，即具身认知，也称为身体性认知。它是在皮亚杰认知理论、加涅信息加工理论及维果茨基社会文化观等理论的基础上，用于解释人类通过身体与外界交互所获得认知的新理论。具身认知是基于身体的，也是根植于环境的。技术支持的具身学习环境不仅需要通过技术的设计来扩展学习者的知觉体验，还需要通过设计相应的情境交互、感知—行动的反馈来促进学习者逐渐达到相应的学习目标。技术作为学习者与学习环境互动的工具中介，在降低学习者认知负荷、提高学习环境的适应性、调节人与环境的双向建构与互利共生等方面发挥着越来越关键的作用。

2) 迎接 V-Learning 的到来

虚拟现实与情境教学的结合，催生了 V-Learning 时代的到来。V-Learning 是基于虚拟现实及可视化技术的新型教育教学模式，通过情境创设，使教师、学习者和参与者投入可感知的逼真的学习环境，如微观世界的分子、原子运动，人体三维器官及组织、循环系统、太空、太阳系，重大历史事件的场景等，在合理的认知负荷下，提升学生的学习动机、投入度和学习绩效。通过 VR 技术可以进行可交互的实验教学和技能训练，特别是危险性高的一些实验操作，如物理电磁实验、激光实验、易燃易爆化学物质合成实验、高空作业，或现实生活中不可能真实开展的实验，如体验相对论世界和黑洞等，大幅提高了学习的体验，强化"具身学习"，加速知识的建构。

目前，在实验教学改革进程中，国家大力推进的虚拟仿真实验教学项目，利用网络开展虚拟交互实验的方式，降低对实体实验室的依赖，解决了许多现实条件、资源不均衡等导致的实验教学问题。此外，VR/AR(增强现实)图书的出现，将传统纸质图书内容动态地、立体化地呈现给读者，对传统的阅读方式形成颠覆，提升了图书的阅读沉浸感和理解效果。

随着 VR 技术和 AI 技术的不断发展与相互渗透，VR 交互的智能化和 VR 对象及内容生产的智能化、自动化也在不断增强。VR 技术与 AI 技术的融合，适用于分布式虚拟仿真条件下的教育场景应用，可以实现虚拟课堂、虚拟实验、虚拟培训场景中的智能化交互，促进高阶的探究式、自适应学习和情境教学，对未来的教育将产生深刻影响。

8.3 信息技术支持的课程与技术平台

新兴技术的快速发展，尤其是大数据、人工智能、虚拟现实技术等快速渗透教育行业，对教育发展产生影响。利用这些新兴技术，构建智能教育教学数字化底座，通过大数据分析、对象画像分析、个性指标模型、学习与挖掘等技术，促进学生对学习过程的理解，并对学习及环境和生态进行优化，最大限度地将优质师资资源和典型学生学习经验进行分享，给学习者提供更有效的学习支持，给教师搭建便捷、高效的学习评价诊断平台，给管理者提供更高效的决策和管理支撑，给差异化的教、个性化的学、智慧化的考、科学化的评、精细化的管提供服务。这些系统包括超星泛雅、雨课堂、腾讯会议、科大讯飞智慧教育、国家智慧教育公共服务平台等。

8.3.1　促进优质教育资源的开放共享

教育资源，是指教育系统中支持整个教育达到一定的教育目的，实现一定的教育和教学功能的各种资源，是教育系统的基本构成要素，通常包括教师资源、课程资源和物质资源等。推动优质教育资源的开放和共享，有利于推进信息技术与教育教学的全面融合。例如，国家智慧教育公共服务平台通过整合各级各类教育平台入口，汇聚政府、学校和社会的优质资源、服务和应用，聚焦学生学习、教师教学、学校治理、赋能社会、教育创新等五大核心功能，一体谋划基础教育、职业教育、高等教育三大基础板块，全面覆盖德育、智育、体育、美育、劳动教育，为师生、家长和社会学习者提供"一站式"服务。因此，国家智慧教育公共服务平台成为学生学习与交流的平台、教师教育教学与备课交流的平台、学校科学治理的平台、社会教育与服务的平台、推动教育改革发展研究的平台。

国家智慧教育公共服务平台聚合了国家智慧教育读书平台(以下简称"读书平台")、国家中小学智慧教育平台、国家职业教育智慧教育平台、国家高等教育智慧教育平台、国家24365 大学生就业服务平台(以下简称"24365 就业平台")等，目的是通过提供丰富的课程资源和教育服务，促进社会教育公平和质量提升，缩小数字鸿沟以及推动教育服务的共同发展。

读书平台是为了深入贯彻落实党的二十大关于深化全民阅读活动的重要部署，进一步推动青少年学生阅读，促进全面提升育人水平，服务学习型社会、学习型大国建设，由教育部联合相关部门启动实施"全国青少年学生读书行动"并开通。读书平台建设初期设有"青少年读书空间""老年读书社区""中国语言文字数字博物馆""中国数字科技馆"四个板块。读书平台将不断丰富阅读资源，并依托平台开展有关读书活动，助力青少年学生读书行动深入开展。读书平台所有资源均免费使用，任何单位及个人不得用于商业行为。

国家中小学智慧教育平台围绕德育、课程教学、体育、美育、劳动教育、课后服务、教师研修、家庭教育、教改经验、教材等内容，汇聚专业化、精品化、体系化的优质中小学数字教育资源，有效服务学校课程教学、学生自主学习、教师改进教学、农村地区优质教育资源共享、家校协同育人、"停课不停学"等应用。

国家职业教育智慧教育平台汇聚职业教育领域专业教学资源库、精品课程、规划教材、虚拟仿真实训等优质资源，面向学生、教师、社会公众提供职业教育优质教育资源和个性服务，面向教育行政管理部门等提供职业教育多维度数据挖掘和分析服务，增强职业教育适应性，促进职业教育服务便捷化、管理精准化、决策科学化，支持高素质技术技能人才、能工巧匠、大国工匠培养。

国家高等教育智慧教育平台是以提供公共服务为目的，以优质资源教与学为主线，面向高校师生和社会学习者，汇聚课程、教材、实验、教师教研、课外成长、研究生教育等方面优质资源，满足个性化学习需求，促进学习范式、教学范式和科研范式创新。汇聚线上教与学大数据，加强课程监管，推动高校教学管理数字化转型。

24365就业平台是教育系统及有关部门开展高校毕业生就业服务、就业指导与就业管理的综合性平台。24365就业平台与各地各高校就业平台及有关社会招聘网站互联，并提供多样化服务。

8.3.2 促进线上教学的有效互动

1. 互动的作用

互动，是指在特定的教学情境下，教师、学生与学习环境相互影响与作用，而追求自身发展的过程。有效的学习是通过互动实现的，互动是学与教的过程属性，互动的质量直接决定着学与教的效果。线上教学的互动包含学生与学习资源的交互、学生与教师的互动、学生与学生之间的互动，传统的线上学习过程中，时间和空间距离的存在导致学习临场感的缺失。

2. 信息技术促进学生学习临场感的建立

信息技术支持的课程与技术平台，通过技术手段创设了答题、小组讨论、群聊、弹幕、测验等多种形式的互动，实现了教师、学生和学习资源系统之间跨越时空的多元、智能和深度交互。这种多元互动，让学生感知到自己被教师、同伴关注和关心，有一种课堂归属感，促进了学生学习临场感的建立，可以有效减轻学生在线学习中的孤独和焦虑，使学生形成积极的学习体验和线上学习的持久动力。

雨课堂通过签到、答题、弹幕、投稿和讨论等方式的互动，吸引学生广泛参与。比如，随机点名方式的答题互动，答题正确率、已提交的学生人数等答题情况，在答题结束立即呈现在学生眼前，学生在看到自己参与答题的结果时，心中的那份学习临场感就建立起来了，与传统课堂中的答题互动相比，这种形式的答题互动，轻松活泼，学生的参与度高。再如弹幕互动，是用户观看视频时参与的评论被同步呈现在屏幕上，随视频一起播放的互动形式，原本是用于增加用户观看视频的互动体验。雨课堂将其应用于在线学习中，学生针对教师提出的话题或者问题进行回答，所有回答内容会在大屏幕上以无记名的方式横向滚动显示。因为在大屏幕上不显示回答人的姓名，学生参与的积极性很高，活跃了线上学习的课堂氛围。

超星泛雅平台通过抢答、选人、分组任务、群聊、测验、投票、主题讨论等诸多形式的互动活动，同样吸引学生的广泛参与。如分组任务互动活动，学生基于教师设计的某一任务开展，它以组内成员个体学习为前提、组内共同学习为核心，通过任务驱动、问题解决等方式，相互帮助、相互学习，共同完成学习任务，在这种完成学习任务的相互交往中，学生发展认知、提升学习情感、产生了积极的同伴关系。再如群聊互动，可以让每一位学生自由分享观点和看法，分享的每一条信息都可以被其他同学浏览、复制、转发，大家在彼此分享知识和看法的过程中提出疑问、发表观点及回答解释，实现知识的深加工，提高了学生学习知识的效果和效率。

科大讯飞"智慧空中课堂"在线教学系统，通过网络平台合理利用学生的课余时间，依托讯飞教育云实现了AI提效、精准备课、个性化学习资源等一系列功能。模拟真实的传统课堂，为教师、家长、学生提供优质直播互动平台和高效教学、有效监管、个性化学习辅导等服务。

8.3.3　促进组卷的智能化

智能组卷是计算机技术与教育测量理论相结合的产物，它运用了人工智能技术，集中了教育专家的知识，通过从题库中自动选择测试题生成符合知识点分布、难度、区分度等要求的考试试卷。

智能组卷的功能一般由智能组卷系统完成。智能组卷系统以试题库为根基，试题库由满足特定格式规范要求的题目组成，这些格式规范包括试题属性、试题的结构构成等。试题属性包括试题类型、所属章节、难易度、考查的知识点等，它与组卷过程中的选题参数是相对应的。试题的结构构成，是指题干、选项、答案、题型、分值、解析等构成试题的部分。各种技术平台提供的组卷模板，一般都有关于这些格式规范的详细说明。信息技术支持课程与技术平台的智能组卷系统具有组卷、智能发放试卷、回收试卷、智能阅卷和智能统计成绩等功能。

雨课堂的智能组卷系统，可以支持教师将以 Word 版本形式拟定好的试卷，批量导入组卷系统，然后再抽取生成试卷。此外，它还能按照设定的考试开始时间和结束时间及考试对象，自动完成试卷发放和回收，能根据试题答案智能批阅学生提交的试卷，并将统计成绩即时反馈给学生和教师。

超星泛雅平台的智能组卷系统，支持在相同参数设置条件下生成多份试卷。题库可由任课教师自己建设完成，有单选题、多选题、判断题等客观题，还有简答题、论述题、排序题、阅读题、完形填空题等主观题。此外，超星泛雅平台的智能组卷系统还允许学生在限定的考试时间内参加多次考试，取最高分为本次考试的成绩，并且多次考试的试卷不相同，以保障考试公平有效。

8.3.4　促进学习评价的深度应用

学习评价是依据教学目标对教学过程及结果进行价值判断，并为教学决策服务的活动。学习评价是基于证据的评价，具有诊断、导向和激励作用，这个证据必须是基于学习事实的，是确凿的。信息技术支持的学习评价，将信息技术嵌入学习全过程，评价的证据是伴随学生学习的全过程产生的，具有"注重过程、更加精准、及时反馈"等特点，这促进了技术环境下学习评价的深度应用。

1. 促进学习起点分析的应用

学习起点分析，即课前的学情分析，主要是教师了解学生的性格特点和认知风格、学习态度、学生能力倾向、认知程度等学习背景方面的情况。传统的教学由于缺少"量身定制"式学习起点的分析，教师不清楚学生到底需要哪些知识、喜欢学习哪些类型的知识，这些复杂的学情使教师难以把握设计的教学内容、教学策略是否满足学生的学习需要。信息技术支持的课程与教学平台，支持学生课前预习，并将学生预习活动中客观而真实的数据记录下来，支持教师开展学习起点的分析活动。

雨课堂通过课件页面的标记和语音留言功能支持学生在预习中可以在课件页面上添加"不懂"标记，或者通过语音方式直接给教师留言，教师查看这些标记或语音留言就能了解学生哪些知识点学懂、哪些知识点没学懂，哪些知识点略讲、哪些知识点需要详细讲。同时，雨课堂还记录学生预习时长、答题与否、答题对错、视频观看次数等相关学习行为的数据，便于教师掌握学生的预习进度和学习效果，从而明确教学的重点和难点，优化教学目标、教学内容和教学方式，以精准的教学实现教学目标。

2. 促进面向过程评价的应用

面向过程评价是将学生作为发展的主体，关注学生在真实环境中的学习情况，以此判断学习者学习状况的一种过程性评价。传统的面向过程评价由于缺乏技术环境支持，数据采集通常是根据评价目的有针对性地抽样，且大多是在非自然状态下进行的，既充满随机性又掺杂人为干预，难以真实、全面地反映学生的学习行为。信息技术支持的课程和技术平台能够在师生自然教学活动的情况下，精细化记录与采集在线学习中每位学习者的学习行为特征数据，如学习交互、学习进度、学习时间和频率、学习轨迹、情感表现、任务用时等各种数据。

超星泛雅平台的统计功能，记载了已发布任务点、学习访问量、章节测验、讨论、课堂活动、学生管理、教学管理等学习过程中的数据，能再现真实环境中学习者的学习过程，如图 8-1 所示，其中，任务点是教师设定的学习任务，它与学生完成相应的学习任务，获得相应学分关联。课堂活动则是通过学习者与同伴的互动、与教师的互动数据，以及参与抢答、投票、评分、直播等的次数，来反映学习者课堂的参与态度，从而推断学习者是否对知识点感兴趣。超星泛雅平台中 PBL 教学，采用小组合作形式开展基于问题解决的学习活动，平台不仅有小组成员组间评价和组内评价，还有自评功能，通过记录学习过程中每位学生使用的资料次数和与小组成员共享资料的次数、参与讨论和发起讨论的次数、给予组员的评价、问题解决的情况等数据，可以真实评价学习者在参加 PBL 学习过程中的学习态度和项目完成的质量。

图 8-1　超星泛雅平台的班级统计

3. 促进学习反馈的应用

学习反馈是对学习评价结果的信息传递，是自我调节学习的关键环节，能有效地促进学习者构建知识体系，修改认知策略，进而提高学习效果和效率。

在传统教学环境中，一方面，教师往往凭借教学经验和根据学生的表情判断学生对知识的掌握情况，反馈效果难以测量；另一方面，针对作业、练习和测试的反馈具有较大的延迟性，难以提供及时的反馈信息。此外，反馈的参与面较窄，教师难以同时对多个学生提供反馈，难以面向全体学生。

信息技术支持的课程与技术平台可以通过收集和统计学习过程的数据，能相对准确、客观地评价学生；通过收集学习者留下的学习痕迹，如资源浏览、参与讨论、在线时间、测验成绩等，可以为其提供即时反馈信息；是面向真实的教学过程和学习过程的，每一个教学环节或学习过程都会产生数据，真正实现信息反馈全面化和常态化。

雨课堂能记录学生到课人数、学习课件人数、答题正确率、弹幕的发起者及内容、教师随机点名的次数及被点到的学生信息、课堂教学中教师截取的课件页面分享给学生的次数等多维数据，雨课堂在学生完成活动后，能将这些信息反馈给教师和学生，且用饼状图、条状图或列表等可视化方式呈现。

超星泛雅平台记载了学生签到、查看通知、任务点完成、视频资源浏览、讨论互动、作业完成、章节测量、在线考试等多维数据，学生完成相应活动后，超星泛雅平台也可以通过饼状图、折线图或表格等可视化方式即时呈现反馈信息给教师和学生。这些即时、客观、全面而又直观的反馈信息能让教师及时知晓教学的全过程，清楚学生的学习表现、对知识点掌握的情况，思考教学的重难点是否突破、答题正确率如何提高等问题，反思教学中哪些方面做得较好，哪些地方还有待改进。与此同时，这些即时、客观、全面而又直观的反馈信息，会帮助学生了解学习进度及掌握程度，会让学生思考自己的努力程度及与学习目标之间的差距，从而努力缩小这种差距，实现自我成长。

8.3.5 促进自主学习和终身学习

1. 促进自主学习的应用

自主学习，是指学习者在学习过程中独立思考、自主决策、自我管理和自我评价的过程。它强调学习者的主动性和自主性。在自主学习中，学习者具有高度的学习动机和学习意愿，能够自主选择学习内容、学习方式和学习进度，根据自身的学习目标和兴趣进行学习，同时也具备自我反思、自我评价和自我调整的能力。自主学习强调学习者的主动性和主观能动性，注重培养学习者的学习能力和学习策略，使其成为自主学习者和终身学习者。信息技术支持的课程和技术平台可以提供丰富的学习资源，如在线教材、视频教程、模拟实验、学习游戏等。这些资源的开放共享和易于获取，为学习者提供了广泛的选择和学习的自主权。此外，信息技术支持的课程和技术平台可以根据学习者的兴趣、能力和学习进度提供个性化的学习路径和学习内容。学习者可以根据自身的需求和兴趣选择学习的方向和深度，从而在学习中发挥更大的自主性。信息技术支持的课程和技术平台提供了学习管理和自我评价的工具和功能。学习者可以使用学习管理系统或学习平台追踪自己的学习进度，查看已完成的课程、作业和测验的记录。

科大讯飞的国家通用语言学习平台系统覆盖"诊、学、练、考、管"五大模块，功能满足"听、说、读、写"语言技能学习需求。该平台系统按照语言学习规律，引入情境教学，提供分级诊断、分级学习、升级考试、专项训练和模拟测试等学习功能，全方位提升学习者的语言应用能力。此外，该平台系统还实现了系统的全自动评分与反馈指导，增加了系统的趣味性和互动性，进而帮助学习者进行个性化学习，极大地提升了学习效率和效果。

2. 促进终身学习的应用

"终身学习"这一术语是 1965 年由联合国教科文组织成人教育局局长法国的保罗·朗格朗(Parl·Lengrand)正式提出的，指一个人在其一生中持续学习和获取知识、技能和能力的过程。它强调学习不仅是年轻时期接受的教育，还是一种持续的学习态度和行为，无论年龄、职业或社会地位如何，人们都应该终身学习。终身学习的形式可以多样化，包括参加培训课程、研讨会、短期课程。随着信息时代的到来，大数据、人工智能、虚拟现实等新技术让终身学习的形式变成了在线学习、自主学习和社区教育等。这些学习机会可以帮助个人不断更新知识、掌握新技能，并提高自己在职业和个人生活中的竞争力。

全民终身学习公共服务平台，是中华人民共和国教育部职业教育与成人教育司指导，中国成人教育协会主办，运用数字化技术，融入学历提升、技能培训、品质生活等方面，面向全体社会学习者打造的"终身学习全轨迹、教学支持全程化、教学类型全覆盖、教学服务全方位、平台标准全开放"的"一站式"学习环境。该平台整合了从成人初中、高中到高等学历教育的课程资源、直播课程，以及非学历在线学习资源。目前，该平台对外开放各类学历课程 6 000 多门；非学历学习资源共计 5 万多个，并以学习者为中心不断推动资源多样化、个性化服务，实现"因需施教"，服务全民终身学习，全力满足人民群众多样化学习需求。

8.3.6 促进精细管理

信息技术在教育管理中的应用，可以提高教育教学的质量和效益。教育管理信息化作为教育信息化的重要组成部分，是以信息系统、数据资源、基础设施为基本要素，利用信息技术转变管理理念、创新管理方式、提高管理效率，支撑教育决策、管理和服务，推进教育治理现代化的进程。

首先，信息技术的应用使教育管理更加科学和精确。教育管理者通过教育管理信息系统的建设和运用，可以实时收集和分析大量教育数据，如学生学习成绩、出勤情况、教师教学评价等。这些数据可以帮助管理者了解教育质量的实际情况，发现问题并采取针对性的改进措施，以提高教育教学的质量。其次，信息技术的应用提升了教育管理的效率和便捷性。传统的纸质文档和手工管理往往效率低下且容易出错，而信息技术的应用可以实现数据的自动化处理和管理。教育管理信息系统可以自动完成数据录入、整理和生成报表等工作，节省了大量的时间和人力成本，同时也减少了人为错误的发生，提高了管理效率和准确性。最后，信息技术的应用还为教育管理带来了创新和发展的机遇。借助先进的技术如虚拟现实、人工智能和大数据分析，教育管理者可以创造出更多样化和个性化的教学和评估方式。这种创新不仅能激发学生的学习兴趣和创造力，也能提供更精确的教学支持和个性化的学习体验，从而进一步提高教育教学的质量和效益。

讯飞教育大数据平台，是科大讯飞面向教育领域，集数据采集共享、数据存储计算、数据管理监控和数据可视化展示为一体的数据管理及数据决策的大数据平台，按照国家大数据建设标准和数据安全标准，以大数据能力平台为基础，构建区、校两级教育管理与决策的分析体系和指标模型。完成区、校教学及管理数据的有效治理；实现区、校教育信息化应用的有效监管和可视展现；促进区、校教育信息化的深入常态应用；并进一步促进教育数据资产化和数据应用生态闭环。真正做到用数据说话，用数据决策，用数据管理，用数据创新，助力区域教育科学管理和学校教学可持续发展与减负增效。

讯飞智慧校园，依靠云计算服务平台，结合大数据、物联网、移动互联、人工智能等信息化技术，通过对校园内各类资源有效集成、整合和优化，将教务教学、师生管理、行政办公过程优化、协调，更全面地满足学校在 OA 办公、教务管理、教师发展、学生成长等各方面的业务诉求，同时提供手机端、Web 端、PC 端等多种使用方式，向第三方厂商提供开放接口和开发平台，创建智慧办公、智慧管理、智慧教学的环境，帮助学校打造智能化、开放化、个性化、社交化的智慧校园生态平台。

实践训练

1. 实验目的

(1) 熟悉超星泛雅平台的基本功能。
(2) 学会在超星泛雅平台上创建课程并添加课程资源。
(3) 学会在超星泛雅平台上智能组卷及发布。

2. 实验环境

(1) 能连接有 Internet 的计算机。
(2) 装有学习通 App 的手机。
(3) 创建课程所需要的素材资源。

3. 实验内容

根据自己的专业选择一门课程，选取其中一章为例，以教师身份在超星泛雅平台上完成创建课程、添加课程资源、组卷等操作。

超星泛雅在线教学分为手机端和电脑端，手机端是学习通 App，电脑端是网页版的网络教学平台 http://i.mooc.chaoxing.com/。手机端和电脑端是相通的，内容同步。

1) 创建课程
(1) 以教师身份，在超星泛雅平台创建一门课程。

在学习通 App 中点击"新建课程"后，可以根据提示使用"示范教学包"，检索与自己课程相关的 MOOC 资源，可直接引用。

(2) 进入课程，对"课程门户"进行编辑。
2) 添加课程资源

(1) 为课程添加课件和教案。

(2) 为课程添加章节目录及章节目录中的文本、视频等资源。

(3) 为课程添加资料，进行权限设置。

(4) 为课程添加题库，通过批量导入快速实现导入习题。

(5) 为课程添加作业，可以手动出题，也可以导入本课程题库的习题，还可以从其他课程中导入习题，在此基础上完成作业库的添加。

(6) 为课程创建班级，并为该班级添加学生，这里可以添加4～6名学生。

3) 组卷并发布考试

(1) 为课程的考试进行组卷，手动创建试卷或自动随机组卷。

(2) 组卷完成后，试卷自动保存到试卷库，选择试卷，进行考试发布设置，在发布中对班级、发放时间、考试限时、限时提交、防作弊设置、作答要求等进行设置，通过高级设置可以进行重做设置、试卷设置、督促设置、作答要求和评分设置等，设置完成后，发布考试。

4) 使用班级活动功能

使用本课程的班级活动功能，进行签到、选人和直播等活动。

5) 查看统计

在课程统计中，查看基础数据、课堂报告、学情统计、学生成绩等，并导出学生成绩数据。

学习测评

1. 简述信息技术与课程融合的一般原则。

2. 归纳大数据技术的一般特点，举例说明其在教育中的一个应用。

3. 简述智能化组卷系统的构成要素和功能。

4. 人工智能在教育中的应用有哪些？请列举说明。

5. 请列举2～3个信息技术支持的课程与教学或综合管理平台在教育中的应用案例。

学习资源

1. 国家智慧教育公共服务平台，网址：https://www.smartedu.cn/。

2. 新华社. 把保障人民健康放在优先发展的战略位置，着力构建优质均衡的基本公共教育服务体系[N]. 人民日报，2021-03-07(01).

3. 周海涛，李葆萍. 推进数字化的国家智慧教育平台逻辑与路向[J]. 中国电化教育，2023(1)：62-66，132.

参 考 文 献

[1] 习近平. 高举中国特色社会主义伟大旗帜 为全面建设社会主义现代化国家而团结奋斗——在中国共产党第二十次全国代表大会上的报告[N]. 人民日报，2022-10-26(1).

[2] 吴砥，王俊，王美倩，等. 技术发展视角下课堂教学环境的演进脉络与趋势分析[J]. 开放教育研究，2022，28(5)：49-55.

[3] 郑旭东，李荣辉，万昆. 略论基础教育教师队伍数字化转型[J]. 中国电化教育，2023(2)：60-66.

[4] 钟志贤，卢洪艳，张义，等. 教育数字化转型成熟度模型研究——基于国内外文献的系统性分析[J]. 电化教育研究，2023，44(6)：29-37.

[5] 雷朝滋. 发展"互联网+教育" 推进教育深层次系统性变革刻不容缓[J]. 中国教育网络，2020(1).

[6] 李彬，范木杰，崔珊. 大数据时代教育管理信息化建设与创新发展研究[J]. 情报科学，2021，39(10)：101-106.

[7] 贾同，顾小清. 数据技术驱动的教育形态重塑：路径与过程[J]. 中国电化教育，2021，(3)：38-45.

[8] 高铁刚，杜娟，王宁. 学校智慧教育生态建设研究[J]. 中国电化教育，2021(12)：26-32.

[9] 吴砥，李环，尉小荣. 教育数字化转型：国际背景、发展需求与推进路径[J]. 中国远程教育，2022(7)：21-27，58，79.

[10] 祝智庭，胡姣. 教育数字化转型的本质探析与研究展望[J]. 中国电化教育，2022(4)：1-8，25.

[11] 教育部教师工作司. 深入落实国家教育数字化战略行动 全面提升教师队伍信息化素养和现代化治理水平——2022年教师队伍数字化建设情况报告[J]. 中国电化教育，2023(4)：1-6.

[12] 李友伟. 信息化教学环境下培养学生的自主学习能力[J]. 当代家庭教育，2022(7)：47-49.

[13] 项玉欣，项文凯. 信息化教学环境下提升人才培养质量的探索与实践[J]. 中国管理信息化，2020，23(13)：216-217.

[14] 程少良. 基于VR技术的实时交互式虚拟教室关键技术研究[J]. 电脑知识与技术，2019，15(27)：213-214，216.

[15] 赵沁平. 从虚拟现实技术管窥新兴工科人才培养[J]. 中国大学教学，2019(9)：7-9.

[16] 苟鸣瀚，刘宝存. 中国式教育现代化的时代书写与经验阐析[J]. 中国电化教育，2023(3)：9-16.

[17] 柯清超，刘丽丽，鲍婷婷，等. 国家智慧教育平台赋能区域教育数字化转型的四重机制[J]. 中国电化教育，2023(3)：30-36.

[18] 王银辉. 基于Photoshop的抠图技术应用[J]. 电子技术(上海)，2023，52(5)：58-60.

[19] 朱文杰，陆慧娟. 大数据背景下的课程思政建设研究——以数字图像处理课程为例[J]. 中国信息技术教育，2023(6)：90-92.

[20] 曾涛. PS图形图像处理软件中蒙版技术的运用[J]. 电子技术与软件工程，2019(24)：56-57.

[21] 李婧. 基于OBE理念的Photoshop课程思政体系构建及实施[J]. 佳木斯职业学院学报，2023，39(5)：82-84.

[22] 洪亮，王心茹，刘洁. 解析Photoshop叠加图层混合模式应用[J]. 广东印刷，2022(5)：23-24.

[23] 陆玲，何月顺，李祥，等. 基于案例的数字图像处理教学方法改革[J]. 教育教学论坛，2020(6)：113-114.

[24] 历菊青. 在教学中如何有效运用音视频资源[J]. 考试周刊，2018(71)：12.

[25] 文杰书院. Adobe Audition 2022 音频编辑基础教程(微课版)[M]. 北京：清华大学出版社，2023.

[26] 文杰书院. Adobe Audition 2022 音频编辑入门与应用(微课版)[M]. 北京：清华大学出版社，2022.

[27] 钱慎一，潘化冰. Audition 音频编辑标准教程[M]. 北京：清华大学出版社，2022.

[28] 杜玉霞，贺卫国，杜文棐. 思维导图：如何学　如何用　如何教[M]. 北京：高等教育出版社，2020.

[29] 李涛. Adobe After Effects CC 高手之路[M]. 北京：人民邮电出版社，2017.

[30] 吴彦文. 信息化环境下的教学设计与实践[M]. 北京：清华大学出版社，2018.

[31] 王磊，马雅琳，伍泰龙，等. 基于剪映专业版的微课视频制作[J]. 中国医学教育技术，2022，36(5)：559-562.

[32] 徐莉，肖斌. 新时代终身教育的理性遵循与价值诉求[J]. 中国电化教育，2022(6)：37-46.

[33] 唐孙茹，冷静，谭积斌，等. 有效教学 PPT 设计策略研究[J]. 中国教育信息化，2021(2)：78-82.

[34] 张进宝，李凯一. 中国人工智能教育研究现状的反思[J]. 电化教育研究，2022，43(8).

[35] 郝建江，郭炯. 智能技术赋能精准教学的实现逻辑[J]. 电化教育研究，2022，43(6)：122-128.

[36] 林宇涵. 论动画在高校教学中的应用[J]. 湖北农机化，2020(5)：105.

[37] 孙永辉. 课程思政在动画项目创作教学中创新与实践[J]. 鞋类工艺与设计，2023，3(5)：84-86.

[38] 刘丽华，乜艳华. 基于翻转课堂的高校动画专业教学改革研究[J]. 工业设计，2022(12)：49-51.

[39] 郭绍青. 教育数字化赋能新课程实施与教师培训转型策略研究[J]. 中国电化教育，2023(7)：51-60.

[40] 徐碧波，裴沁雪，陈卓，等. 国家中小学智慧教育平台推进基础教育数字化转型的现实意义与优化方向[J]. 中国电化教育，2023(2)：74-80.

[41] 王改花，傅钢善. 知识类型、呈现方式与学习风格对大学生在线学习的影响——基于眼动的证据[J]. 现代教育技术，2021，31(9)：45-54.

[42] 樊玮鑫，刘浩. 浅谈 PPT 课件制作实用技巧[J]. 电脑知识与技术，2020，16(36)：198-199，209.

[43] 黄强. 微课制作与创新教育[M]. 黑龙江：哈尔滨出版社，2020.

[44] 陈子超. 微课开发与制作从入门到精通[M]. 北京：人民邮电出版社，2016.

[45] 郑百花. 信息化视域下高职英语微课教学的运用[J]. 黑龙江教师发展学院学报，2023，42(3)：95-97.

[46] 朱义胜. 微课促进学生自主学习能力培养的实践[J]. 中学教学参考，2019 (33)：57-58.

[47] 沈乃丰，刘芫健，胡纵宇. 数字化赋能：高校治理效能提升路径研究[J]. 中国电化教育，2023(7)：69-77.

[48] 张务农，汤洁. 知与非知——再论人工智能应用对教学主体的影响[J]. 电化教育研究，2023，44(3)：36-43.

[49] 白雪梅，顾小清，尹欢欢，等. 数据驱动精准教学：实践路径、感知理解与现实困境[J]. 电化教育研究，2022，43(4)：77-84.

[50] 沈阳，逯行，曾海军. 虚拟现实：教育技术发展的新篇章——访中国工程院院士赵沁平教授[J]. 电化教育研究，2020，41(1)：5-9.

[51] 周海涛，李葆萍. 推进数字化的国家智慧教育平台逻辑与路向[J]. 中国电化教育，2023(1)：62-67.